이순신의 끝나지 않은 전쟁

이순신의 끝나지 않은 전쟁

초판 발행 2014년 8월 25일

지은이 | 신호영

발행인 | 권오현 부사장 | 임춘실
기획 | 이헌석 편집 | 김은경 · 김보라 디자인 | 안수진
마케팅 | 이종근 · 임동건

펴낸곳 | 돋을새김
주소 | 서울시 종로구 이화동 27-2 부광빌딩 402호
전화 | 02-745-1854~5 팩스 | 02-745-1856
홈페이지 | http://blog.naver.com/doduls 전자우편 | doduls@naver.com
등록 | 1997.12.15. 제300-1997-140호
인쇄 | 금강인쇄(주)(02-852-1051)

ISBN 978-89-6167-164-4 (03900)

값 12,000원

이순신의 끝나지 않은 전쟁

당신이 아는 그 이순신은 없다

신호영 지음

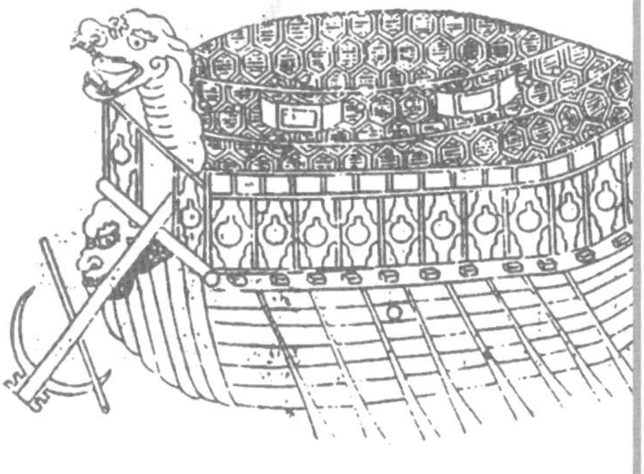

돌을새김

| 머리말 |

'이순신은 역적의 자손이라 문과가 아닌 무과에 응시할 수밖에 없었다.'

'명량대첩에서 철쇄를 사용하여 적함을 저지했다.'

'이순신은 웅포해전에서 패전했다.'

'원균도 뛰어난 맹장이었다. 하지만 이순신을 더 돋보이게 하려는 이들에 의해 오명을 입은 것이다.'

위의 이야기들은 이순신을 주제로 다룬 책이나 드라마를 통해 알려져 있는 속설이다. 우리나라에서 '이순신'은 누구라도 알 만한 유명한 인물이지만, 위 이야기의 진위를 제대로 판별할 수 있는 이들은 예상 외로 많지 않다. 많은 사람들이 사실로 알고 있지만 실상 이 속설들은 모두 틀린 것이다. 우선 이순신은 역적의 자손이 아니었으며, 웅포해전이 이순신의 패전이라는 것은 잘못된 근거를 바탕으로 한 주장이다. 그 밖의 여러 속설들도 조금만 꼼꼼하게 살펴보면 사실무근의 낭설임을 알 수 있다.

개인적으로 이순신에 대해 흥미를 느껴 여러모로 공부하던 중, 일종의 '이순신 죽이기'가 진행되어왔음을 알게 되었다. 여러 역사적 기록이나 사료를 살펴보며 발견한 것은 이순신의 적이 나라를 침략한 왜구만이 아니라 아군 속에도 존재했다는 사실이다. 이순신을 존경하고 추앙하는 사람들이 있는 반면, 다른 한쪽에서는 이순신을 폄하하거나 왜곡하는 이들이 있었다. 그러한 폄하와 왜곡은 이순신이 생존했던 당시부터 꾸준히 이어져왔다. 이순신에 대한 왜곡된 사실을 주장하는 '아군 속의 적'은 지금까지도 사라지지 않고 있다. 임진왜란이 끝난 지 어느덧 4백여 년이 흘렀지만, 이순신의 전쟁은 아직도 끝나지 않고 계속되고 있는 것이다.

지금도 적지 않은 책들이 이순신에 대한 잘못된 지식을 마치 역사적 진실인 것처럼 왜곡하여 알리고 있다. 하다못해 이순신의 죽음에 대해서도 근거 없는 가설이 전해질 정도이다. 그 점에 안타까움과 답답함을 느껴 제대로 된 역사를 알리고자 블로그에 글을 연재하기 시작했다. 다행히도 사람들의 관심과 호응 속에 무사히 연재를 끝낼 수 있었고, 그 후 좋은 기회가 닿아 이렇게 출간으로까지 이어지게 되었다.

이 책은 '이순신을 바로 알기 위한 안내서' 정도의 성격을 지닌 책이다. 이순신과 임진왜란에 대해 잘못 알려진 지식들을 바로잡아 독자들에게 이순신의 진면목을 알리는 데 다소나마 도움이 되기를 희망한다.

2014년 8월

신호영

| 차 례 |

머리말 • 5

제1장 무인 이순신 • 11

제2장 전란의 서막 • 31

제3장 부전자전, 원준량과 원균 • 59

제4장 남해의 전신(戰神) • 87

제5장 삼도수군통제사 • 142

제6장 아군 속의 적 • 186

제7장 조선수군 붕괴의 원흉 • 240

제8장 이순신의 귀환 • 265

제9장 신화의 끝 • 294

제10장 성웅이 떠난 후 • 324

맺음말 21세기 이순신을 꿈꾸는가? • 358

| 제 1 장 |

무인 이순신

이순신, 세상에 태어나다

이순신李舜臣은 1545년 3월 8일에 한양 건천동에서 아버지 이정李楨과 어머니 변씨 사이의 4형제 중 셋째 아들로 태어났다.

이순신의 이름은 어머니 변씨가 그를 임신했을 때, 증조부 이거가 꿈에 나타나 '이 아이는 장차 귀하게 될 사람이니 순신이라고 이름 지어라'라고 한 말을 따라 지은 것이라고 한다. 이는 이순신의 조카 이분이 쓴 《이순신 행록》에 실린 이야기이나, 이순신과 형제들의 이름을 살펴보면 후대에 각색한 내용임을 확인할 수 있다. 장남의 이름은 복희의 신하를 의미하는 희신羲臣, 둘째는 요임금의 신하를 의미하는 요신堯臣, 이순신의 동생은 우임금의 신하를 의미하는 우신禹臣이다. 각각 돌림자인 '臣(신하 신)' 자에 중국의 삼황오제인 복희, 요임금, 순임금, 우임금을 한 자씩 넣은 이름으로, 아들들이 성군을 보필하는 어진 신하가 되길 바라는 부모의 뜻을 담은 것이리라 생각된다. 이순신의 두 형은 요절하였지만, 이순신은 부모의 바람대로 어진 신하가 되었다. 비록 그가 모셨던 군주가 순임금처럼 태평성대를 이끈 성군은 아니었지만 말이다.

이순신의 할아버지 이백록은 기묘사화의 피해자인가?

이순신의 가문 덕수 이씨의 시조는 고려 고종 때 거란의 고려 침입 시 거란군을 격퇴한 신호위 중랑장 이돈수이다. 5대조 이변은 조선 세종대왕 때의 인물로 역관 출신이었다. 이문吏文(조선시대에 중국과 주고받던 외교문서에 사용한 글)에 능해 통역관 양성을 담당하는 벼슬에 제수되었으나, 아버지의 삼년상을 치르는 중에 벼슬을 사양하지 않았다는 이유로 탄핵당했다. 그러나 세종은 이를 물리치고 이변을 등용하였으니, 그에 대한 세종의 신임이 매우 두터웠던 듯하다. 후에 이변의 벼슬은 판부사에 이르렀으며, 중국어에 능통하여 명나라에까지 이름을 알렸다. 이변의 손자가 바로 이순신의 태몽에 등장한 이거이다. 이거는 성종을 섬겼으며, 사헌부 장령으로 재직했을 때에는 '호랑이 장령'이라는 별명을 얻을 만큼 강직한 성품을 자랑했다. 이거의 아들이 이백록李百祿이며, 그의 아들이 이정이고, 이정의 셋째 아들이 이순신이다.

이순신의 조상 중 가장 유명한 인물은 아마 기묘사화(1519년에 조광조 등의 신진 사림파를 대거 숙청했던 사화) 때 숙청되었다고 전해지는 할아버지 이백록일 것이다. 드라마 〈불멸의 이순신〉은 이백록이 기묘사화 당시에 조광조와 함께 사약을 받았으며, 이때 낙인 찍힌 역적의 굴레가 젊은 이순신의 발목을 잡았다고 묘사하였다. 드라마뿐 아니라 김탁환의 원작 소설 《불멸》이나, 이순신을 다룬 여타의 인문학서 역시 이백록이 기묘사화의 피해자라고 서술한 경우가 많다. 이순신이 문과가 아닌 무과에 응시한 것도 역적 집안이기 때문이라고들 한다. 그러나 이백록은 정말로 기묘사화의 피해자였을까?

이긍익의 《연려실기술》에 실린 〈기묘당적〉에는 조광조를 비롯한 기묘사화 피해자들의 이름과 주요 행적이 정리되어 있지만, 이백록의 이름은 찾아볼 수 없다. 이는 조광조의 《정암집》에서도 마찬가지이다. 다만 김육이 쓴 《기묘록》의 〈속집〉에는 이백록의 이름이 한 차례 언급되었는데, 그 내용은 알려진 바와 사뭇 다르다. 여기에서 등장하는 이백록李百祿은 별과시에 천거된 사람 120명 가운데 하나로, 배우기를 좋아하는 진사라고 적혀 있다. 《기묘록》 〈속집〉에 등장하는 이백록의 기록은 이것이 전부이다. 이백록은 별과에 추천되었을 뿐 조광조와는 별 관련이 없다. 한 차례 사화가 불 때마다 사람들이 대거 숙청됐다 하더라도, 그저 추천만 받았을 뿐인 진사까지 죽일 필요는 없었을 것이다. 더군다나 그의 이름은 기묘사화 발생 한참 후에도 실록에 등장한다.

《중종실록》에는 '성균관 생원 이백록李百祿이 임금이 하사한 쌀과 술과 음악에 감사를 올렸다'(중종 29년(1534) 8월 18일) '평시서봉사 이백록李百祿은 무뢰배들과 어울리며 멋대로 술을 마시고 폐단을 저지르니 파직시켜야 한다'(중종 35년(1540) 6월 27일)는 내용이 있다. 이는 모두 기묘사화가 일어난 1519년과는 10~20년 이상의 시차가 있다.

혹 동명이인일 가능성은 없을까? 그러나 《명종실록》에는 이백록은 물론이고 그의 아들, 즉 이순신의 아버지인 이정의 이름까지 나란히 등장한 기사가 실려 있다. 명종 1년(1546) 4월 6일의 기사는 '이정李楨은 아버지 이백록李百祿이 국상 기간에 아들의 혼례를 올리고 잔치를 벌였다는 이유로 녹안(노비 이름을 노비 대장에 기록하는 것)되었는데 잔치의 주관자는 이백록이 아니라 자신의 장인이었으므로 아버지의 이름을 녹안에서 삭제해달라고 진소하였다'라고 기록되어 있다. 여기에 등장하는 이백록과 이정의 이름은 한자까지 똑같다. 부자가 우연히 한자까지 동일한 동명이인일 가능성은 매우 희박하므로, 이는 이백록이 기묘사화 때 죽었을 가능성은 전무하다는 것을 나타낸다.

또한 유성룡은 《징비록》에서 이순신의 가계를 설명하며 '이순신의 조부 이백록은 가문의 음덕으로 벼슬을 했다'는 내용 외에는 별다른 언급을 하지 않았다. 그러나 선조 대는 조광조 등 기묘사화의 피해자들이 신원되어 기묘사화로 죽은 조상은 더 이상 역적이 아니라 가문의 영광으로 숭상받던 시기였다. 현대로 비유하자면 군사 쿠데타와 독재에 반발한 5 · 18 광주민주화운동 참여자들이 당시에는 신군부의 언론 통제에 의하여 '폭도'로 보도되었지만, 민주주의 정권 수립 이후로는 민주화 유공자로 인정받은 것이라 할 수 있다. 사화 피해자들 역시 선조 즉위 후 집권한 사림에게는 존경의 대상이었다. 이를 감안할 때, 사림의 일원인 유성룡이 이백록과 기묘사화의 연관성에 대해 아무런 언급도 않았다는 것은 곧 이백록과 기묘사화가 무관함을 입증하는 셈이다.

결국 소설과 드라마 및 기타 서적에서 이백록이 기묘사화에 연루되어 사약을 받았다고 묘사된 것은 철저한 허구에 불과하다. 그가 큰 벼슬을 하지 못했던 것은 맞지만, 그렇다고 후손에게 역적의 굴레를 물려주었던 것은 아니었다.

이순신이 역적의 자손이란 이유로 무과에 응시했다는 이야기도 이치에 맞지 않는다. 진짜 역적의 자손으로 연좌제 적용을 받는다면 문과는 물론 무과에도 응시할 수 없다. 조선은 문에 비해 무를 천시한 나라였다고 해도, 역적의 후손에게 군사력을 동원할 수 있는 무인의 길을 열어줄 리 없었다. 그러므로 집안이 역모에 얽혀 연좌제를 적용받았기 때문에 하는 수 없이 무과에 응시했다는 것은 사실무근의 일이다.

무인의 길로

문신의 후손인 이순신은 왜 무과에 응시했을까? 그렇다고 문에 재능이 없는 것도 아니었는데 말이다. 더군다나 조선은 무보다는 문을 숭상하는 나라였다.

그러나 문신 집안 출신의 자제가 무과에 도전하는 경우가 아예 없지는 않았다. 조선시대에도 문신의 아들이 무과에 응시한 사례는 간혹 있었다. 단지 흔하지 않았을 뿐이다. 어린 시절의 기록에서도 이순신이 무에 탁월한 적성을 보였다는 점은 쉽게 찾아볼 수 있다. 드라마 〈불멸의 이순신〉에는 어린 시절의 이순신이 나약했다고 나오지만 실제 기록은 전혀 다르다.

> 그는 어려서부터 재주 있고 활달해 어디에도 구속을 받지 않았다. 아이들과 놀 때에는 나무를 깎아 활과 화살을 만들었다. 활도 잘 쏘았으며 마음에 들지 않는 사람이 나타나면 눈을 쏘려고 해 어른이나 노인들도 그를 두려워했다. 어떤 사람은 그의 집 대문 앞을 지나기조차 꺼려 하는 경우가 있었다. –《징비록》

이처럼 이순신은 나약함과는 거리가 먼 씩씩한 아이였다. 물론 어린 시절에 전쟁놀이를 즐겨했다는 이유 정도로 진로를 결정하지는 않았을 것이다. 이순신은 장성한 후에 본격적으로 무과 응시에 뜻을 품었는데, 여기에 영향을 준 사람은 장인인 방진이었다.

무인 출신이었던 방진은 상당한 재력가로, 슬하에 외동딸 하나를 두었다. 방진의 딸이 열 살 남짓했던 어느 날, 방진의 재물을 노린 도적들이 집으로 침입했다. 방진은 직접 활을 쏴 응수했는데, 도중에 그만 화살이 떨어져 버렸다. 도적과 미리 내통한 여종이 화살을 감췄기 때문이었다. 그때 방 안에 있던 딸이 붓통을 던지며 '여기에 화살이 더 있다'고 외치자, 그 소리를 화살통 던지는 소리로 착각한 도적들은 겁을 먹고 그대로 도망쳤다. 순간의 기지를 발휘하여 집안의 위기를 모면한 이 여인이 바로 방씨의 외동딸이자 훗날 이순신의 천생배필이 된 방씨 부인이다.

방진은 자신이 무인이었기에 사위의 재능을 한눈에 알아보고 무과에 응시하라고 권했을 것이다. 재력가인 데다 슬하에는 외동딸뿐이니 재능 있는 사위를 지원해주는 건 문제도 아니었을 터였다. 본인도 무에 관심이 있는 데다 장인이 적극 권하고 지원까지 해준다면, 문신의 후손일지라도 무과에 응시하는 것이 그다지 이상한 일은 아니다. 이것이 결국 나라의 운명을 바꾸는 결과를 낳았으니, 그저 사위의 적성을 알아봤을 뿐인 방진은 자신도 모르게 조선을 구하는 데 큰일을 한 셈이었다.

드디어 출사하다

이순신은 28세가 되던 해인 1572년(선조 5)에 훈련원 별과에 응시했다. 그러나 도중에 말이 거꾸러져 낙마하게 되었다. 이순신은 부상을 입은 채 끝까지 시험을 치렀으나 결국 급제하지 못했다. 그리고 1576년(선조 9) 식년 무과에 32세의 나이로 합격하여 드디어 출사하게 되었다.

식년시 응시와 관련하여 무뿐만 아니라 문에도 밝았던 그의 일화 한 가지가 전해온다.

"장량은 적송자를 따라가 놀았다 전하는데, 그렇다면 장량은 과연 죽었겠는가, 죽지 않았겠는가?"

식년시의 시험관이 이순신에게 묻자, 그는 이같이 대답했다.

"사람은 나면 반드시 죽는 것이요, 《강목》에도 '임자 6년에 유후 장량이 죽었다' 하였으니 어찌 신선을 따라가 죽지 않았을 리가 있습니까?

그것은 다만 가탁하여서 한 말이었을 따름입니다."

시험관들은 이순신의 대답에 탄복하며, 무과 응시자로서는 알기 어려운 내용이라는 말을 주고받았다.

적송자는 중국 고대 전설상의 삼황 중 하나인 신농씨 때에 비를 다스렸던 신선이다. 장량은 중국 한나라의 초대 황제였던 유방을 섬겨 한 건국 이후 유후留侯로 봉해진 인물이다. 일찍이 장량은 진시황의 수레를 공격하기도 했던 호걸이었으나, 천하를 얻은 뒤에는 세상사를 뒤로 하고 신선 적송자를 따라 떠났다. 공을 이루자 공명과 부귀를 헌신짝처럼 버리고 신선을 따라 솔잎을 먹으며 말년을 보냈음을 일컬은 것이다. 시험관의 질문은 장량은 적송자를 따라 속세를 떠나가 신선처럼 살았으니 신선처럼 죽지 않고 영원히 살아 있겠냐는 것이었다. 이에 이순신은 비록 장량이 신선을 따라가 신선처럼 살았다 하더라도 결국은 인간이기 때문에 언젠가는 죽게 된다고 대답한 것이었다. 대답에 인용한 《강목》은 '주자'라 받드는 중국 송나라 대의 유학자 주희가 저술한 역사서 《통감강목》을 말한다. 《통감강목》은 중국 역사서인 《자치통감》을 '강綱'과 '목目'으로 나눈 것인데, 그 분량이 무려 59권에 이른다. 무과 응시자가 《통감강목》을 모두 읽은 것은 물론, 그 안에 담긴 내용을 정확히 인용해 대답하니 당연히 놀랄 수밖에 없었던 것이다.

강직한 원칙주의자

이순신은 워낙 성격이 강직하여 윗사람이 청탁을 해도 늘 원칙에 입각해 거절했다. 그 때문에 윗사람과 사이가 나빠지기 일쑤였다. 이순신이 훈련원의 장무관일 때의 사건이다. 병조정랑 서익이 순서를 어기고 서열을 바꾸어 훈련원에 있는 지인을 승급자로 추천하려고 했다. 그러나 이순신은 단호하게 거절했다. 서익은 계속 강요했으나 이순신은 끝내 고집을 꺾지 않았다. 결국 서익은 이순신을 뜰아래로 불러 세워 문책했다. 하지만 이순신은 '아래 있는 자를 건너뛰어 올리면 승진할 자가 승진하지 못하게 되니 공평하지 못하며, 장무관으로서는 할 수 없는 일이다'라고 대답했으며, 태도에도 변함이 없었다. 그날 그 광경을 목격한 하급 관리들은 서로 얼굴을 마주하며 이순신의 앞날을 걱정했고, 식견이 있는 이들은 모두 이순신의 인품을 칭찬했다. 그러나 단단히 자존심을 구긴 서익은 이순신에게 앙심을 품었다.

이와 같은 이순신의 강직함과 유능함이 마음에 들었던지 병조판서 김귀영이 서녀를 이순신에게 첩으로 주려고 했지만 그는 응하지 않았다. 어떤 이가 그 이유를 묻자 이순신은 이렇게 대답했다.

"이제 내가 처음으로 벼슬길에 올랐는데 어찌 권세가의 힘을 얻고 의지하여 승진하기를 바랄 수가 있겠는가."

이렇게까지 말하니 김귀영도 이순신에게 자신의 서녀를 보내려는 뜻을 접어야만 했다. 힘들이지 않고도 대신과 가까운 관계가 될 수 있는 기회가 제 발로 찾아와도 거부했으니, 이순신이 얼마나 고지식할 정도로 강직했는지는 알 만하다. 충청병사(충청도병마절도사)의 군관으로 부임해서도 자신의 방엔 옷과 이불만 두고 남은 양식도 주관자에게 돌려주니, 충청병사도 이를 듣고 경의를 표했다고 전한다.

이렇듯 원칙대로 사는 사람이 대우를 받는 것이 당연하지만, 반대로 그를 시기하는 사람도 생기기 마련이다. 이순신이 발포(전라남도 고흥)의 만호(조선시대에 진鎭에 배치했던 종4품 무관)가 되었을 때의 일이다. 당시 전라감사였던 손식은 이순신을 참소하는 말을 듣고, 그에게 벌주기 위해 자신이 순행하는 데 마중 나오라고 불렀다. 그러고는 진서(진법을 다룬 책)를 강독하고 진도(진법)를 그리라고 명령했다. 부대를 운용하는 방법을 제대로 알고 있는지 시험하여 장교로서의 지휘 능력을 파악하고, 만약 잘못하면 벌하려는 생각이었던 것이다. 그러나 이순신은 강독은 물론이고 진도까지 정확하게 그려 흠잡을 만한 여지가 없었다. 결국 손식도 그의 능력에 감탄하여 이후로는 정중하게 대우했다고 한다.

그러나 정작 직속상관이나 마찬가지인 전라좌수사와는 관계가 번번이 꼬인다. 당시의 전라좌수사 성박이 발포로 사람을 보내어 객사 뜰에 있는 오동나무를 베어다가 거문고를 만들려 하자, 이순신은 '관청의 물건을 함부로 베어버릴 수는 없다'고 대답하며 사람들을 빈손으로 돌려보냈다. 보통은 원칙에 어긋나더라도 윗사람의 지시를 따를 법도 한데, 이순신은 이처럼 작은 일이라도 원칙에 따라 판단했다. 이에 성박은 화가 나긴 했으나 맞는 말만 하니 어떻게 할 수도 없었다.

그 후 전라좌수사가 교체되어 이용이 후임으로 부임했다. 그는 이순신이 자신을 고분고분 섬기지 않는다며 미워해, 이순신을 벌주려고 소속 다섯 포구를 불시에 점검했다. 이순신이 부임한 발포에는 결원이 세 명 있었고, 다른 네 곳에는 결원이 훨씬 많았다. 그러나 이용은 발포의 결원에 대해서만 문제를 삼고 한양으로 장계(지방으로 부임한 신하가 자기 관하의 일을 왕에게 보고하는 문서)를 올려 죄주려 했다. 이 사실을 미리 안 이순신은 다른 네 곳의 결원 명단을 얻어 가지고 있었다. 이를 본 좌수영 본영의 부하 장수들은 '발포의 결원이 가장 적은 데다 이순신이 다른 네 포구의 결원 명단을 가지고 있으므로, 만약 장계를 올린다면 뒷날 후회할 일이 생길지도 모른다'며 이용을 만류했다. 이 말을 들은 이용도 동의하고 급히 사람을 보내 장계가 올라가는 걸 겨우 막았다.

그 후 전라좌수사와 전라감사가 한자리에 모여 관리들의 성적 우열을 심사했는데, 이때 이용은 이순신을 맨 아래에 두려 하였다. 그러나 당시 전라도사였던 조헌이 '군사를 어거하는 법은 이순신이 이 도에서 제일이라는 말을 들어왔다'며, 다른 진을 모두 아래에 둘 망정 이순신을 폄하할 수는 없다고 반대했다. 훗날 대궐 앞에 도끼를 들고 와 상소를 올릴 정도로 강골인 조헌이었으니, 실력이 뛰어난 이순신이 개인적인 악감 때문에 인사 평가를 나쁘게 받는 것을 좌시할 수 없을 터였다. 다행히 그의 노력으로 이순신을 깎아내리려던 일은 중지되었다. 잘 알려져 있다시피 조헌은 임진왜란이 일어나자 의병을 일으켜 청주성을 탈환한 인물로, 애석히도 2차 금산전투에서 전사했지만 전라도로 진입하려던 일본군을 견제하여 호남 방어에 큰 도움을 주게 된다.

이와 같이 윗사람의 트집을 실력으로 눌러버리거나 강직한 이들의 도움으로 잘 넘겼던 이순신에게도 시련의 순간은 찾아왔다. 병조정랑으로 인사 청탁을 하였던 서익이 군기경차관이 되어 내려온 것이다. 서익은 이순신이 발포의 군기軍器를 수보하지 않았다고 장계하여 그를 파직시켰다. 이순신이 나무랄 데 없이 정밀하게 군기를 수보했음에도 벌을 받은 것은 지난날 훈련원에서 굽히지 않았던 일 때문이라고 사람들은 말했다. 다행히 이순신의 파직 기간은 그렇게 길지 않았고, 곧 다시 훈련원 참군으로 임관되었다. 이미 한 번 파직을 겪었음에도 이순신의 성품은 여전했다.

하루는 정승 유전이 이순신에게 좋은 화살통이 있다는 말을 건네 듣고는 이순신에게 그 화살통을 달라고 요구했다.

"화살통을 드리는 것은 어렵지 않지만, 다른 이들이 대감께서 받는 것을 어찌 생각하겠으며 또 소인이 바치는 것은 어찌 생각하겠습니까? 화살통 하나 때문에 대감과 소인이 함께 지탄받게 될 것이 염려될 따름입니다."

공손하게 말했지만 명백한 거절이었다. 이에 유전도 '그대 말이 옳다'며 물러섰다.

한 번은 이조판서였던 이이가 같은 덕수 이씨인 이순신을 만나고자 했다. 그러나 이때에도 이순신은 '나와 율곡은 같은 성씨라 만나볼 만도 하나, 이조판서로 있는 동안에 만나는 것은 옳지 못하다'며 거절했다. 이처럼 이순신은 원칙을 중요하게 여겨, 고위직과 인연 맺을 기회도 여러 번 마다했다.

1583년, 이순신을 죄주려 한 바 있던 이용이 남병사(함경남도병마절도사)로 발탁되었다. 그러자 이용은 상부에 요청하여 이순신을 군관으로 삼았다. 비록 한때 껄끄러운 관계였지만, 생각해보니 이순신만 한 사람도 없다고 생각하여 기용한 것이었다. 1583년 10월 건원보(함경북도 경원군)의 권관으로 임명된 이순신은 여진족 추장 울지내를 유인하여 사로잡는 공을 세웠다. 그러나 병마절도사 김우서가 '이순신이 대장에게 보고하지 않고 일을 꾸몄다'고 트집을 잡아, 공을 인정받지 못하고 아무런 포상조차 받지 못했다. 그 후 참문으로 승진했으나, 아버지 이정이 아산에서 세상을 떠나 삼년상을 치르기 위해 관직에서 물러났다. 1586년에 삼년상을 마치자 곧 사복시주부로 임명되었고, 불과 16일 후에는 여진족의 침입으로 인해 오늘날의 함경북도 회령에 위치한 조산보의 만호로 천거됐다. 이순신은 조산보만호로 재직하며 녹둔도의 둔전관도 겸했는데, 녹둔도전투는 바로 이때 벌어진 일이었다.

녹둔도전투

드라마 〈불멸의 이순신〉의 원작 소설인 《불멸》의 작가 김탁환은 드라마 방영 당시, '이순신은 사소한 것까지 다 챙기고 수차례 확인한 뒤에만 움직였던 깐깐한 인물이었다'고 표현하며 '그 원인은 아마도 녹둔도전투의 패배 때문일 것'이라고 인터뷰한 적이 있다.

이순신은 녹둔도전투 후 백의종군하게 된다. 그리고 이 때문에 녹둔도전투는 이순신의 패전으로 알려지게 되었다. 또한 이때의 경험으로 이순신은 사소한 것 하나하나까지 모두 챙기게 되었다고 한다. 하지만 녹둔도전투는 정말 패전이었을까? 그리고 이순신의 첫 번째 백의종군은 어떤 의미일까?

녹둔도는 둘레가 8킬로미터인 작은 섬으로, 1800년대에 두만강 상류의 모래가 유속에 밀려 내려와 쌓여 북쪽으로 육지와 연결되었다. 《세종실록》의 세종 30년(1448) 8월 27일 기사에는 병선 건조를 위해 소나무가 잘 자라는 땅을 기록해두었다는 내용이 나온다. 이 중에는 녹둔도도 있었는데, 이것으로 미루어 6진 개척 이후의 녹둔도는 온전히 조선 영토로 편입되었음을 짐작할 수 있다. 그러나 조선은 1860년(철종 11) 청나라와 러시아의 베이징조약(애로호 사건 강화조약) 체결로 녹둔도가 러시아 영토로 되어버린 것을 1889년(고종 26)에야 비로소 알고, 청나라 측에 항의하여 반환을 요구했으나 실현되지 않았다. 녹둔도 반환 문제는 최근까지 이어져 1984년 11월 북한과 소련 당국자 간에 평양에서 국경문제에 관한 회담을 열어 관심을 끌었으나 해결되지 않은 채 끝났으며, 1990년에는 직접 서울 주재 러시아 공사에게 반환을 요구했지만 역시 실효를 거두지 못했다.

6진 개척 이후 조선의 농민들은 녹둔도에서 농사를 짓기 시작했다. 그러나 봄에서 가을까지의 농번기 기간에도 녹둔도에서 거주한 것이 아니라, 배를 타고 오가는 형태로 경작하여 번거로운 면이 많았다. 따라서 아예 녹둔도에 정착하고 싶다는 백성들의 건의도 잦았다. 그러나 녹둔도에는 진흙이 없어서 풀이나 지푸라기를 모래와 섞어 보(堡) 형태의 벽을 만들어야 했는데, 바람이 불거나 한차례 비가 지나가면 무너져서 남는 바가 없기에 안전상의 문제로 받아들여지지 않았다.

비록 녹둔도는 자체적으로 방어하기가 어려운 땅이었지만 농토가 매우 비옥했으며, 여진족이 국경을 넘어 조선으로 침입하는 것을 막을 수 있는 군사적 요충지였다. 1583년 니탕개의 난(여진족 추장 니탕개가 주모하여 일어난 여진족의 반란)이 일어나자 정언신은 함경도도순찰사로 임명되어 난을 평정하고, 그 후에도 함경도에 머물렀다. 이때 그는 녹둔도에 둔전(국경 지역이나 군사 요충지의 군량 마련을 위한 토지)을 두자고 조정에 건의했는데, 그의 뜻이 받아들여져 이듬해인 1584년 봄부터는 녹둔도에 군사를 두고 땅을 개간하여 둔전을 운영하게 되었다.

그리고 1587년, 조산보만호 겸 녹둔도둔전관을 겸임하게 된 이순신은 녹둔도를 수비할 군사가 부족하다고 판단하여 북병사(함경북도병마절도사) 이일에게 증원을 요청했지만 거부당했다. 증원 요청을 거부당한 이순신은 둔전 경작에 힘쓰며 성실히 여진족의 침입을 방비했다. 그리고 그해 가을, 녹둔도 둔전에는 풍년이 들었다. 처음 설치되었던 1584년에는 흉년으로 수확이 없었으나, 수년의 시간과 이순신의 노력으로 마침내 풍년을 맞이한 것이었다. 하지만 수확량이 많다는 것은 동시에 여진족의 약탈거리가 많다는 것을 의미한다. 추수철이 되자 기어코 사단이 나고 말았다. 곡식을 노린 여진족이 녹둔도를 공격해온 것이었다. 이순신과 경흥부사 이경록이 추수를 감독할 때였다. 여진족 우두머리 마니응개가 경원 지역의 여진족 촌락에 화살과 군사를 숨겨두고는 호시탐탐 기회를 노리다가, 조선의 농민들이 모두 들판에 나가고 책루가 비자 침입을 시작했다. 갑작스런 공격에 수호장 오형과 임경번 등이 화살을 맞고 전사했으며, 그 외에도 조선인 10여 명이 죽고 160명이 포로로 잡혀갔다. 그러나 마니응개도 수장戍將 이몽서에게 사살당했으며, 이순신도 곧바로 추격전을 개시하여 여진족 3명의 머리를 베었다. 비록 조선이 큰 피해를 입었지만, 재빠른 반격으로 잡혀가던 백성 50여 명을 구해낼 수 있었다. 만일 이순신의 요청대로 병력을 증강한 상태였다면 훨씬 적은 피해로 끝날 수도 있는 사건이었다.

앞서 녹둔도의 증원 요청을 거절했던 북병사 이일은 이순신을 참수함으로써 그에게 책임을 전가하려고 했다. 그러나 이순신은 '이전에 병력 증강을 거부했던 사실이 공문서로 남아 있다'고 반박했다. 그러자 이일은 이순신과 이경록을 잡아 가둔 다음, '이순신이 군기軍機를 그르쳐 10여 명이 살해되고 100여 명이 잡혀간 것'이라는 거짓 상소를 올렸다. 그러나 선조는 이일의 상소를 읽고도 이순신에게 모든 죄가 있다고는 생각하지 않았던지 다음과 같이 하교했다.

> 전쟁에서 패배한 사람과 차이가 있다.
>
> 이순신을 장형에 처한 다음, 백의종군하여 공을 세우게 하라.
>
> – 《선조실록》 선조 20년(1587년) 10월 16일

이순신 생애 첫 번째 백의종군이 시작된 순간이었다.

위의 《선조실록》 기사를 살펴보면 선조는 장형과 백의종군을 전교하기 전 '전쟁에서 패배한 사람과는 차이가 있다'라는 말을 먼저 해, 마치 이순신을 두둔하는 듯한 인상을 준다. 바로 녹둔도전투가 일반적인 의미의 패전이 아니었음을 시사하는 것이다. 비록 녹둔도전투에서 입은

피해는 컸지만 열심히 싸운 것 역시 사실이고, 전투로 인해 입은 피해는 이순신의 개인적인 능력 이전의 문제였다. 조선군은 수적으로도 중과부적이었던 데다, 사전에 병력을 증원해달라고 요청했음에도 거부당했다. 이순신은 이 같은 상황에서도 포로로 끌려간 조선인을 구출했고, 조정에서도 이 점을 참작하여 백의종군으로 처분한 것이었다.

대개 '백의종군'이라 하면 장교를 이등병으로 강등시키는 수준의 치욕적인 처벌로 생각하는 경향이 있다. 그렇다면 백의종군은 과연 얼마나 무거운 처벌이었을까?

패전한 장수에게 내릴 수 있는 처벌은 여러 단계로 나뉘는데, 가장 무거운 것은 물론 처형이고 그 아래는 유배와 파면이다. 백의종군은 파면보다 아래 단계로, 현대적 개념에 대입해보자면 강등보다는 보직 해임에 가깝다. 역사 속에는 백의종군 중에도 흰옷만 입은 채 일상적인 업무를 수행하는 사례들이 등장한다. 실제로 이순신이 녹둔도전투 다음 해의 시전부락전투에 '우화열장'이라는 직급으로 참전한 것을 보면 일반 군사와는 처지가 달랐음을 알 수 있다. 즉 백의종군은 일종의 대기발령 상태였을 뿐, 장교를 이등병으로 강등시킨 치욕이 아니었다. 1597년의 두 번째 백의종군이 가혹한 고문과 삭탈관직을 당하고 죽음 직전에 간신히 구명된 것임을 감안할 때, 녹둔도전투 후의 첫 번째 백의종군은 더 엄중한 처벌을 받을 수도 있는 상황에서 나름대로 배려받은 것이라고 할 수 있다.

이순신이 백의종군 처분을 받은 지 석 달이 지난 1588년 1월, 조정은 북병사 이일에게 여진족의 녹둔도 침공을 응징하라는 명령을 내리고, 함경도의 군사뿐만 아니라 한양의 군사까지 포함한 도합 2천5백 여 명의 대부대를 이끌고 두만강을 건너 여진족 근거지인 시전부락을 치게 했다. 이른바 시전부락전투이다. 조선군은 1월 14일에 출진하여 어두컴컴한 2경(21~23시)에 행군하고 3경(23~01시)에 두만강을 건넜다. 그리고 15일 날이 밝을 무렵에 시전부락을 공격하기 시작하여 여진족이 거주하던 장막 2백여 채를 불태우고 여진인 380여 명, 말 9마리, 소 20마리를 참획하는 등 여진족의 본거지를 초토화하고 승전했다.

시전부락전투에는 이순신도 참전했다. 이때 이순신은 여진족 우두머리 우을기내를 꾀어내 잡았으며, 이 공을 인정받아 죄를 사면받았다. 이 전투는 이순신을 유능한 장수로 각인시키는 계기가 되었는데, 이것은 이듬해에 선조가 내린 전교에서도 확인할 수 있다. 1589년(선조 22) 7월 28일 선조는 녹둔도전투에서 죄를 받았던 두 명의 당사자, 즉 이순신과 이경록을 채용하겠다는 의사를 밝힌다. 그것도 전라병사나 수군절도사와 같은 고위 무관을 임명하는 자리에서 그에 한참 못 미치는 품계의 인물을 함께 언급한 것이었다. 이는 이순신이 왕의 기억에 남을 정도로 인정을 받았다는 반증이므로, 녹둔도전투는 이순신의 멍에가 아닌 비상의 시발점이라고 하는 게 더욱 적당하다.

다시 관직에 나서다

백의종군에서는 풀렸지만, 이순신은 한동안 별다른 벼슬 없이 집에서 쉬어야 했다.

1589년 비변사에서 무신들의 불차 채용을 알렸다.(《선조실록》 선조 22년 1월 21일) 신료들은 저마다 무인 여럿을 추천했는데, 그중에는 이순신의 이름도 들어가 있었다. 이순신을 추천한 이는 바로 이산해와 정언신으로, 이 중 정언신은 녹둔도 둔전을 제안한 장본인이었다. 그는 니탕개의 난 당시 막하에 이순신을 거느렸던 인물로, 이순신의 능력과 성정을 잘 알고 있었다. 하지만 녹둔도전투로 둔전이 폐지되면서 큰 비판을 받았기에 이순신에게 반감을 가질 이유도 충분했다. 그런 정언신이 이순신을 추천했다는 것은 이순신이 능력을 인정받고 있음을 시사한다. 그러나 이때는 애석하게도 아무 관직도 제수받지 못했다.

1589년 2월에는 전라순찰사 이광의 군관으로 발탁되었다가 곧 조방장으로 임명되었다. 그리고 선전관을 거쳐 같은 해 12월 정읍현감으로 부임했다. 이때 이순신은 죽은 두 형의 자식들까지 데리고 부임하여 딸린 식구들이 많다는 비난을 받았다. 조선시대에는 남솔이라 하여 지방관리 부임 시 함께 임지로 내려가는 가족 수를 제한하는 규정이 있었다. 사실상 규정 위반이었지만, 이순신은 자신이 죄를 받을지언정 의지할 데 없는 조카들을 버릴 수는 없다는 입장을 취해 주변의 공감을 샀다. 남솔만 제외하면 이순신이 보여준 지방 행정관의 모습은 거의 완벽에 가까웠다. 관할지 정읍의 행정을 잘 처리함은 물론, 오랫동안 현감이 없던 태인 지역에 쌓여 있던 공무 서류를 겸관의 자격으로 모두 처리해 백성 모두가 감탄했다고 한다.

그 무렵 한양에서는 기축옥사(1589년에 정여립이 모반을 꾀해 발생한 옥

사. 동인이 몰락하고 서인이 정권을 잡게 된 계기가 되었다)로 한바탕 피바람이 불고 있었다. 모반에 연루된 자들 가운데에는 조대중도 있었는데, 그는 이순신과 자주 편지를 주고받던 사이였다. 때마침 한양으로 상경했던 이순신에게 이 편지를 없애주겠다는 제의가 들어왔으나, 그는 '단지 안부를 주고받은 것이므로 문제될 것 없다'며 일언지하에 거절했다. 그러고는 자칫 역모에 엮일 수 있는 상황임에도, 이 사건에 연루되어 옥에 갇혀 있던 정언신을 직접 찾아갔다. 의금부에 이른 이순신은 대청마루에 모여서 술 마시고 노래 부르는 의금부 벼슬아치들의 모습을 보게 되었다.

"죄의 유무를 떠나 한 나라의 대신이 감옥살이를 하고 있는데, 이렇게 술 마시고 노래 부르며 즐기는 것이 미안하지도 않소."

이순신의 말에 그들도 곧 얼굴빛을 고치고 사과했으니, 원칙과 상식을 중요시하는 이순신의 성품을 잘 드러내는 일화라 할 수 있겠다.

이순신이 그저 일 잘하는 현감에 머물 그릇은 아니었으나, 평화로운 시대였다면 어진 사또의 일화 정도만 남겼을지도 모른다. 그러나 시대는 그를 강직하고 어진 관리로만 남겨두지 않았다.

| 제2장 |

전란의 서막

도요토미 히데요시, 일본을 통일하다

일본에서는 1392년 무로마치 막부의 3대 쇼군 아시카가 요시미쓰가 남북조의 분열을 종식시키고 지배권을 장악했다. 그러나 봉건영주에 대한 무로마치 막부의 통제력은 점점 약화되었고, 1467년 오닌의 난을 계기로 하여 무로마치 막부는 완전히 무너졌다. 그 후 100여 년 동안 각지의 다이묘들이 할거하는 전국시대가 시작되었다.

그러던 중 1543년에 화약 무기 제조법 한 가지가 일본에 전해졌는데, 이것이 바로 '조총'이었다. 일본에서는 이를 '뎃포鐵砲'라고 불렀다. 당시만 해도 일본 다이묘들의 목표는 열도 통일이 아니라 자신의 세력 확장이었다. 그러나 본격적으로 통일을 꿈꾸며 전술적으로 조총을 활용한 이가 있었으니 바로 오다 노부나가이다. 오다는 세력 확장을 위해 도쿠가와 이에야스를 끌어들이는 한편, 1575년의 나가시노전투에서는 기존처럼 기마대를 중심으로 공격하는 적에게 조총 부대를 주력으로 내세운 전술을 펼쳐 승리를 거두었다. 그러나 조총은 한 번 사격하고 나면 다시 장전하고 화승에 불을 댕기는 데 오래 걸렸다. 이처럼 발사 속도가 활에 훨씬 못 미친다는 점이 조총의 취약점이었다. 오다는 이 문제를 해결하기 위해 조총 부대를 3열로 배치했다. 첫 번째 열이 사격하면 두 번째 열이 뒤이어 사격하고, 그동안 첫 번째 열은 또다시 사격을 준비한다. 3열씩 구성한 조총 부대가 차례대로 사격하고 장전하는 방법은 조총의 단점을 보완했을 뿐 아니라, 오다 노부나가가 크고 작은 다이묘들을 격퇴하며 일본 통일이란 야망을 이루어나가는 데 결정적인 비책이 되어주었다.

오다의 부하 중에는 한낱 심부름꾼의 신세에서 신임받는 무사로 출세하게 된 인물이 있었다. 우리에게도 익숙한 그의 이름은 다름 아닌 도요토미 히데요시로, 어릴 때 이름은 고자루였다. 고자루는 교토 근방의 작은 마을에서 하급 무사의 아들로 태어났다. 15세 때 집을 떠나 마쓰시타라는 영주의 짚신을 들고 따라 다니는 일을 했지만 동료들의 모함을 받아 떠나게 되었고, 이후 오다 노부나가를 새 주인으로 섬겼다. 차츰차츰 오다의 신임을 쌓아갔던 고자루는 '하시바 히데요시'라고 개명한다. 1582년 오다 노부나가가 49세의 나이로 급작스런 죽음을 맞이하자 히데요시는 노부나가의 아들 노부타다를 앞세워 전쟁을 벌였고, 도쿠가와 이에야스와 연합하여 일본 열도를 통일했다. 1585년에는 관백(간파쿠. 최고위직의 섭정)으로 임명되고 일왕에게 '도요토미'라는 성을 하사받아 '도요토미 히데요시'라는 이름을 완성했다.

사실상 일본의 지배자가 된 히데요시는 신분 간의 이동을 금지하고 유럽 선교사와 상인 들을 추방하는 등의 정책을 실시했다. 다만 교역만은 계속 허용했다. 또한 통일 과정에서 내부적으로 쌓이고 억눌렸던 다이묘들의 군사력을 밖으로 분출하기 위해 해외로 눈을 돌렸으니, 그 첫 대상은 조선이 되었다. 도요토미는 포르투갈 함선 구입을 시도하고 조선 사정에 밝은 자를 기용하는 등 착실히 전쟁 준비를 해나갔다. 1591년에는 자신은 태합(다이코. 관백 자리를 물려주고 들어앉은 인물에 대한 호칭)으로 물러나면서 관백 자리는 조카 도요토미 히데쓰구에게 물려주어 실무를 관장하게 하고 자신은 중대사를 관장했다(그러나 조선은 이후로도 도요토미 히데요시를 '관백'이라고 기록했다). 1592년에는 일본의 분국제를 적용해 조선의 행정 구역을 백국(경상도), 적국(전라도), 청국(충청도와 경기도), 녹국(황해도)으로 나눠, 조선 땅의 식민지 행정 체제를 미리 결정해두기도 했다. 일본군의 출동 병력은 육군만 28만 명으로 1번대에서 16번대까지 나누었으며, 수군은 별도로 1만 명을 편성했다. 그리고 선봉대인 1번대에는 고니시 유키나가, 2번대에는 가토 기요마사, 3번대에는 구로다 나가마사, 4번대에 모리 요시나리가 대장으로 임명되었다. 바야흐로 임진년의 전쟁을 실행하는 일만 남은 상태였다.

임진년 이전의 조선

당시 조선의 상황은 어떠했을까?

명종의 어머니였던 문정왕후가 세상을 떠나자 윤원형이 실각하고 선조가 즉위했다. 사화의 피해자였던 사림은 마침내 훈구파를 밀어내고 정권을 장악했지만 오래 가지 않아 분열되었다. 이조정랑 직을 둘러싸고 김효원과 심의겸이 갈등한 것을 계기로 사림은 패를 나누었는데, 도성 동쪽에 살았던 김효원을 따르는 사림을 동인이라 하고 도성 서쪽에 살았던 심의겸을 따르는 사림을 서인이라고 하였다. 동인의 주요 인물은 김성일 · 유성룡 · 정인홍 · 이산해 등으로, 퇴계 이황과 남명 조식의 계보를 이었다. 서인의 주요 인물은 박순 · 윤두수 · 정철 등으로, 학맥상 율곡 이이와 서경덕의 계보를 이었다.

처음에는 동인이 정권을 차지했으나, 1589년의 기축옥사를 계기로 상황이 역전되었다. 정여립은 본디 서인이었으나 율곡 이이 사후 동인으로 전향했다. 이에 서인의 비난이 빗발치자 전라도 진안으로 낙향하여 대동계(매달 한 번씩 모여 무술을 연마하고 왕조를 몰아낼 계획을 꾸몄던 단체)를 조직하고 반란을 도모했다. 그러나 이 사실이 조금씩 누설되어 관련 고변과 연명 장계가 잇달아 조정에 전달되었고, 조정은 그 즉시 관군을 보내 관련자들을 체포했다. 정여립은 아들과 함께 피신했다가 자살했다. 일설에 따르면 정여립과 그의 아들은 타살되었으나 자살로 보고된 것이라고도 한다.

당시 사건의 책임자는 서인의 대표적 인물인 정철이었다. 그는 정여립 사건의 관계자들을 대거 잡아들여 숙청했다. 이로써 동인이 세를 잃고 서인 정권이 들어서게 되었다. 하지만 이 역시 오래 지속되지 못했다. 선조의 총애가 인빈 소생의 신성군에게 쏠린 것을 헤아리지 못한 정철이 광해군의 세자 책봉을 주장하다가 실각하게 된 것이었다.

정철의 실각은 동인의 재집권으로 이어졌다. 그러나 정철의 처벌 문제는 동인을 강경파와 온건파로 양분시켰다. 이산해를 중심으로 한 강경파가 북인, 유성룡을 중심으로 한 온건파가 남인이었다.

이렇듯 조선 정국은 요동을 치고 있었지만, 이것은 어디까지나 정치적 상황일 뿐이었다. 당시는 조선 건국 이후 2백 년이란 긴 세월 동안 나라 전체가 소요될 만한 큰 전란 한 번 없이 태평성대가 이어진 시기였다.

조선의 전쟁 준비

전란의 위협이 시시각각 다가오고 있음에도 조선은 그 사실을 전혀 눈치채지 못했다는 것이 일반적인 견해이다. 그중 대표적인 사례는 김성일과 황윤길의 경고 건이다.

1591년 봄 황윤길을 상사, 김성일을 부사, 허성을 서장관으로 세운 조선통신사가 일본을 향해 출발했다. 이들이 대마도에 있을 때의 일이다. 하루는 대마도주 소 요시토시가 잔치를 베풀고 조선 사신들을 초대했다. 그러고는 사신들이 자리한 다음에야 뒤늦게 가마를 타고 들어왔다. 화가 난 김성일이 벌떡 일어서서 말했다.

"대마도는 우리나라의 번신이다. 우리는 사신으로 왕명을 받들고 왔는데 어찌 감히 이토록 무례하냐! 나는 이 잔칫상을 받지 않겠다!"

그러자 대마도주는 모든 허물을 가마꾼에게 돌려 그들을 죽이고 사죄했다. 그리고 멀리서 조선 사신들이 보이기만 해도 급히 말에서 내리는 등 예의 바르게 대접했고, 사신들은 극진한 예우를 받으며 일본으로 떠났다.

하지만 정작 오사카에 도착해서는 도요토미 히데요시가 출전 중이라는 이유로 서너 달이나 기다려야 했다. 도요토미는 오사카로 돌아온 이후에도 이런저런 핑계로 조선의 국서 받기를 미뤄, 조선의 사신들은 다섯 달이나 머무른 뒤에야 비로소 국명을 전달할 수 있었다. 도요토미의 무례한 태도는 점점 더 도를 더해갔다. 조선 통신사를 맞이하는 연회 자리에서 말없이 갑자기 일어나 안으로 들어가더니 평상복 차림으로 나와 어린 아들을 안고 돌아다니다가 또다시 옷을 갈아입는 등 방약무인한 행동을 일삼았다. 《징비록》에는 당시의 상황이 이렇게 기술되어 있다.

> 모든 일이 참으로 제멋대로였고 매우 건방졌다. 그야말로 안하무인이었다. 우리 사신이 그 자리에서 물러나온 뒤로는 한 번도 도요토미 히데요시를 볼 수가 없었다. –《징비록》

연회가 끝난 후에는 상사와 부사에게 은 4백 냥을 주었고 서장관과 통역 등 수행원에게도 차등을 두어 은을 선물했으나, 정작 사신이 돌아갈 때가 되어도 답서는 써주지 않았다. 사신들은 결국 그냥 돌아오려 했으나, 김성일의 강력한 주장으로 몇 차례의 수정을 거쳐 기어코 답서를 받고 귀환했다. 이때 조선통신사가 지나는 곳마다 여러 왜인들이 나와서 선물을 주었지만 김성일은 이를 모두 물리쳤다.

조선 사신들이 본 일본의 정세는 지극히 위협적이었다. 황윤길은 부산에 닿자마자 '반드시 병화가 있을 것'이라며 전쟁 가능성을 급히 경고했지만, 일본에서 강한 주장을 펼치던 김성일은 정작 귀국 후에는 반대 의견을 표명했다. 황윤길은 서인, 김성일은 동인이었기 때문에 당파가 달라 반대한 것이라고 알려져 있지만, 동인이라고 해서 모두가 반대한 것은 아니었다. 허성을 비롯해 황윤길의 주장에 동의하는 동인도 많았다. 그렇다면 김성일은 왜 전쟁 가능성에 대해 반대한 것일까? 그 이유는 《징비록》에서 찾을 수 있다.

나(유성룡)는 김성일에게 물었다.

"그대의 말은 황사(황윤길)의 말과는 전혀 다른데 만일 병화가 있게 된다면 장차 어쩔 작정이시오?"

김성일이 대답했다.

"나 역시 어찌 왜적이 끝내 군사를 일으키지 않는다고 단언하겠습니까. 그러나 단지 황윤길의 말이 너무 지나쳐 중앙이나 지방의 사람 모두가 놀라 당황할 것이므로 그것을 염려해서 그랬을 따름입니다."

–《징비록》

당시 조선이 전쟁 준비를 하지 않은 것은 김성일의 주장을 받아들였기 때문이라고들 하지만, 사실 김성일의 주장은 민심의 동요를 걱정한 것이었지 전쟁 준비를 포기하자는 의미가 아니었다.

일본의 동향도 문제거니와, 일본 국서에 '군사를 거느려 명나라에 뛰어들어 가겠다'는 구절이 있었기에 명나라에 이 사실을 알릴지도 논란거리였다. 영의정 이산해는 '명나라 조정에서 우리가 왜국과 사사로이 통했다고 책망할지 모르니 알리는 것은 숨겨두는 것만 못하다'라며 명에 알리지 말자고 주장했다. 반대로 유성룡은 '만약 지금 사실을 감추고 알리지 않는다면, 그 사실이 다른 경로로 알려질 경우 외려 우리나라가 왜국과 공모했기 때문에 숨긴 것이라고 의심받을 것'이라고 주장했다. 조정의 중론은 유성룡의 의견에 실렸고, 결국 김응남을 사신으로 보내 명나라에 사실을 알리게끔 했다. 또한 국내적으로도 외침을 대비해 김수를 경상감사, 이광을 전라감사, 윤선각을 충청감사로 임명하고 병기를 준비하고 성을 쌓도록 하여 전쟁을 방비했다. 그러나 김성일은 축성 작업을 반대했는데, 이 또한 안보불감증 때문이 아니라 무리한 노역으로 백성들의 삶이 피폐해질 것을 염려했기 때문이었다.

당시 조선의 분위기는 《조선왕조실록》의 기록 외에도 경상감사 김수와 전라감사 이광 및 조선통신사로서 일본에 다녀왔던 유성룡 등과 관련된 일화에서도 찾아볼 수 있다. 유성룡은 합천 출신의 벗 이로가 보낸 서신에서 축성 작업에 대해 다음과 같은 비난을 들어야만 했다.

> 성 쌓는 것은 결코 좋은 계책이 될 수 없다네. 우리 고을은 나루가 가

로막고 있는데, 왜적이 이를 날아서 건너오겠는가. 그런데 왜 공연히 성을 쌓느라 백성들을 괴롭히는가?

김수와 이광은 조정의 명령대로 축성에 노력을 기울였으나, 부역으로 인한 백성들의 원망과 상소가 빗발쳐 삭탈관직을 당할 뻔했다.(《선조실록》 선조 25년(1592) 5월 3일) 그뿐만 아니라 충청 · 경상 · 전라 3도 가운데 성을 제일 많이 쌓은 경상도의 감사였던 김수는 이후 '경상감사 시절에 인심을 잃어 일을 그르치게 했다'는 이유로 사헌부의 탄핵까지 받기도 했다. 유성룡은 조선의 상황을 상황을 이렇게 묘사했다.

> 사실 태평한 세월이 오랫동안 지속되었다. 때문에 중앙이나 지방 백성들은 안일한 생활과 생각에 젖어 있어 노역을 꺼리고 원성이 드높았다.
>
> –《징비록》

선조가 임진왜란 중에 내린 교서 가운데에도 축성 작업이 백성들을 얼마나 힘들게 만들었는지 인정하는 대목이 등장한다.

> 나라 안팎으로 방비를 더 했어야 했지만, 성을 높이 쌓을 수록 백성들의 원망이 심해졌다. –《선조수정실록》 선조 25년(1592) 8월 1일

조선은 전쟁이 일어날 것이라는 사실 자체는 인식하고 있었다. 그러나 왜구가 좀 더 대대적으로 쳐들어올 것이라고 인식하는 정도였고, 국

가 간의 전면전에 대한 준비는 턱없이 부족했다. 정보력의 부재로 인한 일본의 수군과 육군에 대한 오판은 잘못된 전략 수립으로 이어졌다. 일본은 섬나라이므로 해전이 아닌 지상전에서는 조선이 유리할 것이라고 안이하게 판단한 것은 임진왜란 초기의 처참한 패배의 원인 중 하나였다. 국가적으로 이루어진 전쟁 준비도 전라도와 경상도를 비롯한 남부 위주였으며, 북쪽으로 갈수록 '일본군이 여기까지 올라올 리가 없다'라는 생각에 방비를 소홀히 했다. 그러나 실제로 전쟁이 벌어지자 평양성뿐만 아니라 함경도까지 함락당하고 말았다.

물론 예외도 있었다. 연안부사 신각은 전쟁을 대비했던 여타 지역에 비해 상대적으로 북쪽이었던 황해도에 부임해 있었지만, 전쟁 준비를 탄탄히 해두었다. 훗날 임진왜란이 발발하자 의병장 이정암이 연안성으로 들어가 승리할 수 있었던 것은 신각의 준비가 밑바탕이 되어주었기 때문이다.

그러나 애석하게도 모든 사람이 신각과 같지는 않았다. 막상 실전이 벌어지자 제대로 된 전략을 구사하기는커녕 병력 운용을 잘못하거나 겁먹고 도망치는 등 조선군의 대응은 형편없었다.

이순신, 전라좌수사로 부임하다

조선통신사가 일본의 정세를 보고한 이후, 조정은 축성 등의 전쟁 준비를 하는 동시에 무인도 발탁했다. 그중 백미는 바로 이순신의 등용이었다.

1591년 2월 4일, 전라좌수사로 임명되었던 원균이 대간의 탄핵으로 물러나게 되었다. 그 뒤 유극량이 전라좌수사로 임명되나, 무뢰배들과 어울려 관리의 체통에 어긋나고 호령이 시행되지 않는다는 이유로 곧 탄핵당했다. 원균이 탄핵당한 지 불과 나흘 후인 2월 8일의 일이었다. 유극량 개인으로서는 탄핵 사유가 억울했을지 모르나 결과적으로 나라를 위해서는 다행스러운 일이었다. 그 뒤를 이은 사람이 다름 아닌 이순신이었기 때문이다. 이순신은 당시 종4품 진도군수로 임명되었다가 부임도 하기 전에 다시 가리포수군첨사로 임명되었고, 그 후 다시 전라좌수사로 천거된 상황이었다. 정3품 벼슬로의 파격적인 승진이었다. 이를 두고 친우 유성룡이 추천한 낙하산 인사로 보는 시각도 있지만, 제아무리 유성룡이 추천한 인물이라 하더라도 이순신 자신이 북방에서 활약하며 능력을 증명했기에 가능한 일이었다. 물론 반발도 매우 거셌다.

> 이순신은 아직 군수로 부임하지도 않은 현감이니, 좌수사로 임명하는 것은 관작을 남용하는 것입니다. 다른 이를 임명하소서.
>
> –《선조실록》 선조 24년(1591) 2월 16일

> 이순신은 경력이 얕아 사람들에게 신망을 받기가 어렵습니다. 비록 인재가 부족한 상황이지만, 현감이 수사로 승진하는 것은 옳지 않습니다.
>
> –《선조실록》 선조 24년(1591) 2월 18일

이 같은 반발에도 불구하고 이순신은 전라좌수사로 부임하게 되었는데, 이 인사 조치를 끝까지 감행한 인물은 그를 천거했던 유성룡도 아닌 바로 국왕 선조였다. 선조는 '지금은 상규에 구애될 수 없는 상황'이라 대답하여 뜻을 바꾸지 않겠다는 의지를 확고히 내보이며 이순신을 전라좌수사로 임명한다. 이는 머지않은 장래에 조선을 구하는 결정적인 조치였다고 해도 과언이 아니다. 이때까지만 해도 이순신의 가장 든든한 후원자는 조선의 왕 선조였다.

조선수군의 성장

조선이 수군을 유지했던 이유는 다름 아닌 왜구 때문이었다. 13세기 무렵부터 출몰했던 왜구는 고려 말 더욱 기승을 부렸다. 이성계는 왜구 토벌로 명성을 쌓았는데, 이는 이성계가 조선 왕조를 세우는 데 큰 영향을 미쳤다. 왜구의 침입은 조선시대에도 여전하여, 조선은 단순히 배를 타고 이동하는 군대가 아니라 바다 위에서 싸울 전문적인 군대로서 수군을 양성하게 되었다.

조선수군은 양번제로 이루어졌다. 평시에는 수군 소속 군사들을 둘로 나누어 한 달씩 번갈아가며 근무하게 하다가, 전시에는 전 수군을 동원하는 방식이었다. 2교대로 구성된 수군은 1년 중 6개월을 근무하므로, 6교대로 구성돼 1년에 2개월씩 근무하는 육군에 비해 훨씬 강도 높고 전문적인 군사훈련을 받는 셈이었다. 물론 여기에는 해상 훈련도 포함되었다. 이로써 조선수군은 상비군 체제를 유지하게 되었으나, 훈련이 워낙 힘든 데다 왜구와 실전을 치를 가능성이 높기 때문에 점차 백성들이 기피하여 천역으로 취급받게 되었다.

하지만 수군은 조선에 반드시 필요한 존재였기에 조정은 조선 초부터 수군 양성에 힘을 기울였다. 조선의 3대 국왕 태종은 즉위 후 국방력을 강화하면서 수군 체제도 정비했고, 세종 1년(1419)에는 대마도 정벌을 추진했다. 한동안 잠잠하던 왜구가 대마도주 소 사다시게의 죽음에 따른 불안과 기근으로 다시 준동하는 것에 대한 대책이었다. 군사권을 쥐고 있던 상왕 태종이 이종무를 지휘관으로 임명하고 군선 227척과 정벌군 1만 7,285명을 대마도로 보냈다. 하지만 박실이 이끌던 부대가 전투에서 패하는 등 큰 전과를 거두지 못했으므로, 조선은 직접적인 전투보다는 대마도 전체를 봉쇄하는 압박 정책으로 방향을 선회했다. 결국 새로운 대마도주 소 사다모리는 조선에 수호를 요청했고, 조선은 이를 받아들여 철수했다. 이후 명나라로 향했던 왜구가 충청도에 출몰하자 대마도 재정벌이 논의되었지만, 왜구의 주력 부대가 명군에게 격퇴당했다는 소식이 전해지면서 중단되었다.

세종은 이후에도 군선의 건조와 성능 개선을 위해 지속적으로 힘썼으며 화기 개발에도 관심을 기울였다. 세종 대의 조선은 개국 초기의 혼란함에서 벗어나 정치적으로 국가적으로 안정되어 있었고, 중국의 영향에서 벗어나려는 독자적인 성향이 강했다. 따라서 화포 등의 화기 분야에서도 중국의 것을 따라 하는 것이 아니라 조선만의 독자적인 성장을 보이게 되었다. 이 시기에는 완구포를 개량하고 소화포를 개발하는 등 다양한 화기와 화약의 제조법이 크게 발전했으며, 세종 30년(1448)에는 마침내 세종 시대의 화기와 화약 제작 방법 및 사용법을 다룬 책까지 등장하게 되었다. 화기의 성장은 남부 지방에 출몰하는 왜구의 격퇴는 물론 북방 여진족을 경계하는 데에도 큰 도움이 되었다.

세종 대에는 수군 조직의 개편도 추진되었다. 세종 3년(1421)에는 경기도에 수군도안무처치사(정3품의 수군 최고위직. 세조 대에 수군절도사로 개칭했다)를 신설했고, 세종 8년(1426)에는 경상좌도의 수군도안무처치사를 도만호(각 도의 수군을 거느린 종3품 무관)로 대체했으며, 세종 29년(1427)에는 평안도에 수군첨절제사(종3품 수군 무관)를 두는 등의 조치가 이어졌다. 일련의 과정을 통해 세종 대에는 5만 명 규모의 병력을 보유하게 되었으며 군선도 800여 척으로 증강되었다. 그리고 다양한 해상 훈련이 이루어졌는데, 훈련 도중 사고가 발생할 경우에는 유족에 대한 구휼도 보장되었다. 또 조선 초에는 수군이 조운에까지 동원되었던 것을 탈피하여 조운 담당 조졸을 별도로 편성했다. 이와 같은 군 조직의 체계화는 수군이 오로지 해상 방어에 전념할 수 있는 기반이 되었다.

조선의 화기 개발은 문종 대까지 계승되었다. 문종은 병약할지언정 문약한 임금은 아니었다. 문종은 주도적으로 화차의 개발을 이끌었다. 이때 개발한 화차는 '문종화차'라고 불릴 만큼 그는 국방에 관심이 높은 왕이었다. 문종 이후로는 화기 개발이 침체기에 들어섰으나, 중종 대의 삼포왜란(1510년에 조선과 무역을 허락받고 제포, 부산포, 염포에서 활동했던 왜인들이 대마도주의 지원으로 일으킨 폭동. 이후 삼포를 폐쇄했다)을 계기로 다시 화포에 대한 관심이 증대되었다.

삼포왜란과 명종 대의 을묘왜변(1555년에 왜구들이 배 60여 척을 몰고 쳐들어온 사건. 이후 비변사를 설치했다)은 조선 전기의 수군 주력함이었던 맹선의 한계를 느끼게 해준 사건들이었다. 왜구들이 한층 강화된 선박과 화기로 무장하여 공격해오자, 비교적 소형에 속하는 맹선이 아닌 더욱 더 강력한 군선의 필요성을 깨닫게 된 것이었다. 그 결과는 판옥선의 개발로 이어졌다.

> 임금께서 새로 만든 전투선을 시험해보고는 환궁하였다.
>
> –《명종실록》 명종 10년(1555) 9월 16일

학계에서는 기록에 나온 전투선이 바로 판옥선이라고 한다. '판옥선'이라는 명칭이 처음 실록에 언급된 것은 명종 12년(1557)에 전라감사 권철이 조정에 올린 보고에서였다.

> 3경(23~01시)에 닥쳐온 큰 폭풍으로 인해 판옥선과 전선 등이 모두 떠내려갔습니다.
>
> –《명종실록》 명종 12년(1557) 4월 3일

판옥선이 첫선을 보인 지 불과 2년 후의 기록임을 감안한다면, 마치 판옥선은 개발과 동시에 조선 전역에 배치된 것으로 보인다. 그러나 판옥선을 개발하고 시험해보기까지의 수순은 순조롭지 못했다. 판옥선 개발 이전에는 큰 전투선을 개발하기보다는 작더라도 많은 배를 만들어야 한다는 주장이 있었다. 그리고 개발 이후에는 당시 보유하고 있던 15척을 제외하고는 더 이상 건조하지 말자는 주장마저 나왔다. 왜구의 군선과 균형을 맞추기 위해서라도 판옥선을 줄일 수는 없지만, 판옥선 건조에는 백성들의 품이 많이 소요되는 데다 수리와 개조에도 폐단이 많다는 이유에서였다.(《명종실록》 명종 21년(1566) 3월 13일)

그러나 이 같은 굴곡에도 불구하고 결국 판옥선은 조선수군의 주력함으로 자리매김했으며, 임진왜란 때에 크게 활약해 조선을 지켜냈다.

그럼 판옥선은 어떤 특징이 있을까?

우선 판옥선은 한선(근대 이전의 한국식 선박)의 특징을 이어받은, 밑바닥이 평평한 평저선이다. 평저선은 밑바닥이 뾰족한 첨저선에 비해 속도가 느리지만, 흘수(배가 물에 떠 있을 때 물에 잠기는 부분의 깊이)가 깊지 않고 뱃머리를 돌릴 때 선회 반경이 작아 움직임이 자유롭다. 특히 암초가 많은 우리나라 남해안의 특성상 한국 지형에 적합한 군선이라 할 수 있다. 판옥선의 특징은 바로 '판옥 구조'로, 갑판 위에 기둥을 세운 다음 마루판(상장갑판)을 깔고 그 위에 2층 누각을 세운 것이다. 따라서 전투원은 상장갑판 위에 그리고 격군(수부) 같은 비전투원은 상하갑판 사이에 위치하게 된다. 이렇게 하면 비전투원은 공격에 노출되지 않고 전투원은 상장갑판 좌우편에 설치한 여장(낮게 쌓은 담)의 보호를 받을 수 있어 전투 시의 효율성이 극대화된다.

정확한 자료가 남아 있지 않아 임진왜란 시기 판옥선의 확실한 규모를 파악할 수는 없다. 그러나 광해군 대의 자료를 바탕으로 선체 길이를 가늠해볼 때 약 28~34미터였을 것으로 추정되며, 《선조실록》에 인용된 나대용의 상소 내용으로 미루어볼 때 승선 인원은 보통 125명가량으로 상황에 따라 인원이 가감되었을 것으로 짐작된다. 보다 후대인 숙종 대에는 더 많은 인원이 오른 것으로 기록되어 있지만, 임진왜란 당시에는 승선 인원이 상당히 유동적이었다.

> 거북선에 승선하는 사수와 격군의 인원 수는 판옥선의 125명보다 적을 수가 없기 때문에 …… 더 이상 건조하지 않는다.
>
> –《선조실록》 선조 39년(1606) 12월 24일

조선수군은 삼남 지방, 즉 경상도 · 전라도 · 충청도의 비중이 높았는데, 그중에서도 충청도보다는 전라도, 전라도보다는 경상도의 수군이 중요하게 여겨졌다. 특히 경상도의 경상좌수영과 경상우수영 중 경상우수영이 으뜸이었으므로, 경상우수사(경상우도수군절도사)는 곧 조선 최대의 함대를 지휘하는 자리였다. 조선 후기의 경상우수사는 삼도(전라좌도, 전라우도, 경상우도)통제사를 겸임할 정도로 중요한 위치였으며, 1593년 임진왜란 중에 급히 설치한 삼도수군통제사란 관직이 생기기 이전까지는 같은 수사라 하더라도 경상우수사의 위상이 더 높았다. 그리고 1592년, 임진왜란을 코앞에 두고 새로운 경상우수사가 부임했으니 그가 바로 원균이다.

임진년의 전쟁이 시작되다

> 왜적의 배가 대마도에서 우리 바다로 오며 바다를 뒤덮듯 했다. 그 끝이 보이지 않을 정도였다. – 《징비록》

1592년(선조 25) 4월 13일, 조선은 부산 앞바다에 떠 있는 왜선 수백 척을 발견한다. 처음에는 조공을 바치러 온 세견선(조선과 일본 간의 무역선)이라고 생각했으나, 세견선이라고 하기에는 수가 너무 많았다. 이 선박들은 일본의 조선 침공군 제1번대 대장인 고니시가 이끄는 배들이었다. 조선 개국 이래 최대의 국난, 임진왜란이 시작된 것이다.

일본의 조선 침공 첫 번째 관문은 바로 부산진성이었다. 고니시의 사위였던 대마도주 소 요시토시는 군사를 이끌고 상륙하여 경계 상황을 정찰했다. 당시 부산진성의 수군첨절제사 정발은 일본군이 상륙하자 부근 해안의 선박을 이용하지 못하도록 모두 침몰시키고 성내의 군민을 모아 방어 태세를 갖추었으나, 이튿날인 4월 14일 부산진성은 함락되고 말았다. 곧이어 다대포첨사 윤흥신이 지키던 다대포와 서평포도 함락되었다. 울산에 있던 경상좌병사 이각은 일본의 침입을 보고 받고 동래로 향하려던 중 부산이 함락되었음을 알게 되었다. 이각은 일본군이 동래성을 향해 접근해오자 밖으로 나가 적을 방어하겠다는 핑계를 대고는 성을 빠져나갔다. 경상좌수사 박홍도 예하 병력을 집결시켰으나 곧 성을 버리고 자신만 달아났다.

4월 15일, 동래부사 송상현은 '명나라를 칠 것이니 길을 빌려달라'는 고니시의 요구에 '싸워서 죽기는 쉬워도 길을 내주기는 어렵다'라 거부하고, 동래 성곽 남문에서 왜적을 맞아 반나절 넘도록 군사들을 독려하며 항전했으나 끝내 장렬히 전사하고 말았다. 그러나 제대로 된 저항은 여기까지였다. 이후의 조선군은 허술하기 짝이 없는 모습을 보였다.

군사 300명을 이끌고 동래성을 구원하러 가던 밀양부사 박진은 도망쳤던 경상좌병사 이각을 만나 소산 부근에서 진을 치고 일본군의 북진을 막으려 했다. 하지만 적군의 기세에 눌린 군사들이 전투를 시작하기도 전에 흩어져버려, 박진은 밀양으로 돌아가고 이각은 언양을 향해 북상했다. 이각은 이곳에서 도망친 경상좌수사 박홍을 만났으나 휘하에 군사들이 없기에 별다른 방안도 세우지 못하고, 이각은 울산의 좌병영으로, 박홍은 밀양 방면으로 향했다. 한편 울산좌병영에서는 관할 지역의 군현에서 모인 군사들이 이각의 지휘를 받기 위해 대기하고 있었다. 그러나 지휘관들이 겁먹고 도망가는 바람에 군사들 또한 일본군이 울산에 이르기도 전에 흩어지고 말았다. 박진은 양산과 밀양 사이의 작원관에 진을 치고 좁은 길의 이점을 이용해 일본군을 저지하려 했으나, 산 뒤쪽에서부터 높은 곳으로 새까맣게 붙어서 올라오는 일본군을 보고는 군사들이 모두 도망쳐서 결국 퇴각할 수밖에 없었다. 급히 밀양으로 돌아간 박진은 병기와 창고를 불태운 뒤 성을 버리고 탈출했다.

4월 19일, 고니시는 텅 빈 밀양성을 점령하고 이틀 후인 21일에 대구로 진출했다. 대구에는 경상감사 김수가 소집한 문경 이남 지역의 군사들 중 일부가 집결해, 자신들을 지휘할 장수가 한양에서 내려오기만 기다리고 있었다. 그러나 한양에서는 아무 소식도 없고 식량마저 떨어진 데다 일본군이 점점 접근해오자, 군사들은 물론 수령들까지 모두 뿔뿔이 흩어지고 말았다. 결국 고니시는 대구까지 무혈점령했고, 24일에는 낙동강을 넘어 선산 방면으로 진출했다.

가토가 지휘하는 2번대는 4월 18일에 상륙한 후 부산에서 동북쪽으로 진출하여 언양 · 경주 등을 점령해갔고, 구로다가 이끄는 3번대는 낙동강 하구 죽도에 상륙하여 김해 · 창원 등을 점령하며 북상했다.

조선 조정은 박홍이 보낸 장계가 도착한 4월 17일에야 비로소 일본의 침입을 알게 되었다. 그러나 이때까지만 해도 그저 왜구의 대규모 난동쯤으로만 여기고 제1선에서 충분히 격퇴할 거라고 예상했다. 부산진성과 동래성 함락 소식이 잇달아 도착하고서야 전면전의 발발을 인지하고 죽령, 조령, 추풍령 등의 요충지 방어를 계획했다.

우선 순변사 이일로 하여금 적을 막도록 했다. 이일은 조령 방어를 위해 도성에서 군사 300명을 모아 출전하려 했으나 제대로 이루어지지 않아 겨우 60여 명만 모을 수 있었다. 이에 선조는 병조판서 홍여순을 파직하고 김응남을 새로 임명했다. 그리고 '일본의 침입이 없을 것'이라고 보고했던 책임을 물어 경상우병사로 내려갔던 김성일을 압송했으나, 직산에 이르렀을 때 석방시켜 경상우도초유사로 임명했다. 전시 상황 수습을 위해 체찰사(병란이 있을 때 왕명으로 지방의 군무를 총괄하는 임시 벼슬)를 전방에 파견하기로 하고 좌의정 유성룡을 도체찰사, 병조판서 김응남을 부체찰사로 임명했다. 그러나 문관인 도체찰사보다는 군사 지휘가 가능한 무관을 파견해 현지 군사들을 지휘하는 것이 좋다는 의견에 따라 한성판윤 신립을 삼도순변사(왕명으로 지방 군무를 총괄케 하는 특사)

로, 전 의주목사 김여물을 종사관으로 임명하여 일본의 북상을 저지하려 했다.

한편 한양을 떠난 이일이 조령을 넘어 경상도 문경에 도착했을 때, 성은 이미 완전히 비어버린 상황이었다. 이일이 상주에 도착했을 때는 상주목사 김해가 순변사를 맞이한다며 사라진 데다, 현지에서 모집되어 이일의 지휘를 받아야 할 군사들마저 흩어진 상황이었다. 그나마 혼자 빈 성을 지키고 있던 판관 권길이 군사를 모았지만, 이들은 여진족이 출몰하는 북방 지역이나 왜구가 출몰하는 해안 지역이 아닌 남부 내륙 지방의 농민들로 실전 경험은 물론 훈련 경험마저 부족했다. 오합지졸이나 다름없던 이일 휘하의 조선군은 곧 이은 일본과의 전투에서 힘없이 무너져내렸고, 이일은 겨우 문경으로 도망쳤다. 이곳에서 패전 보고를 올린 이일은 충주로 옮겨 가 신립 휘하에 합류했다.

4월 26일, 상주를 점령한 일본은 문경을 공격하기 시작했다. 지금껏 많은 성을 무혈점령한 일본군은 상주성 역시 텅 비어 있자 안심하고 성 안으로 들어섰다. 그때였다. 갑작스런 화살 세례가 쏟아지는 통에 선봉의 일본 군사들이 쓰러졌다. 문경현감 신길원이 20여 명의 결사대와 함께 매복하고 기다리다가 기습한 것이었다. 도망가기에 급급했던 지역 최고의 군사 책임자들의 모습에 비하면 비장하기 이를 데 없었지만, 결국 수적 열세에 밀려 결사대 전원이 전사하고 말았다.

김여물과 함께 남하한 신립은 군사 8천 명을 모아 충주 남쪽의 단월역에 진을 친 뒤 충주목사 이종장과 함께 지형을 정찰했다. 이때 김여물이 '적은 그 수가 매우 많아 정면으로 맞서 싸우는 것은 위험하니, 험준한 곳에 복병을 두고 협공하든가 혹은 한성으로 물러나 한성을 지키는 것이 낫다'고 주장했다. 이에 이종장은 동의했지만 신립은 반대했다. '적은 보병이지만 아군은 기병이다. 또한 아군은 훈련이 미숙하기 때문에 사지에 빠져야만 제대로 투지를 발휘할 수 있으므로 배수진을 쳐두었다가 일본군을 공격하는 것이 낫다'는 이유였다.

4월 28일, 조선군은 신립의 생각에 따라 탄금대로 이동해 배수진을 쳤다. 같은 날 정오 무렵 고니시군이 충주에 도착하고, 조선군과 접전이 벌어졌다. 처음에는 신립이 일본군을 격퇴해 개전 최초의 성공을 거두었으나, 전세는 점점 일본에 우세하게 돌아갔다.

후대의 많은 사람들은 탄금대전투를 두고 신립에게 전술적 식견이 부족했다고 혹평한다. 그러나 신립의 입장에서는 기병이라는 조선군의 이점을 살려야만 했다. 또한 훈련이 부족한 군사들은 도망칠 가능성이 높으므로 배수진을 선택할 수밖에 없었다. 임진왜란 발생 후 전투가 벌어지기도 전에 군사들이 먼저 달아났던 사례가 한둘이 아님을 볼 때, 신립의 생각이 이해되지 않는 것도 아니다. 그러나 신립이 미처 계산하지 못한 부분이 크나큰 악재로 돌아왔으니, 그것은 바로 탄금대가 기병이 활동하기에 불편한 저습지라는 점이었다. 거기에 일본은 최신 무기인 조총으로 무장하고 있었다. 물론 조총 비율은 20퍼센트가량에 불과했지만, 위협적인 것만은 사실이었다.

결국 신립은 최후의 총공격을 명령하고 싸우다가 패색이 짙어지자 남한강으로 투신해 자결했고, 김여물과 이종장도 마지막 순간까지 싸우다 장렬히 전사하고 말았다. 이일은 이번에도 용케 살아남아 조정에 패전 보고를 올리고는 북쪽으로 달아났다. 신립이 패한 이후 더 이상 육지에서는 일본군을 막을 수 없었다. 일본군은 그야말로 파죽지세로 한양을 향해 진격했다.

4월 29일, 충주전투의 승전보만 기다리던 조정에 청천벽력이 떨어졌다. 신립의 노복 셋이 급히 말을 달려와 패전 소식을 알린 것이었다.

"순변사께서는 어제 충주전투에서 패전하여 돌아가셨습니다. 우리 부대가 크게 무너졌고 우리는 간신히 목숨을 부지해서 이렇게 온 것입니다."

얼마 뒤에는 '금명간에 왜적이 한양으로 들이닥칠 것'이라는 이일의 장계가 도착했다. 조정뿐 아니라 온 한양이 발칵 뒤집혔고, 선조는 정승들을 모아 피난을 논의했다. 결국 조정은 반대 여론을 무릅쓰고 파천을 결정했으며, 왕의 유고 시 대리자가 필요하기에 광해군을 세자로 책봉하고 분조(본래의 조정과 분리하여 별도로 설치한 임시 조정)를 이끌게 했다.

선조, 파천하다

충주전투의 패전보가 한양에 당도한 다음 날, 선조는 비를 맞으며 한양을 떠났다. 왕을 따르는 자는 겨우 100명 남짓이었다. 선조와 조정의 대소 신료들이 경복궁 앞을 지날 때 길 양쪽에서는 백성들의 울음소리가 멈추질 않았다. 왕이 닿는 길마다 백성들은 '조정에서 백성들을 버리니 이제 누굴 믿고 살아야 합니까?'라며 통곡했고, 궁인이나 벼슬아치들도 소리 내어 울며 길을 떠났다. 관원들 중에 다시 도성으로 되돌아가는 자가 많았고 점점 뒤처지는 시종과 대간의 수가 늘어났다.

몽진 길에 나선 선조는 왕이라기에는 그 신세가 비참하기 이를 데 없었다. 비가 점점 심해져 파천을 떠난 일행 모두가 함빡 젖은 데다 먹을 것도 없었다. 임진강 나루에 이르렀을 때 허기에 지친 선조는 내시에게 술과 차를 내올 것을 명했으나 아무것도 내올 것이 없어서, 한 의원이 상투 속에 간직한 사탕 반 덩어리를 강물에 타서 바칠 정도였다. 간신히 나룻배를 찾아 강을 건넌 뒤에는 일본이 들이닥쳐 강을 건널까 염려되어 임진강에 있는 모든 배를 불태우고 민가를 헐어 뗏목으로 쓰지 못하게 했다.

간신히 개성으로 피난한 조정은 영의정 이산해와 좌의정 유성룡에게 파천의 책임을 묻고 파직했다. 그러나 정작 적을 막을 대책은 없었다. 선조는 백성들에게 개성은 사수하겠다고 했지만 공염불이었을 뿐, 끝내 개성도 버리고 다시 평양으로 떠났다. 전황은 여전히 불안했다. 육지의 조선군은 패배를 거듭했고, 조선의 왕은 평양마저 버리고 평안도의 강계로 갈지 함경도의 함흥으로 갈지를 고민했다. 왕이 평양까지 버리려 한다는 사실이 알려지자 백성들은 폭동을 일으켰다. 왕비를 모시는 궁비가 몽둥이로 맞고 호조판서 홍여순이 공격당했다. 주동자 몇을 참수한 뒤에는 어느 정도 진정되었지만, 그럼에도 악화된 민심이 크게 나아지지 않아 선조는 평양성을 몰래 떠나야만 했다. 처음엔 함흥으로 갈 계획이었으나 논의 끝에 행선지는 의주 방면으로 변경되었다. 여차하면 요동으로 넘어가기 수월한 곳으로 선택한 것이었다. 실제로 선조는 요동으로 넘어갈 의향도 있었으나, 명나라 측에서 '조선의 왕이 요동으로 올 경우, 수행원 수는 100명을 넘기면 안 된다'며 사실상 망명을 거부함으로써 무산되었다. 더 이상 물러설 곳도 없는 최악의 상황이었다. 그러나 아직 조선이 망할 때는 아니었다. 육지의 전황은 불리했지만, 그 불안감 속에서도 희망의 빛이 남쪽에서 비치고 있었다.

평소에도 방비에 힘쓰고 있던 전라좌수사 이순신은 전쟁 발발 소식을 듣고 다시 병력을 정비했다. 아직 자신의 관할인 전라도가 침략을 받지 않아 함부로 경상도로 넘어가 도와줄 수는 없는 상황이었지만, 명령만 떨어지면 기꺼이 왜군을 무찌르기 위해 출동하려고 만반의 준비를 갖추었다. 아마도 개전 초기에는 명령만 내려온다면 경상우수영을 도와 일본수군과 싸우면 된다고 여기지 않았을까 생각된다. 관할 구역으로 보나 병력 규모로 보나 경상우수영이 조선수군의 주축으로 나서는 것은 상식이었다. 하지만 이 상식은 어이없이 무너졌다. 실제 전쟁에서는 이순신의 전라좌수영이 조선수군의 주력이 되어 온 조선 땅에 희망을 불어넣었다. 그러나 이것은 어디까지나 시일이 조금 더 지난 후의 일로, 개전 직후까지의 이순신은 생각하지도 못한 일일 것이다.

'임진왜란'이란 명칭에 대하여

여기서 잠깐 '임진왜란'이라는 명칭에 대해 정리해보자. 1592년 일본이 조선을 침공하면서 발발한 전쟁, 즉 임진왜란은 국가나 학자 들의 사관에 따라 여러 명칭으로 불리고 있다. 한국에서는 익히 알려진 대로 '임진왜란'이라고 부르며, 일본에서는 '분로쿠의 역'이라고 부른다. 우리가 '정유재란'이라고 부르는 전쟁 역시 일본에서는 '게이초의 역'이라고 부르니, 이는 모두 당시 일본의 연호에서 따온 것이다. 중국에서는 당시 황제였던 신종의 연호에서 따온 '만력 조선역'이란 명칭을 사용하며, 조선을 돕기 위하여 일본에 대항한 전쟁이라는 의미로 '항왜 원조 전쟁'이라고도 한다. 이렇듯 동아시아 3국은 이 전쟁을 제각각 다른 명칭으로 부르고 있다. 이 중에서 한국의 '임진왜란'은 문자 그대로 해석하면 '임진년에 일어난 왜구의 난동'이라는 뜻으로, 일본을 비하하는 의미가 담겨 있으므로 이 명칭을 바꾸자는 의견도 제시된 바 있다. '임진왜란'을 대체하기 위해 제안된 용어 중 비교적 잘 알려진 것이 조선과 일본의 전쟁이라는 의미를 직접적으로 담고 있는 '조일전쟁'이며, 2012년에 신설된 동아시아사 교과서의 집필진은 '임진전쟁'이라는 용어를 사용하기도 했다.

과연 이 전쟁은 어떤 명칭으로 부르는 게 좋을까? 일단 중국과 일본에서 사용하는 용어는 각각 자국 중심적이므로 우리나라에서는 당연히 논외로 삼아야 한다. 그러면 '임진왜란' '조일전쟁' '임진전쟁'이 남게 된다. 대안으로 제시된 용어 가운데 '조일전쟁'은 전쟁 당사국을 명기하여 중립적으로 보이지만, 또 다른 전쟁 주체인 명나라를 전혀 반영하지 않았다는 문제가 있다. 비록 명군은 졸전만 벌인 데다 도와주러 와서는 오히려 행패를 부린 경우가 적지 않지만, 중요한 전쟁국이었음은 틀림없다. 따라서 명나라를 배제한 용어는 이 전쟁의 의미를 그대로 담았다고 하기는 어렵다. 또한 일본의 입장에서는 '일조전쟁'이라는 용어를 쓰고 싶을 테니, 국명 순서에 관해서도 의견이 갈릴 수밖에 없을 것이다. '임진전쟁'은 조일전쟁처럼 전쟁 당사국을 배제하는 문제도 없고, 임진년이라는 전쟁 발생 시기도 잘 나타내고 있다. 그러나 중국과 일본은 자국의 연호나 자신들의 시점을 기준으로 용어를 정했고 십이간지는 배제했으므로, 결국 우리나라를 기준으로 정한 용어라는 점은 '임진왜란'이나 '임진전쟁'이나 마찬가지다. 다만 비하의 의미가 담긴 '왜란'을 '전쟁'으로 바꾼 것에 불과하다.

시간이 흐른 뒤 재평가되며 명칭까지 함께 바뀌는 역사적 사건은 얼마든지 있다. 앞서 언급했듯이 5공 시대엔 '광주 사태'라 불렸던 1980년 5월의 빛고을 사건은 민주정권 수립 이후 '5 · 18 광주민주화운동'이라고 명칭이 바뀌었다. 또한 예전엔 '군사혁명'이라 표현되던 사건들이 오늘날에는 '쿠데타'라고 불린다. 이런 명칭의 변화는 사건에 담긴 의의를 제대로 반영한다는 점에서 의미가 있다.

하지만 근대 이전의 사건이라면 상황이 다르다. 가치관 자체가 과거와는 완전히 다른 지금, 근대 이전 사건의 명칭에 상대를 낮추는 의미가 있었다고 해도 그 뜻을 그대로 받아들일 리는 만무하다. 또한 그때 그 용어를 사용한 것은 그 자체가 역사의 일부이므로, 후세에 전할 만한 가치가 충분하다. 조선시대의 '난亂'이란 글자에 대한 이해도 필요한데, 당시에는 '난'이 현재처럼 '난동'만을 의미하는 것이 아니라 '전쟁'을 의미하기도 했다. 가령 '이시애의 난'이나 '홍경래의 난' 같은 사건은 현대적 기준이라면 '내전'이라고 부를 만한 사건들이지만, 당시에는 전쟁에 준하는 대규모 군사 충돌을 '난'이라고 부르는 것이 관례였기 때문에 역사에도 '난'이라 기록되고 오늘날까지 그 명칭이 이어지는 것이다. 임진왜란 역시 그 기준에 따라 명명된 것이며, 그 이름에는 이미 기억해야 할 역사적 의의가 담겨 있다. 그러므로 이 책에는 용어를 바꾸지 않고 기존처럼 '임진왜란'으로 표기할 것임을 밝혀둔다.

| 제3장 |

부전자전, 원준량과 원균

아버지 원준량, 아들 원균

원균元均의 가문인 원주 원씨의 시조는 당 태종이 고구려에 파견한 학사 중 한 명인 원경元鏡이라 전하지만, 고구려 멸망 이후 문헌기록이 없고 현재는 시조를 같이하는 단본이면서도 3개 파로 나뉘어 있다. 고려의 개국공신이었던 원극유를 중시조로 하는 원성백파, 고려시대에 문하시중을 지냈던 원익겸을 중시조로 하는 시중공파, 끝까지 고려에 충성을 바쳤던 태종 이방원의 스승 원천석을 중시조로 하는 운곡공파로 나뉘는데, 원균은 그 가운데 원성백파 출신이었다. 이 중 원균 이전에 무장으로 재직한 기록이 확인되는 것은 아버지 원준량元俊良 정도이다. 그럼 원준량은 어떤 인물이었을까?

원준량이 처음으로 실록에 나타나는 것은 1544년(중종 39)의 일로, 시작부터가 예사롭지 않은 인물이다. 《중종실록》에 따르면 원준량은 선전관으로 있으면서 도성 내외 야간 순찰을 감독하는 감군을 겸직했는데, 이때 순찰을 게을리하여 군정이 문란해졌다고 지적을 받았다. 이후의 행적에 대해 정확한 기록은 없지만 이 일로 징계에 처해진 듯하다.

이후 명종 대에 다시 원준량의 이름이 언급되는데, 그의 행태는 왕이 바뀌어도 전혀 변함이 없었다. 1562년(명종 17) 이원우가 전라병사로, 원준량이 전라좌수사로 임명되지만, 후에 사헌부의 탄핵으로 두 사람 모두 체직당했다. 당시의 기사에는 탄핵의 이유에 대해 나오지 않지만 바로 다음 해의 기록에서 그 이유를 짐작할 수 있다. 1563년(명종 18) 원준량은 경상좌도의 병마절도사로 임명된다. 원준량이 이를 받드니, 명종은 '군졸을 잘 보살펴주고 방비를 엄하게 조처하도록 하라'고 전교한다. 그러나 이 일을 기록한 사관은 원준량에 대하여 아래와 같은 혹평을 덧붙이며 한탄했다.

> 원준량은 지난 해에 함께 탄핵당한 이원우보다 욕심도 많고 사나운 데다 무지한 사람이다. 그러나 이원우의 허물은 여전히 공격받지만 원준량은 관직에 임명되었다. 이것은 원준량이 권세 있는 자의 힘을 입어 간관諫官의 입을 막은 것이 분명하다. 과연 이런 자가 군졸을 보살피고 국가를 방비하겠는가.
>
> –《명종실록》 명종 18년(1563) 11월 11일

다만 실제로 경상좌병사에 부임되는 것은 원준량이 아닌 윤선지로, 당대의 권력자였던 윤원형을 상전처럼 섬긴 자였다. 윤선지가 경상좌

병사로 임명되면서 원준량은 경상우병사로 부임한 듯싶다. 《명종실록》의 사관이 '권력자에게 뇌물로써 잘 보여 관직에 임명되었다'며 원준량을 강하게 비판한 데서 유추할 수 있는 또 한 가지는 그의 관직 생활이 그다지 깨끗하지는 않았으리라는 점이다. 뇌물을 바치고 부임한 관리가 본전 이상을 뽑아내기 위해 부패하는 것은 거의 당연한 수순이기 때문이다.

그럼에도 이렇게 생각할 수 있을지도 모르겠다. 비록 부패하기는 했지만 무인으로서의 본분에는 충실했던 인물이 아니었을까? 그러나 전라좌수사로 임명되었다가 탄핵당하기 전인 1552년(명종 7), 당시 전라우수사였던 원준량은 제주도의 왜변을 듣고도 구원하러 가지 않은 죄로 유배당한 적이 있었다. 1557년(명종 12)에 그는 또다시 경상좌수사로 임명되었는데, 이에 대해 사관은 이렇게 기록했다.

> 원준량은 본디 성품이 무지하고 거칠고 사납다. 원준량이 전라수사였을 때의 일이다. 달량포(전라남도 영암)가 함락됐다는 소식이 닿았지만, 그는 구하러 달려가기는커녕 천연덕스럽게 술을 마시며 일부러 시간만 끌었다.
>
> ─《명종실록》 명종 12년(1557) 8월 2일

달량포가 왜구에게 침범당한 것은 1555년의 을묘왜변 때다. 1552년에 이미 직무유기에 따른 처벌을 받고 다시 한번 관직에 임명되었지만, 처벌받은 후에도 3년 전과 같은 실책을 저질렀다. 그는 무인으로서의 기본자세부터 결여되었지만 권력층과 깊이 결탁한 덕에 자신의 과오를 제대로 책임지지도 않았다. 이렇듯 부패하고 무능력해도 윤원형을 비롯한 권력층에게 아부함으로써 관직 생활을 이어나갔던 것이다.

하지만 문정왕후 사후에 윤원형이 실각하게 되면서 원준량에게도 일대 위기가 찾아왔다. 1556년, 사헌부가 당시 길주목사였던 원준량을 다음과 같은 이유로 탄핵한 것이었다.

> 원준량은 본성이 야비한 사람입니다. 또한 탐욕스럽기 이를 데 없어 백성들에게서 끝없이 거둬들이는 데다, 관가의 창고에서 물건을 빼내어 사적으로 은을 사들이는 데 모두 썼습니다. 이처럼 분수에 지나친 짓을 일삼으니 원준량의 파직을 명하시옵소서.
>
> –《명종실록》 명종 21년(1566) 12월 9일

명종은 사헌부에게 그대로 실행하라고 명령했다. 그리고 길주목사 자리에서 파직당하는 것을 끝으로 더 이상 원준량은 실록에 등장하지 않는다. 실록에 처음 등장할 때부터 마지막으로 등장할 때까지, 비리와 군기 문란 등으로 점철된 원준량의 관직 생활은 '부패 군인'이라는 네 글자로 요약할 수 있지 않을까?

원균의 출사

원균도 아버지의 뒤를 이어 무인의 길로 나서지만, 그 역시 출발부터 부정으로 얼룩져 있었다. 1564년(명종 19년)의 실록에는 무과에 응시한 원준량의 아들 이야기가 나오는데, 이 문제가 거론된 것은 바로 부정 응시 때문이었다.(《명종실록》 명종 19년(1564) 6월 21일)

당시 원준량은 경상우병사로, 조선시대의 병사에게는 지방 무과 초시를 감독하는 권한이 있었다. 그리고 원준량은 이 무과 초시에 자신의 아들을 응시시켰다. 문과 시험은 부정 응시에 대한 규정이 상세하나 무과 시험은 그런 규정이 없는 까닭에, 해당 지방 병사의 아들이 무과 시험을 보도록 허락하는 것은 관례처럼 이루어지는 일이긴 했다. 그러나 아무리 규정이 미비했다 하더라도 자신이 감독하는 시험에 아들을 응시시킨 것은 분명 법의 허점을 이용한 부정이 아닐 수 없다. 실록에는 이때 무과에 응시한 원준량의 아들이 누구인지 이름까지는 기록되어 있지 않지만, 여러 정황상 그 주인공은 다름 아닌 원균이었음을 추정할 수가 있다. 문제가 불거진 당시 원준량의 장남인 원균은 스물다섯 살이었다. 그에게는 다른 동생도 있었지만, 바로 밑의 동생인 원연은 문과에 응시했고 그 아래 동생은 과거에 응시하기에는 아직 어린 나이였다. 결국 상황에 맞아떨어지는 인물은 원균밖에 없는 것이다. 아버지가 감독하는 시험에 응시했으니 문제가 되는 것은 당연하며, 아마 이 때문에 원균은 낙방으로 처리된 것 같다. 왜냐하면 이후의 기록에 원균이 3년이 지난 1567년에야 겨우 무과에 급제했다고 나와 있기 때문이다.

그럼 출사 후의 원균은 어땠을까? 원균 옹호론에 따르면 원균은 북방 여진족이 두려워한 육지의 맹장이었다고 한다. 그러므로 바다에서 두각을 드러냈던 이순신과 달리, 육지에 강했던 원균은 바다에서 활약하기 어려웠다고 변명한다. 그러나 원균에게 굉장히 우호적이었던 김응남의 표현은 이와 사뭇 다르다. 임진왜란이 한창이던 1596년(선조 29), 김응남은 선조에게 '원균은 수장水將의 재주를 지녔다'고 말한 바 있다. 이외에도 실록에는 김응남이 원균을 두둔하는 장면이 수차례 등장한다. 그렇다면 원균은 어째서 오늘날에는 뭍에서는 뛰어나지만 바다에서는 활약하지 못한 사람으로 바뀌게 된 것일까? 자료를 찾아보면 원균이 수장의 재주를 지니지 못했음은 분명히 알 수 있다. 그러면 과연 원균에게 육지의 맹장으로서의 자질은 있었던 것일까? 다음은 원균 옹호론에서 자주 인용되는 조인득의 발언으로, 《선조실록》에 실린 기사이다.

> 신이 일찍이 종성(함경북도 종성)에서 원균을 보았사온데, 그는 만군이 앞에 있을 때에도 가로질러 대적하려는 의지가 있었고, 군사를 행군하는 데에도 소박하고 허실이 없었습니다. 탐탁한 인물인지는 모르겠습니다.
>
> – 《선조실록》 선조 29년(1596) 10월 21일

이 말대로라면 원균은 정말 맹장인 것처럼 보인다. 그러나 한 가지 유념해야 할 사실은 조인득의 말은 그저 '그 녀석은 똘똘합니다만 마음에 들지는 모르겠습니다' 정도의 의례적인 평가 수준일 뿐, 구체적인 전공이나 평가의 기준이 없다는 것이다. 이 말이 오갔던 상황을 살펴보자면, 당시 선조는 여러 대신들을 모아놓고 장수로 세울 만한 인재를 논하고 있었다. 그때 언급된 이름 중 하나가 다름 아닌 원균이었다. 그러나 우의정 이원익을 비롯해 김수, 김순명 등 모두 원균을 기용해서는

안 된다고 말했다. 심지어 김순명은 '충청도의 민심은 모두 원균을 떠났고 사람들은 그를 불편하게 여긴다'라는 말까지 고하였다. 그러나 선조는 '원균은 청렴결백한 사람이거늘 어째서 그를 탐욕스럽다고 말하는가'라며 원균을 옹호했고, 이에 조인득이 '좀 용맹스럽기는 합니다만……'이라 말하며 어느 정도 왕의 마음을 맞춰준 것이었다. 이 말은 해당 기사를 통틀어 원균을 긍정적으로 표현한 유일한 발언이었다.

'북방 여진족이 두려워한 육지의 맹장 원균'이 북방에서 세웠던 전공에 대해서는 일말의 공식 기록도 존재하지 않는다. 기껏해야 《원균 행장기》 정도이다. 하지만 '행장기'란 후손들이 조상의 일생의 행적을 적은 기록으로, 집필 과정에서 조상의 공을 최대한 과장하거나 미화하는 경우가 많기 때문에 사료로서의 신뢰성이 상당히 떨어지는 편이다. 일례로 임진왜란에 활동했던 사람들의 행장기 내용을 전부 합쳐보면, 임진왜란 당시 일본군 전사자 수가 천만 명에 이른다는 말이 있을 정도이다. 국가 공식 자료인 《조선왕조실록》이나, 같은 개인 저작물임에도 사료로서 가치를 인정받는 《징비록》《연려실기술》 등에서는 원균이 북방에서 세웠다는 공에 대한 내용은 전혀 찾을 수 없다.

게다가 비변사의 불차 채용으로 신료들이 장수를 추천할 때에도 원균의 이름은 없었다. 이때 추천된 장수들 중 상당수는 임진왜란 때 활약한 인물들이었다. 소설과 드라마에서 '녹둔도의 패전지장'이라고 했던 이순신도 두 명의 추천을 받은 반면, 원균을 추천한 사람은 아무도 없었다. 정말 그가 북방의 맹장이었다면 어째서 단 한 명도 추천하지 않았을까? 이것은 원균을 북방의 맹장이라고 일컬을 만한 증거가 전무하다는 사실을 나타낸다.

물론 크고 작은 전투가 끊임없던 부령(함경북도 중동부) 지방에 부사로 발령받은 적이 있으니, 니탕개의 난이나 시전부락전투 같은 대규모 작전 및 크고 작은 접전 중에 어느 정도 공을 세웠을 가능성도 아예 없지는 않다. 그러나 주목받을 정도의 큰 공은 아니었다. 이순신은 녹둔도 전투를 통해 왕과 대신들의 주목을 받는 인물로 성장했으며, 이는 사서를 통해서도 알 수 있는 사실이다. 그러므로 원균이 '육지의 수호신'이었다거나 '이름만 들어도 여진족이 벌벌 떠는 맹장'이었다는 묘사는 제대로 된 고증을 거치지 않은 과장된 표현이라 할 수 있다.

원균의 경상우수영 병력 해산의 진실 1: 경상우수영의 군사

일본의 대규모 침공 시 그 대응이 가장 중요한 곳은 바로 경상도의 수군 진영이다. 임진왜란이 발발했을 때 경상좌수영은 일본의 침공에 직면하는 위치였지만, 경상우수영은 약간의 여유를 가지고 신속하게 대응할 수 있는 위치였다. 따라서 경상우수영만 제 역할을 다했다면 고니시의 상륙을 저지하는 것은 무리였을지 몰라도 후속 부대의 상륙은 저지할 수 있었을 것이다. 조정에서 예상했던 '제1선에서 격퇴 가능한 왜구의 대규모 난동'에서 멈출 수도 있었던 것이다.

그렇다면 경상우수사 원균은 대체 무엇을 했던 것인가? 결론부터 말하자면 '원균은 아무것도 안 했다.' 경상우수영에는 조선수군을 통틀어

가장 많은 병력과 군선이 있었지만, 제대로 된 대응은커녕 병력을 해산하고 군선을 불태우는 등 어이없는 만행을 저질렀을 뿐이었다.《징비록》에서는 이 일에 대해 이렇게 적고 있다.

> 처음에는 대규모의 왜적이 상륙하자 원균은 감히 맞싸울 엄두를 내지 못했다. 원균은 전선 1백여 척과 화포를 비롯한 무기들을 모두 바다에 가라앉혔다. 그리고 데리고 있던 비장 이영남, 이운용 등만 네 척의 배에 나누어 태우고 달아나기 시작했다. －《징비록》

기록에 따르면 경상우수영의 병력 수는 1만 명, 군선 수는 1백 여 척이었다. 후속 부대의 상륙 및 보급 활동을 방해하여 일본의 전쟁 수행에 지장을 초래할 수 있는 충분한 병력이 사라졌던 것이다. 그것도 전투 한 번 없이, 오로지 지휘관의 두려움 때문에 벌어진 일이었다.

그러나 원균 옹호론에서는 다음처럼 반박한다.

'애당초 경상우수영에는 그만한 병력 자체가 없었다. 더군다나 임진왜란 두 달 전에야 경상우수사로 부임하였기에 대비할 시간도 충분하지 않았다. 그리고 원균은 병력의 열세 속에서도 적선 10척 혹은 30척을 분멸하는 전과를 올렸다.'

이러한 변호는 과연 타당한 근거를 바탕으로 한 것일까?

결론부터 말하자면 여기에서 언급한 원균에 대한 변명들은 대부분 사료적 근거가 희박하다. 우선 경상우수영의 병력부터 따져보자.

경상우수영에 1만 명이나 되는 수군이 없었다는 주장은 어불성설에 불과하다. 원균 옹호론자들은 경상우수영에 1만 군사가 있었다면 좌수영에도 1만 군사가 있었을 테니 이들을 합치면 경상도 내 수군만 2만 명이며, 전라도 역시 좌수영과 우수영으로 나뉘었으니 좌우수영을 합치면 전라도의 수군도 2만 명이고, 타 도는 수영이 하나뿐이므로 이들을 각 1만 명으로 셈하면 8도 수군은 도합 10만 명이 된다고 주장한다. 통상적인 육군과 해군의 전력 비율을 생각해볼 때 당시 조선에 10만의 수군이 있었다면 육군은 50만 이상이었다는 결론이 도출되지만, 10만 양병설이 나왔던 조선의 상황을 감안할 때 그것은 불가능한 숫자이므로 원균의 수군 1만 명 해산은 불가능한 이야기라는 것이다.

현대에 누군가가 이런 주장을 한다고 가정해보자.

'남북 분단 시대인 오늘날, 휴전선 이남에 60만 대군이 있다는 말은 거짓이다. 휴전선 이남에 60만이면 북과 맞닿은 경기도와 강원도의 병력이 각각 30만 명씩이라는 소리이다. 그렇다면 대한민국의 수도인 서울과 충청남도 · 충청북도 · 전라남도 · 전라북도 · 경상북도 · 경상남도 · 제주도에도 각각 30만 명씩 배치했다는 이야기인데, 이를 모두 합하면 남한에만 무려 3백만 육군이 있다는 말이 된다. 그러나 육해공군을 다 합쳐도 1백만이 안 되는 것이 확실하므로, 휴전선 이남 육군 60만설은 거짓이다.'

하지만 6 · 25 전쟁 이후 남북한은 휴전선을 사이에 두고 대치 중이므로, 남한 육군의 주요 병력은 휴전선이 있는 곳과 휴전선에 가까운 지역에 배치되어 있다. 북한이 대규모 병력을 상륙시킬 만한 능력이 있는 것도 아니니, 후방은 보급 유지와 병력 보충 및 게릴라전 정도만 대비할 수 있는 수준을 유지하면 된다. 굳이 후방까지 북의 대규모 침공을 대비한 대대적인 병력을 유지할 필요는 없는 것이다.

조선시대도 마찬가지였다. 조선시대의 수군은 각 도마다 동일한 수의 병력을 배치하지 않고 법에 따라 정했는데, 이는 성종 대 완성된 《경국대전》에서도 확인할 수 있다. 조선수군의 주적은 왜구이므로, 왜구의 주요 출몰 지역인 삼남 지방에 보다 많은 수군을 편성한 것은 지극히 당연한 일이었다. 그중에서도 일본과 가장 가까운 경상도에는 더 많은 수군을 배치했다.

먼저 수군 관직부터 보자. 경상도에는 수군절도사가 3명 있었는데, 그중 2명은 좌도와 우도에 두고 1명은 관찰사(감사)가 겸임했다. 그 밑에는 수군첨절제사가 2명, 수군만호가 19명 있었다. 전라도의 수군절도사와 수군첨절제사 수는 경상도와 동일하지만 수군만호는 15명으로 경상도보다 적었다. 충청도의 수군절도사는 2명이었으나 그중 1명이 관찰사를 겸임했기 때문에 실질적인 충청수사는 1명이었다. 수군첨절제사는 2명을 두었지만 우후(절도사 보좌직)는 1명, 수군만호는 3명으로 경상도나 전라도에 비해 현저하게 적은 수였다. 경기도의 수군만호는 5명, 강원도는 4명, 황해도는 6명, 함경도는 3명이었으며, 평안도는 아예 수군만호가 없었다. 그나마 경기도와 충청도에는 독립적인 수군절도사가 있었지만, 그 외의 지역들은 관찰사나 병마절도사가 수군절도사까지 겸임하는 형태였다. 여기서 보이는 수의 차이는 그만큼 수군의 비중이 낮았다는 사실을 입증한다. 각 도의 수군 역시 경상우수영의 군사가 가장 많았고 여타 삼남 지방이 경상우수영의 다음이었다. 북으로 갈수록 수군의 비중이 줄어드는 동시에 수영의 군사 수도 줄어들었다.

경상우도	병선	군사
우도수군 도안무처치사	28	2,601
가배량(고성)	22	1,122
제포(김해)	9	882
영등포(거제)	8	720
견내량(고성)	20	940
번계(고성)	15	722
구량량(진주)	16	748
적량(진주)	13	720
노량(진주)	8	568
합 계	139	9,023

《세종실록지리지》의 경상우수영 병력 편제

임진왜란이 발발한 1592년의 정확한 경상우수영 병력을 확인할 수 있는 기록은 없지만, 전후 시대의 기록으로 추산해보는 것은 가능하다. 《세종실록지리지》에는 각 도의 병영과 수영의 편성이 나오는데, 이 가운데 경상우도의 수군은 약 9천 명이었다. 원균이 해체했다는 1만 군사에 근접한 숫자이다. 비록 세종 대의 기록이긴 하지만, 이후의 기록에서도 경상우수영 소속 군사가 1만 명 전후로 유지된 것을 확인할 수 있다. 순조 때 편찬한 《만기요람》에는 경상우수영 관하 관포(해안가의 수군 관아)의 장졸 수를 합하면 8,638명이고, 조선 후기 경상우수사가 겸임한 삼도통제영의 장졸 386명을 더하면 9,024명이라고 기록되어 있다. 여기에 군관급까지 포함하면 그 수는 1만 1천 이상에 이른다. 《세종실록지리지》는 세종부터 문종 대까지의 조선 초기를, 《만기요람》은 순조 대의 조선 후기를 다룬 책이므로, 조선은 초기에도 후기에도 경상우수영만큼은 최소 9천 명 이상의 군사를 유지했다는 의미가 된다.

전대인 명종 대에 이미 을묘왜변 등을 겪은 데다 선조 당대에도 조선 통신사의 보고를 통해 어느 정도 일본의 침입을 예상하고 있었으니, 병력을 늘리면 늘렸지 급작스럽게 병력을 줄일 리는 없었다. 따라서 임진왜란 당시 경상우수영에 1만 군사가 있었을 가능성은 충분해 보인다.

원균의 경상우수영 병력 해산의 진실 2: 경상우수영의 군선

경상도와 전라도에는 군사 수만 월등히 많았던 것이 아니었다.

조선의 기본법인 《경국대전》에 따르면 처음 편제할 때부터 경상도의 수군 군선이 월등히 많았으며 그다음이 전라도, 그다음이 충청도였다. 그 외에는 경기도에서 충청도의 절반가량 되는 군선을 보유하고 있었는데, 이는 한양으로 들어가는 수운 때문이었다. 그 밖의 다른 지방은 삼남 지방에 비해 군선 수가 현격하게 적었다. 심지어 군선이 가장 많은 경상도와 군선이 가장 적은 함경도는 총 군선 수가 10배 이상이나 차이 났다.

그렇다면 경상좌우수영의 군선 숫자는 정확히 어떻게 될까? 이 역시 《경국대전》에서 확인이 가능하다.

	대맹선	중맹선	소맹선	군사가 없는 대맹선	군사가 없는 중맹선	군사가 없는 소맹선	합계
경기도	6	20	14			7	57
충청도	11	34	24			40	109
경상도	20	66	105			75	266
전라도	22	43	33			86	184
강원도			14			2	16
황해도	7	12	10			10	39
함경도		2	12			9	23
평안도	4	15	4	1	3	16	43

《경국대전》의 전국 군선 수

표 '《경국대전》의 경상좌우수영 군선 편제'를 보자. 경상우수영 군선 수가 경상좌수영보다 훨씬 많았음을 한눈에 알 수 있다. 《세종실록지리지》와 비교해보면 경상좌수영의 군선 수는 줄었지만 우수영은 오히려 늘어난 것을 알 수 있다. 군사가 없는 소맹선은 제외하고, 대맹선의 승선 인원은 80명, 중맹선은 60명, 소맹선은 30명이라고 계산하면 이를 운용하는 경상우수영 인원은 4,980명, 경상좌수영은 3,730명이 된다. 《세종실록지리지》의 군사 수보다는 적지만, 사후선 등 맹선을 제외한 소형 선박의 운용이나 전시 충원을 감안하면 경상우수영의 4,980명은 최소 수치라는 결과를 도출할 수 있다. 또한 《세종실록지리지》나 《만기요람》의 편제에는 보유 군선의 승선 인원으로 계산한 숫자보다 많은 군사를 배치했다는 기록이 있으므로, 경상우수영의 수군의 동원 병력은 《경국대전》을 기준 삼아 계산했던 4,980명 이상으로 봐야 한다. 게다가

	진포	대맹선	중맹선	소맹선	군사가 없는 소맹선	합계
경상 좌수영	좌도 주진	2	7	6	2	17
	다대포	1	2	6	1	10
	부산포	1	3	5	1	10
	해운포	1	1	4	1	7
	두모포	1	3	3	1	8
	서생포	1	1	4	1	7
	감포	0	0	6	1	7
	염포	1	4	5	2	12
	포이포	0	1	6	1	8
	칠포	0	0	4	1	5
	축산포	0	0	6	1	7
	조포	0	0	4	1	5
	좌수영 합계	8	22	59	14	103
경상 우수영	우도 주진	2	11	8	10	31
	안골포	1	2	3	4	10
	제포	1	5	5	5	16
	영등포	1	3	3	6	13
	옥포	1	5	4	6	16
	지세포	1	4	7	5	17
	조라포	1	2	3	3	9
	당포	1	4	3	5	13
	사량	1	2	4	5	12
	적량	1	3	3	6	13
	평산포	1	3	3	6	13
	우수영 합계	12	44	46	61	163

《경국대전》의 경상좌우수영 군선 편제

《경국대전》을 편찬한 성종 대 이후, 을묘왜변 등으로 인해 경상우수영의 관할 포구도 《경국대전》 때보다 더욱 늘어났다. 임진왜란 직전의 경상우수영 관포의 수에 대해서는 8관 11포, 11관 20포 등 다양한 의견이 있지만, 아무리 적게 셈해도 《경국대전》 당시보다는 늘어났다. 그러므로 원균의 관할이었던 경상우수영의 전체 병력은 《경국대전》의 편제보다 늘어났다면 모를까 줄어들었을 가능성은 없다.

물론 명종 때 판옥선을 개발한 후 이를 배치하면서 자연스레 변화가 생겼을 것이다. 1566년(명종 21)에 이 문제에 대해 비변사와 대신들이 의논해 명종에게 보고한 내용이 《명종실록》에 기록되어 있다.

> 각각의 수군 관할지에서 처음 판옥선을 건조할 때는 그 수가 많았으나, 점점 줄어들어 이제는 《경국대전》에 기록된 맹선의 수와 비슷해졌습니다.
>
> – 《명종실록》 명종 21년(1566) 3월 13일

《경국대전》에서 정한 편제를 기준으로 하되 기존의 맹선에서 판옥선으로 군선을 대체한 것으로, 지역별 군선 배치 비율은 여전했음을 의미한다. 맹선에서 판옥선으로 바뀐 후에도 지역별 판옥선의 배치 비율은 여전히 경상도가 가장 높았다. 경상우수영의 대맹선과 중맹선은 도합 56척이었으므로 이와 동일하거나 이보다 다소 적은 수의 판옥선을 건조하여 배치했을 것이다. 이것은 조선 후기인 1808년에 편찬한 《만기요람》을 통해서도 확인할 수 있다.

표 '《만기요람》의 조선 후기 경상우수영 편제'의 거북선은 대개 판옥

선을 대체하여 건조한 것이므로 사실상 판옥선과 동급이었으며, 이를 합친 숫자는 거북선 개발 이전의 판옥선 수에 해당한다고 볼 수 있다. 《만기요람》에 따르면 경상우수영의 판옥선과 거북선은 모두 40척이다. 조선 후기에는 보통 척당 160명 정도가 승선했으나 임진왜란 때에는 130~140명씩 승선했으므로, 동원 가능한 병력 수가 같을 경우 임진왜란 직전의 경상우수영에는 《만기요람》의 40척보다 많은 판옥선이 있었으리라는 추정이 가능해진다.

이분의 《행록》에는 '경상우수영의 판옥선 73척이 적에게 패하였다'고 나오는데, 경상우수영에 수군 1만 명이 있었다는 점과 전시 상황의 특수 충원을 고려한다면 70여 척의 판옥선 운용이 가능했음을 짐작할 수 있다. 앞서 언급한 '원균은 전선 1백여 척과 화포를 비롯한 무기들을 모두 바다에 가라앉혔다'(《징비록》)에서의 '1백여' 역시 약간의 과장이나 반올림을 감안한다면 충분히 신빙성이 있는 숫자가 된다. 설령 1만 군사와 판옥선 70여 척이 다소 과장된 숫자라 하더라도, 이전 · 이후의 기록을 감안해보면 경상우수영에는 아무리 적게 잡아도 5천 명 이상의 병력은 있었다. 경상우수영의 판옥선 또한 최소한 40여 척이었다. 최소 5천~1만 명의 군사와 40~70여 척의 판옥선이 임진왜란 초기 경상우수영의 병력이었던 것이다.

한산도대첩 당시 전라좌수영과 전라우수영의 전선 수는 모두 합쳐 49척이었으므로, 최저치를 산정하더라도 경상우수영의 단독 전력은 전라도 전체에 버금가는 정도였다. 경상우수영이 건재한 상태에서 전라좌수영, 전라우수영과 함께한다면 판옥선만 90~120여 척인 연합함대를

	전선	거북선	병선	사후선
통제사 겸 경상우수사	3	1	7	21
창원	1	0	1	2
진주	2	0	2	2
김해	1	0	1	2
하동	1	0	1	2
거제	2	0	2	4
곤양	1	0	1	2
고성	1	0	1	2
남해	1	0	1	2
진해	1	0	1	2
사천	0	1	1	2
웅천	0	1	1	2
가덕	2	0	2	4
미조항	1	0	1	2
적량	1	0	1	2
귀산	1	0	1	2
지세포	0	1	1	2
제포	0	1	1	2
옥포	0	1	1	2
평산	0	1	1	2
영등	1	0	1	2
당포	1	0	1	2
사량	0	1	1	2
안골	0	1	1	2
조라포	1	0	1	2
천성	0	1	1	2
가배량	0	1	1	2
율포	1	0	1	2
삼천	0	1	1	2
신문	1	0	1	2
남촌	1	0	1	2
구소비	0	1	1	2
청천	1	0	1	2
장목포	1	0	1	2
합계	27	13	43	91

《만기요람》의 조선 후기 경상우수영 편제

구성할 수도 있었다. 칠천량해전 직전 충청수영까지 포함하는 삼도의 군선은 모두 134척이었고 노량해전에 출전했던 삼도의 군선은 모두 80여 척이었으니, 충청수영을 제외하고도 90~120척이라는 수는 대단한 병력이 아닐 수 없다. 게다가 임진왜란 초기의 일본 선박은 주로 상륙 부대를 데려다 주는 수송 함대 위주였기에, 이 정도 규모라면 경상우수영만 나서도 일본의 추가 상륙 부대를 위협하기에 충분했다.

원균의 경상우수영 병력 해산의 진실 3: 경상우수영의 전쟁 준비 상황

임진왜란 5년 전인 1587년 2월에는 정해왜변이 발발했다. 다음 달인 3월에는 조정에서 왜변에 대응할 대비책을 논했는데, 그중에는 다음과 같은 보고가 있었다.

> 전라도수군은 품계와 계급을 막론하고 궁술에 능한 사람을 뽑아 벌써부터 부대를 정비하고 왕명을 기다리고 있습니다. 활과 화살, 총통도 있으며, 철갑이나 철환은 부족하지만 이 또한 현재 만드는 중입니다.
>
> –《선조실록》 선조 20년(1587) 3월 2일

이것이 비록 전라도에 관한 보고이긴 하나, 조선 팔도 최고 규모의 수군을 자랑하는 경상도 역시 왜변에 대비해 여러 조치를 취했다고 봐야 마땅하다. 왜냐하면 임진왜란이 일어날 무렵의 경상감사는 바로 김수였기 때문이다. 제2장에서도 언급했듯이 김수는 축성 작업의 부역으로 인한 백성들의 원망과 상소 때문에 삭탈관직당할 뻔했던 인물이다. 전쟁 준비에 광분한다는 말을 들을 만큼 철저히 방비했던 그가 아무것도 준비하지 않았을 리 없다. 경상감사의 막하 참모였던 이탁영의 일기 《정만록》도 이를 확실히 입증한다. 《정만록》에 따르면 김수는 경상우수영의 관할 포구를 하나하나 순찰했으나 별다른 문제점을 지적하지 않았다. 그리고 김수는 임진왜란 발발 후에도 경상우수영에 출전하여 싸울 병력이 있다고 믿고 있었다.

> 왜적이 부산, 동래, 양산 등을 벌써 함락해, 경상우수사 원균에게 경상우수영의 모든 수군을 이끌고 바다로 나가 적을 막으라고 명령한 바, 지금 경상도의 여러 진에는 배가 한 척도 없는 상태이다. 만약 경상우도에 변고가 생기려 한다면 즉시 와서 도와야 함을 임금께도 장계하므로, 조정의 명령을 기다리면서 감사와 병사 들에게 이 뜻을 전하고 시행하라.
>
> –《임진장초》

당시 전라좌수사였던 이순신은 김수에게 위와 같은 공문 한 통을 받았다. 병력이 없어서가 아니라 자신(김수)의 명령으로 전 병력이 출동했기 때문에 경상우수영의 진이 비어 있는 것이며, 때에 따라 전라도의 도움이 필요할 수도 있다는 말이었다. 이때까지만 해도 김수는 경상우수영에 충분한 병력이 있다고 믿었으며, 원균도 조정에 그만한 병력이 있다는 듯이 보고했다. 이순신의 장계를 모은 《임진장초》에는 이를 뒷받침할 기록이 남아 있다. 같은 해 4월 27일 새벽 4시, 전라좌수영은 선조의 전언이 담긴 서장을 접수했다.

> 경상우수사 원균이 '각 포구의 수군을 이끌고 바다로 나가 군사의 위세를 떨치고 적선을 엄습할 계획입니다'라고 장계를 올렸으니, 이 호기를 놓치지 말고 반드시 원균의 뒤를 따르라. -《임진장초》

원균 스스로가 출전을 하겠다고 이미 장계를 올린 마당이니, 이것만 보자면 경상우수영에는 위세를 자랑할 수준의 충분한 군사가 있다고 생각할 수밖에 없다. 《임진장초》는 이순신이 작성한 장계를 모은 것이기 때문에 신빙성이 부족하다고 여길 수도 있다. 그러나 위의 인용 중 첫 번째는 김수의 공문이며 두 번째는 임금이 직접 내린 서장이니, 이순신 마음대로 조작할 수 있는 성격의 글이 아니었다.

만일 경상우수영 병력이 미약한데도 출전하여 위세를 떨치겠다고 한 것이라면 원균은 거짓 장계를 올린 것이다. 장계 내용이 사실이라면 원균은 위세를 자랑할 만한 병력을 잃은 것이다. 훗날 김수는 장계를 올리며 원균에 대해 이렇게 고하였다.

> 수군 대장인 원균은 여러 장수를 거느리고 내륙으로 도망쳤습니다. 더군다나 관가의 창고를 불태워 2백 년간 모아둔 물건들을 하루아침에 잃게 되었습니다. -《선조실록》 선조 25년(1592) 6월 28일

김수는 임진왜란이 발발하기 전에는 경상우수영의 방비 상황을 손수 점검했으며, 발발 후에는 경상우수영에 출동 명령을 내렸다. 경상우수영을 순찰할 때에는 미비한 점을 지적하지 않았으며, 개전 초기에는 원균에게 출군을 명령했다가 이후의 장계에서 원균이 도망치고 물자를 불태웠다고 말했다. 이로써 경상우수영은 물자와 병력의 확보를 끝내고 전쟁 준비를 완료했었음을 알 수 있다. 결국 원균은 스스로 병력을 내버렸으면서도 조정에 허장성세를 부렸던 것이다.

원균의 경상우수영 병력 해산의 진실 4: 그는 준비할 시간이 없었다?

원균 옹호론에 따르면 원균은 전쟁 2달 전에 부임하였기에 준비할 시간이 부족했다고 한다.

원균이 경상우수사로 부임한 시기가 임진왜란 발발 2달 전이라는 것은 분명한 사실이다. 그러나 경상우수영에는 이미 충분한 병력과 군선, 물자가 갖추어진 상태였다. 원균은 무에서 전쟁 준비를 시작하는 것이 아니었으므로 준비 시간이 부족했다는 이야기는 변명에 불과하다.

《경국대전》에는 '절도사, 우후, 평사의 출근 일수는 720일이다. 식솔을 데려가지 않는 첨절제사와 만호는 900일이 차야 교체할 수 있다'라고 명시되어 있다. 따라서 원균의 임기는 720일이었다. 경상우수사 출근 일수 720일 중 60일이면 전체 임기의 12분의 1 정도이니, 적어도 관내의 업무는 파악할 수 있는 기간이었다.

또한 임진년(1592) 4월 15일의 《난중일기》에는 임진왜란 발생 이틀 후에 '경상우수사 원균에게 공문을 받았다'는 이야기가 나오는데, 이는 전쟁이 일어난 직후에도 경상우수영에서 전라좌수영으로 공문을 보낼 정도의 시간 여유가 있었다는 뜻이다. 경상우수영에서 전라좌수영으로 공문을 보내는 길목에는 경상우수영 관할의 관포가 산재해 있었으므로 전라좌수영까지 공문을 보낼 만한 여력이 있었다는 것은 그 길에 있던 관할 관포에 소집령을 내리는 것도 가능했음을 의미한다.

그러나 원균은 군사를 모아 싸우기는커녕 조선이 오랜 세월 동안 모아둔 군사를 해산하고 군선을 불태웠다. 임진왜란 초기의 일본 주력 부대는 수군이 아니라 육군이었으므로 이들의 해상 전투력은 상당히 뒤쳐지는 수준이었다. 따라서 경상우수영만 제때 제 능력을 발휘했어도 일본군에게 큰 타격이 되었을 터이니, 이후의 전쟁 양상이 상당히 바뀌었을 것이다. 하지만 원균은 시도 한번 안 해보고 그 기회를 내버렸다. 당시 경상도수군의 모습을 《징비록》은 다음과 같이 전한다.

> 경상도의 수군과 육군의 여러 장수들이 불행하게도 모두 겁쟁이였기 때문에 참담한 패전의 결과를 초래했던 것이다. …… 우수사 원균은 뱃길이 다소 멀다고는 하나 많은 배를 거느리고 있었다. 적군은 또 단 하루 동안에 몰려 닥친 것이 아니므로 우리가 군대를 총동원해 진출해서 우리 군의 위세를 떨쳤더라면 적군은 후방이 염려스러워 내륙 깊숙이 쳐들어오지는 못했을 것이다. – 《징비록》

다른 지역에서는 잘못된 전략이나 실전 경험 부족 등의 이유로 맥없이 패하거나 와해되기는 했어도, 군사 동원 단계에서부터 손놓고 있지는 않았다. 이러한 상황에서 경상우수영에만 군사가 없고 병력을 소집할 수도 없었다는 것은 결국 경상우수사인 원균에게 문제가 있었다는 뜻이다.

원균의 임진왜란 초기 승전 의혹

원균 옹호론자들은 '임진왜란의 첫 승리는 옥포해전이 아니라 원균이 승리를 거둔 해전이다'라고 주장한다. 소규모 함대로 용감하게 돌격하여 적선 10척을 불태웠지만 중과부적으로 경상우수영이 함락되어 전라좌수사 이순신에게 도움을 청했다는데, 원균에게 소규모 함대를 이끌고 적선을 분멸한 전과가 정말 있었을까?

《임진장초》에는 이해 4월 29일 이순신이 경상우수사 원균에게 받은 회답 공문이 나온다. 원균은 공문을 통해 일본군의 침략 사실을 전하며, '경상우수영의 수군을 뽑아 적선을 쫓아가 10척을 격멸했지만, 경상우수영의 군사가 적어 더 이상 싸울 수가 없었다'고 말했다. 그러고는 이미 경상우수영이 함락당했으니 전라좌수영의 모든 군사와 전선을 보내서 지원해달라고 요구했다. 이와 비슷한 내용은 《선조실록》이나 의병장 조경남이 남긴 《난중잡록》, 오희문의 《쇄미록》 등에서도 접할 수 있다.

원균이 바다로 나가 적의 배를 30여 척이나 격파했다고 합니다.

—《선조실록》 선조 25년(1592) 5월 10일

경상우수사 원균이 많은 적을 잡아들여 승성을 떨쳤다. —《난중잡록》

들리는 바에 따르면 경상우수사 원균이 지난 달에 적선 10여 척을 불태웠다고 한다. —《쇄미록》

이것만 보면 마치 조정에서 개전 초기에 원균이 세운 전공을 인정했고, 이를 뒷받침하는 기록도 풍부한 듯싶다. 그러나 이 기록들만으로는 그가 쳐부순 적선이 10척인지 30척인지도 알기 어려우며, 한결같이 전해 들은 이야기를 기록한 것뿐이니 원균의 전공을 직접적으로 입증해주는 증거가 될 수 없다. 그뿐만 아니라 원균 옹호론에서 원균의 전공을 입증하기 위해 내세우는 《난중잡록》의 여타 기록을 읽다 보면, 그들이 주장하는 것과는 굉장히 동떨어진 모습이 드러나곤 한다.

일본군이 거제도로 향하는 모습을 본 원균은 자신의 우후더러 군영을 지키라고 명령한 뒤 백천사로 달려갔다. 여기서 우리나라의 어선을 본 원균은 이를 적선이라고 착각하고는 노량까지 달아났다. —《난중잡록》

조경남은 당시 전황을 들은 대로 《난중잡록》에 기록했고 훗날 수정을 가하지도 않았다. 원균의 초기 승전이나 그의 추태 등에 관한 이야기를 그저 들은 대로 기록한 것이었다. 따라서 조경남이 직접 보거나 확인한 기록이 아닌 이상 《난중잡록》의 내용을 모두 신뢰하는 것은 위험하며, 때에 따라 교차 검증도 필요하다.

위에서 언급한 세 가지 경우 모두 원균의 승전을 전해 들은 사람들의 기록이라는 공통점이 있다. 그렇다면 풍문을 전해 들은 게 아니라 경상도 현지에서 정식 보고를 올렸던 사람들은 어떻게 기록했을까?

우선 앞서 인용했던 경상감사 김수의 장계에 따르면 원균은 관가의 창고를 불태우고 내륙으로 피했을 따름이었다. 다음은 경상우도의 초유사였던 김성일의 장계 내용이다.

> 경상우수사 원균은 군영을 불태우고 바다로 나가더니 배 한 척만 겨우 보전했습니다. – 《선조실록》 선조 25년(1592) 6월 28일

김수나 김성일은 전쟁이 시작된 경상도 현지의 책임자들이었다. 이들이 보고한 장계 어디에도 원균이 적선 10척(혹은 30척)을 격파했다는 이야기는 없다. 풍문을 전해 듣고 기록한 사람과 현지의 책임자의 기록 중 어느 쪽에 더 신빙성이 있을까?

무엇보다도 실제로 승전을 했다면 원균 자신이 승전 장계를 올려야 한다. 특별히 장계를 올릴 수 없는 상황도 아니었다. 앞서 인용한 《임진장초》에는 '경상우수사 원균이 각 포구의 수군을 이끌고 바다로 나가 군사의 위세를 떨치고 적선을 엄습할 계획이라는 장계를 올렸다'는 내용이 나온다. 이로써 원균이 조정에 장계를 올릴 수 없던 상황도 아니었

음이 증명된다. 그럼 어찌하여 원균의 승전 소식은 풍문뿐인 것일까?

물론 장계는 올렸으나 기록에 전하지 않을 수도 있다. 하지만 이를 보고 받은 선조라도 그 사실을 기억해야 하는데, 선조마저 원균이 이룬 첫 승전 소식을 담은 장계는 읽은 적이 없는 듯하다. 후일 이순신에게서 마음이 떠난 선조는 원균을 옹호하며 '이순신에게 구원을 청한 공이 있다'고 그를 치하한다. 그러나 원균이 진실로 단독 승전을 거둔 것이라면 '임진년의 첫 승전은 원균이 거두었다'라고 말하는 편이 명분을 세우기에도 좋다. 선조가 이와 비슷한 발언조차 하지 않았음을 감안해볼 때, 훗날 원균을 내세워 이순신을 내치려던 선조 역시 원균의 첫 승전 장계는 받은 적도 읽은 적도 없을 뿐 아니라 임진왜란 초기에 원균이 거뒀다는 승전 이야기도 믿지 않았음을 알 수 있다.

원균의 승전을 입증할 만한 증거는 어디에서도 찾기가 어렵다. 원균이 제시한 적의 수급이나 전리품이 없음은 물론, 일본 기록에도 이에 대한 흔적이 없다. 임란 초기의 일본수군은 조선의 수군을 아예 신경 쓰지도 않았던 것 같다. 《임진장초》에 실린 조선 소녀의 이야기만 보아도 그 점을 알 수 있다. 소녀는 일본군에 포로로 잡혔다가 옥포해전(1592년 5월 7일) 때 구출되어, 이순신에게 이같이 증언했다.

"정확한 날짜는 기억할 수 없지만, 어느 날이었던가 왜적의 배 30여 척이 김해로 떠났고 반수 정도는 그곳에 머무르며 5~6일간 도적질을 했습니다. 이달 6일 아침께에 모두 떠나 율포로 와서는 밤을 지내고 이튿날 새벽에 옥포 앞바다로 왔습니다."

이를 토대로 당시 상황을 재구성해보면, 일본수군은 4월 말~5월 초

무렵 노략질을 하다가 옥포로 옮겨와 여기에서도 노략질을 하던 중에 조선수군을 만나 패배한 것이 된다. 이순신이 4월 29일 원균에게 받은 공문은 4월 26일에 보낸 공문의 회답이었다. 따라서 늦어도 26일 이전에는 원균이 승전했으나 중과부적으로 함락당했다는 전투가 일어났어야 한다. 이처럼 한차례 전투를 치렀다면, 일본수군은 승패를 떠나 또 다른 전투에 대비하고 경계하는 것이 정상이다. 그러나 소녀의 증언에서는 일본수군이 조선수군을 경계해 척각을 세웠다는 사실을 발견할 수 없다. 일본수군은 방만히 노략질만 했을 뿐이다. 이처럼 원균의 초기 승전을 뒷받침할 증거는 한참 부족하다.

굳이 원균의 임진왜란 초기 전공을 찾아보자면, 조선 최대의 수군을 손쉽게 해산시킬 수 있었던 일본의 입장에서 본 전공일 것이다. 그것도 아직 일본수군의 주력 부대가 도착하지도 않았던 시점에서 조선수군의 최대 규모 병력을 전투도 치르지 않고 해산시켜 조선 전체에 어이없는 치명타를 입힌 것이다. 만약 경상우수영이 건재했다면 전라도의 좌우 수영까지 한데 모여 100척 내외의 대함대를 구성해 일본 함대를 위협할 수 있었을 터이다. 그러나 기회는 사라졌다. 모두 경상우수사 원균 한 사람이 초래한 일이었다. 그나마 비교적 정상적으로 사고했던 이영남, 이운룡과 같은 휘하 장수들이 원균을 말리고 전라좌수영에 구원을 청하자고 건의해 이순신에게 도움을 청하게 된 것이었다. 경상도의 바다에서 벌어진 해전이었고 원균이 더 선임이었음에도, 원균 스스로가 모든 것을 날려버리는 바람에 이후부터는 전라좌수사 이순신에게 주도권이 넘어가게 되었다.

| 제4장 |

남해의 전신(戰神)

첫 출전을 준비하다

이순신이 일본의 침공 사실을 원균에게 전해 들은 것은 4월 15일의 일이었다.

> 해 질 무렵에 경상우수사 원균의 통지문이 왔는데 '왜선 90여 척이 와서 부산 앞 절영도에 대었다'고 하였다. 이와 함께 경상좌수사 박홍의 공문이 왔는데 '왜선 350여 척이 이미 부산포 건너편에 도착했다'는 내용이었다. 이에 즉각 임금께 장계를 올리고 순찰사와 병사, 전라우수사 이억기에게도 공문을 보냈다. 경상감사의 공문도 왔는데 동일한 내용이었다.
>
> –《난중일기》 임진년(1592) 4월 15일

멀쩡한 함대를 자진 해산시켰던 원균은 뒤늦게야 싸워보겠다며 이순신에게 원군을 요청한다. 원균 옹호론자들은 이때 한걸음에 내처 도우러 가지 않았다는 이유로 이순신에게 비난의 화살을 돌린다. 그러나 장수가 관할 지역을 벗어나는 것은 엄격하게 금지된 행동이었다. 필요할 경우 전장 상황에 따라 현장에서 지휘관이 군사 행동을 할 수 있는 편의종사(임금이 일정한 업무를 내리지 않고 상황에 맞춰 일하도록 한 것)가 별도로 존재하기는 했지만, 그 권한의 범위 역시 문제였다. 자신의 관할 구역에 적이 침입했다면 우선 적을 격퇴한 다음 상부에 보고하는 것이 가능했다. 그러나 이 경우는 이순신이 임의로 자신의 관할지인 전라좌수영을 벗어나 경상도로 함대를 이동시켜야 하는 상황이었다. 자칫 반란으로 의심받을 수도 있었기에, 쉽게 결정을 내릴 문제가 아니었다. 앞 장에서 살펴본 바와 같이 경상감사 김수도 전라좌수영에 공문을 보내 지원의 필요성을 알렸지만, 이는 일방적인 요구가 아니라 조정의 명령을 기다리면서 준비하라는 것이었다.

이미 전쟁 대비를 확실히 해둔 이순신은 하부에 지시를 내려 전선을 정비하고 명령을 기다리도록 했다. 그러나 이틀날 밤에 원균이 '부산진이 이미 함락되었다'는 공문을 보내자, 이순신은 곧 선조에게 장계를 올리고 삼도에도 내용을 전달했다. 그리고 열흘이 지난 4월 26일에야 관할지 주장의 판단에 맡기겠다는 조정의 서장이 도착했다. 하지만 이순신은 독단적으로 행동하는 것은 위험하다고 판단하여 전라감사 이광, 방어사 곽영, 병마절도사 최원 등에게도 전달받은 내용을 알렸다. 이와 함께 경상도순변사 이일과 감사 김수, 우수사 원균 등에게도 경상도의 물길 사정, 경상수군과 전라수군의 합류 장소, 적선의 규모와 현재 주둔 장소 및 그 밖의 여러 가지 기밀에 대해 신속하게 회답하라고 통고했다. 각 관포에도 전쟁 기구와 여러 가지 비품을 다시 한번 철저히 정비하고 명령을 기다리라는 공문을 돌려 출전을 위한 만반의 준비를 갖췄다.

4월 27일, 마침내 출전 명령이 떨어졌다. 경상우수사 원균이 출전하겠다고 장계를 올렸으니 전라좌수영이 그 뒤를 따라 합세할 것이며, 각 포구의 병선을 거느리고 출전하되 혹시 예상 밖의 일이 벌어질 때에는 명령에만 구애받지 말고 현장에서의 판단대로 움직이라는 서장이 도착한 것이었다. 경상도로 출전할 준비를 마친 이순신은 전라좌수영의 지휘관을 다음과 같이 구성했다.

중위장	방답첨사 이순신李純信
좌부장	낙안군수 신호
전부장	흥양현감 배흥립
중부장	광양현감 어영담
유군장	발포가장 겸 영군관 훈련봉사 나대용
우부장	보성군수 김득광
후부장	녹도만호 정운
좌척후장	여도권관 김인영
우척후장	사도첨사 김완
한후장	좌수영 군관 급제 최대성

참퇴장　좌수영 군관 급제 배응록

돌격장　좌수영 군관 이언량

원래 중위장은 순천부사 권준이 맡은 자리였지만, 이때는 전라감사 이광이 육전에 투입해둔 터라 방답첨사였던 무의공 이순신이 대신했다.

4월 29일 새벽, 이순신은 왜적의 침입 소식을 전달받고 경상우수영 관할의 남해현 미조항과 상주포, 곡포, 평산포의 현령 · 첨사 · 만호 등에게 '군사와 병선을 정비하여 중로에 나와서 대기하라'고 공문을 보냈다. 그러나 문제가 발생했다. 같은 날, 출전을 앞둔 전라좌수영에 경상우수영의 함락 소식이 들려온 것이었다. 공문을 받기 전까지만 해도 이순신은 경상우수영에 제대로 된 병력이 있는 줄 알았다. 이순신뿐만 아니라 경상감사 김수나 조정도 마찬가지였다. 원균은 공문에 '경상우수영의 군사가 적어 더 이상 싸울 수가 없다. 이미 경상우수영이 함락당했으니 전라좌수영의 모든 군사와 전선을 보내서 지원해달라'고 명시했고, 경상우수영의 와해를 알게 된 이순신은 병력 부족을 깨닫고는 하는 수 없이 출전을 연기했다.

같은 날 오후, 남해현으로 공문을 전달하러 갔던 순천수군의 이언호가 '남해현 성안의 관청과 민가는 모두 비었고, 현령 이하 관리와 백성 대부분이 도망쳐서 없다'는 보고를 올렸다. 그러자 이순신은 남해현의 창고와 무기고를 불태우라고 명령한다. 남해현에 식량이 고스란히 남아 있을 경우 그것이 모두 적에게 넘어가 일본군의 군량미가 될 수 있기 때문이었다.

이에 대해 '남해현령 기효근은 원균과 함께 전투를 준비하고 있었는데 이순신의 잘못된 명령으로 아까운 식량이 다 타버렸다'고 비판하는 시각도 존재한다. 그러나 전시 중에 성을 비우게 될 경우에는, 성의 식량이나 물자가 적의 손에 들어가는 것을 막기 위하여 불태워 없애버리는 일이 흔했다. 더 멀리 역사를 되짚어 올라가보면 고구려의 청야전술과 수성전술을 들 수 있다. '청야'는 지상에 있는 농작물이나 건물 등을 적이 이용하지 못하도록 말끔히 없애버리는 것이고, '수성'은 적의 공격이나 침략을 막기 위해 성으로 들어가 지키는 전술이었다. 청야 · 수성전에 대한 최초의 기록은 172년으로, 후한의 현도태수 경림이 고구려로 침입해오자 국상 명림답부가 이 전술을 제안한 데서 시작된 것이었다. 고구려의 국왕이었던 신대왕은 이 의견을 받아들여 들판을 모두 비우고 백성들과 함께 산성으로 들어가 성문을 굳게 닫고 버텼다. 결국 한나라의 대군은 굶주림에 지쳐 돌아가려 했고, 고구려는 이때를 노려 한나라군을 공격하여 전멸시켰다. 이후 고구려는 중국의 침략을 받을 때면 가장 먼저 들판을 모조리 불태우고 산성으로 들어가 성을 의지해 전투를 치렀으며, 이는 중원 국가의 바로 옆에 위치했던 고구려가 700년 이상이나 존속할 수 있게끔 한 중요한 전술 중 하나로 자리매김했다. 이순신 역시 매우 빠르게 상황을 판단하고 냉정한 결단을 내려 이러한 전술을 펼침으로써 더욱더 큰 피해를 막은 것이었다. 이는 약 2달 뒤에 김성일이 올린 장계에서도 확인할 수 있다.

남해현령 기효근은 전라좌수사 이순신에게 '남해현은 적진(일본)과 가까운 데다 군량이 많습니다. 만약 왜적이 남해현을 탈취하게 된다면 이곳에 오래 주둔하며 호남 지방을 치려고 준비할 것입니다'라고 하였습니다. 그 때문에 기효근이 바다로 나가 있는 동안 이순신이 군관을 시켜 창고를 모두 불태우게 하니, 미조항과 평산포로 들어왔던 왜군이 다 흩어져버렸습니다.
—《선조실록》 선조 25년(1592) 6월 28일

남해현의 물자가 불타면서 다시 전쟁을 준비하는 데 어려움을 겪게 된 것은 사실이지만, 이순신은 이미 남해현의 물자가 적군을 이롭게 할 수도 있다는 이야기를 남해현령 기효근으로부터 직접 전해 들은 후였다. 모든 상황을 종합하여 볼 때, 이순신은 지극히 당연한 결정을 내린 것뿐이었다.

이순신의 1차 출전

경상우수영이 함락되었다는 소식을 전해 듣고도 이순신은 당장 뛰어들어 도울 수는 없었다. 전력이 턱없이 부족했던 탓이었다. 전라좌수영의 군선을 모두 모아도 판옥선은 30척도 안 됐다. 때마침 전라우수사 이억기가 30일에 출발하겠다고 전갈을 보내, 이순신은 전라우도의 전력을 기다렸다. 그러나 이억기의 도착이 예상보다 늦어지자 결국 녹도만호 정운이 이순신에게 출전을 주장했다.

"전라우수사는 오지 않고 왜적은 점점 한양 가까이 다가가니 분한 마음을 이길 길이 없거니와, 만일 기회를 늦추다가는 후회해도 소용이 없습니다."

이순신은 정운의 뜻을 받아들여 이억기에게 뒤따라오라는 공문을 남기고 첫 출전에 나섰다. 때는 1592년 5월 4일이었다.

전라좌수영의 함대는 판옥선 24척, 협선 15척, 포작선 46척 등 총 85척으로 구성되었다. 그러나 협선은 승선 인원이 30명 정도인 소형 선박이고 포작선은 어선에 불과해 전라좌수영의 실질적인 전력은 24척의 판옥선이 전부였다.

경상도로 넘어가 소비포 앞바다에서 일박을 한 전라좌수영 함대는 다음 날(5일) 새벽 경상우수영과 합류하기로 약속한 당포로 이동했지만, 원균의 경상우수영 함대는 도착하지 않은 상태였다. 이순신은 경쾌선을 보내 빨리 당포로 오라는 공문을 전달했다. 5일과 6일 사이에는 남해현령 기효근 · 미조항첨사 김승룡 · 평산포권관 김축 등 경상도의 여러 장수들이 판옥선 1척을, 영등포만호 우치적 · 지세포만호 한백록 · 옥포만호 이운룡 등이 판옥선 2척을, 사량만호 이여념 · 소비포권관 이영남 등이 각각 협선을 타고 속속 도착했으며, 6일 오전에는 원균이 판옥선 1척을 이끌고 당포로 와 비로소 전라좌수영과 경상우수영의 조선수군 연합함대를 구성하게 되었다. 그러나 사실 말이 좋아 연합함대일 뿐, 규모로나 관할 구역으로나 주력이 되었어야 할 경상우수영에서는 고작 판옥선 4척만 끌고 왔으니 비참하기 짝이 없는 형상이었다.

이튿날인 5월 7일, 조선의 연합함대가 옥포 앞바다에 이르렀을 때였다. 척후장 사도첨사 김완이 신기전을 쏘아 적선의 출현을 알리자, 이순신은 휘하의 함대에 명령을 내렸다.

"가볍게 움직이지 말고 태산같이 침착하고 신중하게 움직여라!"

옥포 선창에는 일본 선박 30여 척이 정박 중이었다. 일본의 대선大船은 온갖 무늬를 그린 휘장으로 사면을 두르고 휘장 끄트머리에는 대나무 장대를 꽂아두었는데, 장대에는 온갖 무늬의 붉고 흰 작은 비단 깃발들이 어지러이 나부끼고 있었다. 이들은 바다를 경계하지도 않고 한참 약탈하고 있다가 조선수군을 발견하고는 허둥지둥 급히 배에 올라탔다. 일본은 선봉 6척이 맞서 싸웠으나, 조선수군은 이들을 포위하고 화포와 활을 쏘아대며 맹공격을 가했다. 일본은 조총과 활로 응사했지만 점차 밀리기 시작하자 혼란에 빠졌다. 곧 화살에 맞아 죽은 자나 헤엄쳐 달아난 자의 수를 헤아리기 어려울 정도로 아수라장이 되었고, 살아남은 일본군은 육지로 도망가서 언덕으로 달아났다. 조선은 이 전투에서 일본 대선 13척, 중선 6척, 소선 2척 등 모두 26척을 격파하는 전과를 올렸다. 이것이 바로 조선수군의 첫 승리를 장식한 옥포해전이었으며, 이순신의 전승의 신화가 시작된 순간이었다.

이순신은 여기서 그치지 않고 산으로 도망친 일본군까지 모조리 뒤쫓아가 잡으려고 하였으나, 거제도는 산세가 험하고 수목이 울창한 데다 날도 어두워져가기에 추적을 멈췄다. 영등포 앞바다로 물러 나온 뒤 군졸들에게 밤을 지낼 수 있도록 땔나무와 물을 준비하라고 명령했다.

그러나 오후 4시 무렵 '멀지 않은 바다에 왜적의 대선 5척이 지나가고 있다'는 척후장의 보고가 들어왔다. 이순신은 곧바로 일본군을 추격했다. 일본은 웅천의 합포까지 달아나다가 배를 버리고 육지로 도망쳤다. 조선은 적선 5척을 분멸하고 창원 남포 앞바다에서 밤을 지냈다.

다음 날인 5월 8일에는 이른 새벽부터 '진해의 고리량에 왜선이 정박하고 있다'는 첩보가 들어왔다. 조선은 즉시 출발하여 주변을 수색해 적선 13척을 발견했다. 그때 일본군은 민가를 약탈하고 있었는데, 조선수군의 기습에 놀라 배를 버리고 산으로 도주했다. 조선은 그들의 빈 배를 공격하여 13척을 모두 분멸했으니, 이것이 세 번째 전투인 적진포해전이다.

전투를 마친 조선수군이 아침 식사를 하고 쉬던 중이었다. 산에서 한 향화인(귀화인. 이 경우는 임진왜란 이전에 조선으로 귀화했던 왜인을 말한다)이 아기를 업고 내려와 일본의 침략과 약탈로 인해 가족들과 헤어지게 된 전말을 고했다.

> 어제 왜적들이 포구로 들이닥치더니 어염집에서 재물을 약탈하고는 모두 왜선으로 나르고 나눠 실었습니다. 저녁이 되자 바다에 배를 띄워 놓고는 소를 잡고 술을 마시며 날이 샐 때까지 피리 불고 노래했는데, 몰래 숨어 들어보니 그 노래는 모두 본국의 노래였습니다. 그리고 오늘 이른 아침에 밤새 술 마시며 놀던 왜적이 반수가량은 남아 배를 지키고, 반수가량은 뭍으로 올라와 고성을 향해 갔습니다. 제 어머니와 처자는 적으로 인해 서로 헤어지게 되었으나 어디로 갔는지 알 수도 없습니다.
>
> –《임진장초》

향화인의 이름은 이신동이었다. 이순신은 그의 처지가 딱한 데다가 일본군에게 사로잡힐 가능성도 있으니 함께 가자고 권했지만, 이신동은 헤어진 가족을 찾겠다며 사양했다. 그러나 그의 증언은 조선수군의 장병들에게 적에 대한 분노를 일깨워주었고, 새롭게 전의를 다질 수 있는 계기를 만들어주었다.

조선군은 천성, 가덕, 부산 등지로 가서 일본을 섬멸하려는 계획을 세웠다. 하지만 적선이 정박해 있는 위치는 좁고 얕은 바다라 조선의 판옥선은 배를 돌리는 것마저 어려웠으며, 아직 전라우수영도 합류하지 않아 세력도 부족한 형세였다. 이를 보완하려고 계획하던 도중에 전라도사 최철견이 선조의 평양 파천 소식을 전했고, 이순신은 5월 9일 정오 무렵 전라좌수영으로 귀항했다.

조선수군의 1차 출전은 대성공이었다. 끝까지 일본군을 쫓아가 섬멸하고 싶었으나 상황이 따라주지 않아 본영으로 돌아온 것뿐이었다. 이것은 단지 시작에 불과했다. 이순신이 출전한 이후부터 조선수군은 승승장구의 기세로 바다를 장악하기 시작했다.

이순신이 원균과의 연명 장계를 거부한 이유는 무엇인가

일반적으로 이순신과 원균 사이의 갈등은 조선수군의 첫 번째 승전 다음부터라고 보는 경향이 있는데, 원균 옹호론에서는 이순신이 원균과의 약속을 깼기 때문에 갈등이 발생한 것이라고 주장한다. 원래 이순신과 원균은 조선수군이 첫 승리를 거둔 후 공동으로 연명 장계를 올리기로 했으나, 이순신이 단독으로 장계를 올려 원균의 전공을 가로챘다는 것이다.

> 전라좌수사 이순신과 경상우수사 원균은 적선 50여 척을 포획하여 임진년의 전란이 발생한 이래 제일 큰 공을 세웠다. 그때에 전략을 짜고 행동했던 것은 원균으로, 이순신은 다만 달려가서 구원했을 뿐이다. 원균이 조정에 대승을 보고하려고 하자 이순신은 '소소한 승전을 굳이 조정에 올릴 필요는 없다'며 만류하더니, '나는 전라도에서 갑자기 오게 되어 병기를 갖추지 못했으므로 왜적에게 노획한 것을 써야겠다'고 말했다. 원균은 이순신의 말을 모두 따랐다. 이순신은 남몰래 사람을 불러 왜적에게서 노획한 병기와 적선에서 가져온 금병풍, 금부채 등의 물건을 챙기고는 홀로 행재소에 올렸다. 이로써 모든 전공이 이순신에게 돌아가 둘의 사이가 나빠졌다고 한다. ―《선조실록》 선조 36년(1603) 4월 21일

> 원균은 이순신에게 구원을 청해 적을 물리친 뒤 그와 함께 연명 장계를 올리려 하였다. 이때에 이순신은 '천천히 올립시다'라고 원균을 만류하더니, 그날 밤에 몰래 '원균이 군사를 잃어 의지할 데가 없었고, 적을 공격함에 있어 공로가 없다'고 장계를 올렸다.
>
> ―《선조수정실록》 선조 25년(1592) 6월 1일

《선조실록》과 《선조수정실록》에는 '원균은 임진왜란의 첫 승전에 대해 공동으로 연명 장계를 올리려 했지만 이순신이 만류해 올리지 못했

는데, 정작 이순신이 혼자서 몰래 단독 장계를 올려 공을 독점했다'는 내용이 공통적으로 기록되어 있다. 원균 옹호론자들은 《선조실록》은 물론, 원균을 왜곡되게 표현했다는 《선조수정실록》에도 실린 내용이므로 이순신이 단독 장계를 올린 것은 약속을 어기고 몰래 한 것이 틀림없다고 주장한다. 이것만 보면 이순신은 약속을 저버린 용렬한 사람으로 생각되게 마련이다. 하지만 당시의 실제 상황은 과연 어땠을까?

우선 '장계'의 성격에 대해 생각해보자. 장계는 상소와는 성격이 다르다. 상소는 특정 사안에 대한 의견을 왕에게 올리는 것으로 의견을 같이한다면 여럿이 연명으로 올릴 수도 있는 것이었다. 이 성격이 극대화된 것이 바로 만인소이며, 오늘날의 서명 운동이나 연판장과 비슷하다고 수 있다. 그러나 장계란 일종의 보고서이다. 공동 작전이라 하더라도 보고서는 여럿이 공동으로 올리지 않고 담당자가 혼자서 작성한다. 장계 역시 연명으로 올리는 것이 아니라 단독으로 올리는 것이 원칙이다. 그러므로 조선수군의 1차 출전 이후, 이순신과 원균은 각자가 자신의 장계를 올리는 것이 맞다. 그런데 어째서 원균은 원칙을 무시하고 연명 장계를 요구했던 것일까?

이순신이 올린 장계에는 '경상우수사 원균은 전선을 오직 3척만 거느리고 왔으며, 전라좌수영의 수군이 포획한 왜선에 활을 쏘아 빼앗기까지 했습니다'라는 내용, 즉 원균의 실책이 언급되어 있었다. 만약 이순신의 단독 장계에 날조된 내용이 담겨 있었다면, 그 자체가 이미 원균에 대한 모함이 된다. 하지만 이와 관련한 기록 어디에도 내용의 허구성을 지적한 부분이 없으며, 그저 단독으로 장계를 올렸다는 사실을 문제 삼았을 뿐이다. 따라서 이순신의 장계가 원균에 대한 모함일 가능성은 아주 낮다.

만약 연명 장계라면 이런 내용을 넣을 수 있었을까? 작성 단계에서 원균의 실책을 삭제했을 공산이 크다. 원균이 보고서의 성격인 장계를 함께 올리자고 주장한 것도 바로 이런 이유에서였을 것이다. 떳떳하게 내세울 수 있는 자신의 전공이 있었다면 원균도 단독 장계를 올리면 됐다. 훗날 이순신이 삼도수군통제사로 임명받아 원균의 상관이 되었을 때도 원균은 단독 장계를 올렸다. 그런데 어째서 이순신보다 더 큰 권한을 가지고 있었던 조선수군의 1차 출전 당시에는 단독으로 장계를 올리지 않았던 것일까?

한 가지 더 짚고 넘어가자면, 이때 이순신이 정말로 '원균 몰래' 장계를 올린 것인지 의심해볼 필요가 있다. 당시 조선은 관할지의 벼슬아치가 왕에게 장계를 올릴 경우, 자신이 보낸 장계 내용을 인근 지역의 책임자들에게도 같이 통보하도록 제도적으로 정해놓았다. 《임진장초》에는 임진왜란이 발발하자마자 경상우수사 원균, 경상좌수사 박홍, 전라좌수사 이순신 등이 모두 동시에 장계를 보내고 받았다는 내용이 나온다. 앞서 인용했던 《난중일기》의 임진년(1592) 4월 15일자 일기를 보아도 이를 확인할 수 있다.

게다가 이순신은 평범한 병졸의 공까지 장계에 올릴 정도로 꼼꼼하게 기록을 남긴 인물이었다. 그런 이순신이 같은 수사이자 선임자인 원균의 공을 굳이 가로챌 이유가 있었을까? 더군다나 원균 스스로 장계를 보낼 수 있다는 사실을 알면서도 말이다. 드라마나 소설과는 달리 실제의 이순신과 원균은 임진왜란 이전까지는 별다른 사적 교류가 없었다. 그러므로 당시는 이순신과 원균 사이에 어떤 호오의 감정이 형성되지 않았을 시점이었다. 이 모든 점들을 종합해 당시 상황을 살펴보면, 이순신이 원균 몰래 단독으로 장계를 올려 공을 가로챘다는 주장은 납득하기 어렵다.

'이순신이 1차 출전 승전 장계의 내용을 원균에게도 알렸는지 알리지 않았는지는 확인할 수 없는 부분이니 추측에 불과하다. 그러나 이순신이 몰래 장계를 올렸다는 것은 기록에 엄연히 남아 있는 사실이다'라는 반론이 있을 수 있다. 애석하게도 《난중일기》에는 장계 사건이 불거졌던 당시의 기록이 남아 있지 않아 정확히 확인하기도 어렵다. 그렇다면 이 문제를 언급한 기록들을 처음부터 다시 찾아보자. 최초의 기록은 1597년 영중추부사 이산해의 발언이었다.

> 임진년에 바다에서 전쟁을 치를 때, 원균과 이순신은 시간을 두고 장계를 올리기로 약속했다고 합니다. 그러나 이순신은 밤에 홀로 몰래 장계를 올려 자신의 공으로 삼았으며, 이 때문에 원균이 이순신을 원망하게 되었다고 합니다. —《선조실록》 선조 30년(1597) 1월 27일

여기서 몇 가지 심층적으로 봐야 할 부분은 이 말이 나온 시기와 이산해라는 인물이다. 1597년은 이순신이 하옥당한 해로, 이산해가 문제의 발언을 한 시기는 이순신이 하옥당하기 직전이었다. 또 북인인 이산해는 이순신을 천거했던 남인 유성룡과 대립각을 세운 인물이었다. 그

뿐만 아니라 이산해는 자신이 직접 그 사건을 확인한 것이 아니라 누군가로부터 들은 말을 전달한 것에 불과하며, 앞서 인용한 《선조실록》과 《선조수정실록》의 장계 이야기도 여기서 비롯된 것이다. 이산해가 이같이 말하기 바로 전해인 1596년에는 원균의 인척 윤두수가 원균을 다시 수사로 임명해달라고 요청한 사건이 있었는데, 이때 윤두수는 원균과 이순신의 불화를 거론하면서도 단독 장계에 대한 언급은 전혀 하지 않았다. 정작 사건이 발생한 1592년부터 그 이후까지는 단 한 번도 언급된 적이 없는 단독 장계 건이 1597년에야 문제가 된 일련의 흐름을 볼 때, 이순신이 원균의 공을 가로채기 위해 몰래 단독 장계를 올렸다는 것은 '이순신 죽이기'의 일환으로 이루어진 공작일 가능성이 높다.

또한 1597년에는 임진년 당시에 경상감사였던 김수가 이순신과 원균의 불화를 보고한 적이 있었는데, 그때 김수는 '원균은 매양 이순신이 자신의 공을 빼앗았다고 말하였습니다'라고 했을 뿐 장계에 대해서는 아무런 얘기도 하지 않았다. 결정적으로 이순신이 혼자서 몰래 장계를 올렸다는 실록의 내용 자체에서도 이미 오류가 발견된다. 앞서 인용했던 《선조실록》 선조 36년(1603) 4월 21일의 기사를 다시 살펴보자.

> 이순신은 남몰래 사람을 불러 왜적에게서 노획한 병기와 적선에서 가져온 금병풍, 금부채 등의 물건을 챙기고는 홀로 행재소에 올렸다.

조선수군이 금부채 등을 노획한 것은 1차 출전이 아닌 2차 출전, 즉 당포해전에서의 일이었다. 이는 사관이 정확하게 보고된 사실이 아니라 전해 들은 풍문을 바탕으로 기록했기 때문에 발생한 오류이다.

또 하나의 의문은 1차 출전 이후 이순신이 올린 단독 장계가 과연 원균의 전공을 앗아가기 위함이었는가이다. 《임진장초》에 기록된 옥포해전의 장계에는 '경상우수영의 여러 장수들이 왜선 5척을 당파하여, 전라좌수영과 합쳐 모두 26척의 적선을 총통으로 쏘아 맞혀 불살랐다'고 되어 있다. 조선수군이 쳐부순 일본 군선 26척 가운데 5척이 경상우수영의 전공이었다. 옥포해전에 투입된 판옥선은 전라좌수영이 24척, 경상우수영이 4척이었으므로 비율상 경상우수영의 5척은 결코 적은 전과가 아니다. 이렇게까지 보고했던 이순신이 원균의 공을 가로채고자 몰래 단독 장계를 올렸다는 것은 앞뒤가 맞지 않는 이야기이다. 물론 전라좌수영 장수들의 이름만 하나하나 언급하며 공을 치하하고 경상우수영 장수들은 개개 언급하지 않았다는 차이 정도는 있다. 그러나 경상우수영에서 공을 세운 이를 보고하는 것은 경상우수사인 원균의 몫이지, 전라좌수사 이순신의 몫이 아니다.

이상의 사실을 바탕으로 다음과 같이 추정해볼 수 있다. 아마 원균이 연명 장계를 요구한 적은 있었을 것이다. 그러나 이순신이 그에 동의한 후 몰래 단독 장계를 올렸을 가능성은 희박하다. 이순신은 아마도 원칙에 입각해 거부했을 것이다. 설령 만에 하나 이순신이 몰래 장계를 올린 것이 사실이라 하더라도, 그것은 원균의 공을 가로채려는 것이 아니라 자신의 실책이 알려질 것을 두려워한 원균이 방해하지 못하도록 하려는 의도였을 것이다. 또한 이순신이 모든 전공을 자신에게 돌리려 했다면 원균도 자신만의 장계를 올리면 될 것이었으나, 그러지 못했다는 것은 원균에게는 직접 보고할 만한 성과가 없었다는 것을 의미한다.

그를 위한 변명인가, 역사 왜곡인가

원균 옹호론을 주장하는 사람들은 《선조실록》을 근거로 이순신이 단독 장계를 몰래 올렸다고 강조한다. 《원균을 위한 변명》의 저자 이재범 역시 실록을 인용해 '이순신이 단독 장계를 몰래 올린 것을 알게 된 원균은 몇 달이 지난 후에야 자신의 장계를 올려 공을 인정받았다'고 주장한다.

그는 '원균이 옥포해전(1592년 4월)의 장계를 뒤늦게 올렸던 것'이라며, 《선조실록》 선조 25년(1592) 8월 24일의 기사에 실린 한산도대첩(1592년 7월) 이후의 상소를 내세웠다. 그것으로도 모자라 그 기사 가운데 언급된 '한산도'는 '옥포의 오기'라고 주장한다. 그의 주장을 따를 경우 '한산도대첩의 승리'에 대한 상을 논했던 자리가 '옥포해전의 승리'에 대한 상을 논했던 자리로 변해 역사가 바뀌게 되는 것이다. 그러나 이 날의 기록에는 '경상우수영의 장수 한백록이 전투 후 사망했다'는 내용이 나오는데, 한백록의 비문에 따르면 그의 사망 일자는 1592년 7월 17일이다. 한백록의 사망 시점으로 미루어, 8월 24일 기사에서 언급한 원균의 장계는 한산도대첩 이후에 올려졌다는 추측도 가능해진다.

또한 이 기사에서 언급되고 있는 원균은 이미 가자(공을 세운 관리나 근무 성적이 좋았던 관리들의 품계를 올려준 것)된 후였다. 이는 같은 날의 실록에서 확인할 수 있는 사실로, 당시 조정의 중론은 더 이상 원균을 가자하지 않는 데에 실렸다.

> 원균은 이미 높이 가자되어 …… 더는 가자할 필요가 없습니다.
>
> –《선조실록》 선조 25년(1592) 8월 24일

기록의 정확한 날짜도 파악하지 않고 아무런 근거도 없이 '한산도는 옥포의 오기'라는 구절 하나를 추가한 데다가 4월에 있었던 옥포해전의 결과가 8월에야 알려졌다고 주장하며, 이미 그 이전에 충분히 가자받은 원균이 그때야 겨우 공을 인정받았다고 하는 것은 역사를 왜곡한 부분이라고 할 수 있다. 원주 원씨의 평택종중은 이 책을 참고하여 원균 관련 자료를 만들면서 한층 더 왜곡된 내용을 기록했다. '오기'라는 단어조차 없이 한산도를 옥포로 바꾸어 쓰고는 그 출처를 《선조실록》이라고 기록한 것이다.

이순신의 2차 출전

1차 출전에서 선전한 전라좌수영 함대는 5월 8일의 적진포해전에서 승리한 후 이튿날 본영으로 복귀했다. 이순신은 이어질 전투를 준비하는 한편, 부족한 전력을 보강하기 위해 전라우수사 이억기에게 6월 3일까지 합류해달라고 요청했다. 그러나 5월 27일에 경상우수사 원균에게서 일본군이 노량으로 이동해왔다는 급보가 들어왔다. 상황이 급박하게 돌아가자 이순신은 이억기에게 뒤따라오라는 공문을 남기고 출전했다.

5월 29일 새벽, 여러 장수들과 전선 23척을 거느린 이순신은 판옥선 3척을 이끌고 온 원균과 노량 앞바다에서 합류했다. 적선 1척이 곤양에서 나와 사천으로 향하자 방답첨사 이순신과 기효근 등이 그 뒤를 추격했다. 일본군은 배를 버리고 육지로 도망갔고, 남은 배는 조선수군이 분멸했다. 그러고는 일본군을 좇아 사천으로 가 보니 그들은 이미 상륙해서 400여 명이 장사진을 치고 있었고, 진중의 가장 높은 산꼭대기에는 별도로 장막을 치고 적군들이 분주하게 왕래하는 모습이 보였다. 그리고 사천 바닷가에는 일본 군선 12척이 정박해 있었다.

사천은 경상우도의 서쪽 끝으로, 노량해협만 지나면 바로 전라도로 갈 수 있는 지역이었다. 일본군이 이곳을 점령했다는 것은 전라도마저 침공할 수 있는 교두보가 그들의 손아귀 가까이에 있다는 의미였다. 그러나 일본군을 공격하려 해도 적의 위치가 화살의 사정거리 밖인 데다, 사천은 포구가 좁고 썰물 때여서 선체가 큰 판옥선으로는 도저히 사천의 포구 안으로 진입할 수 없었다. 게다가 일본군이 높은 곳에 진을 치고 있어 조선은 여러모로 불리한 형세였다.

"지금 왜적은 매우 교만하기 이를 데가 없어 만약 우리가 거짓으로 물러난다면 분명히 배를 끌고 쫓아와 싸우려 들 터이니, 그 순간에 바다로 끌어내 함께 격멸하면 될 것이다!"

이순신이 호령했다. 이에 조선수군이 배를 돌리니, 일본군 200여 명이 내려와 반은 배를 지키고 반은 조총을 쏘아댔다. 때마침 조수도 밀물로 바뀌어 조선을 도와주었다. 이순신은 이날 첫 출전한 거북선을 앞세우고 본격적인 전투에 돌입했다. 거북선이 선두에서 화포를 발사하자 배와 언덕 아래의 일본군들이 조총으로 응사했다. 조선의 대대적인 공격에 일본은 대거 전사하거나 부상당했으며, 살아남은 자는 언덕 위로 줄행랑쳤다. 일본군선을 분멸하고 포로로 잡혀 갔던 조선인 소녀도 구출했으나, 이 전투에서 이순신은 왼쪽 어깨에 총탄을 맞아 관통상을 입었으며 나대용 역시 총탄에 맞아 부상을 입었다. 《난중일기》는 당시의 모습을 이렇게 전한다.

> 여러 장수들을 독전하며, 일제히 달려들어 화살을 퍼붓고 여러 가지 총통을 바람과 천둥같이 쏘았더니 적들이 두려워 물러났다. 화살에 맞은 자가 몇백 명인지 알 수 없고 왜적의 머리도 많이 베었다. 군관 나대용이 탄환에 맞았으며, 나 또한 왼쪽 어깨 위에 맞은 탄환이 등을 뚫고 나갔지만 중상은 아니었다. 활을 쏘는 군인과 육탄전을 벌인 군인 중에서도 총알에 맞은 자가 많았다. 적의 배 13척을 불태우고 물러 나왔다.
>
> – 《난중일기》 임진년(1592) 5월 29일

이순신은 언덕으로 도망친 일본 군사들을 끝까지 추격하기를 원했지만, 나무가 무성한 데다 날이 저물어 포기하고는 소선 몇 척만 남겨두고 물러 나왔다.

다음 날인 6월 1일, 원균은 이순신에게 '어제 남겨둔 적선 2척이 도망쳤는지 알아보고, 화살에 맞아 죽은 왜놈의 수급을 베겠다'고 말했다.

경상우수사 원균은 휘하에 군사가 없으니 작전을 지휘할 수가 없어서 화살이나 철환에 맞아 죽은 일본군을 찾아 머리 베는 일을 담당했다. 그날 오전에 원균은 적군이 모두 뭍으로 도망갔기에 남은 배들을 모두 태워 없앴으며 수급 3개를 베어왔다고 알렸다. 조선수군은 정오에 고성으로 옮겨갔다.

6월 2일에는 일본수군이 당포에 정박하고 있다는 첩보를 듣고 아침부터 이동했다. 당포 앞 선창에 이르니 일본군 300명가량은 육지에서 약탈을 하고, 나머지는 험한 지형을 이용해 조총 사격을 했다. 일본 군선은 대선 9척을 비롯해 20여 척이 있었다. 적의 배 중 대선 1척은 판옥선만 한데, 배 위에 누각을 꾸며서 높이가 3~4장(약 7미터)이나 되어 보였다. 밖으로는 붉은색 비단 휘장을 두르고 휘장 사면에는 '황黃' 자를 크게 썼다. 누각 위에는 붉은 일산을 세워두고 그 아래에는 일본 장수가 앉아 지휘를 했는데, 두려운 기색이 전혀 없었다.

조선수군은 적장이 탄 층각선을 향해 거북선을 돌격시켜 충돌하며, 거북선의 용머리에서 현자 철환 · 천자총통 · 지자총통 · 대장군전을 퍼부어 적선을 당파했다. 그러자 다른 전선들도 일제히 화포를 발사했다. 2차 출전에 처음 참가한 중위장 권준이 활로 적장을 쏘아 맞추자 김완과 흥양보인 진무성이 그 머리를 베었고, 이에 일본 군사들은 놀라면서 한꺼번에 흩어져버렸다.

조선군은 수급 6개를 베고 적선 21척을 불태우는 등 일본군을 섬멸하고 육지로 달아나는 적을 쫓아갔다. 조선수군이 상륙하려던 찰나에, 일본군이 대선 20여 척과 소선을 거느리고 거제도 방향에서 오고 있다는 첩보가 들어왔다. 당포는 지형이 좁아 바깥바다로 나와 적을 맞이하니, 일본군은 조선수군을 보자마자 달아나 개도(전라남도 여수에 속한 섬)로 도망갔다. 이들을 끝까지 추적하려 했으나 날이 어두워지는 바람에 포기하고 진주 창신도에 정박하니, 이날의 전투가 바로 당포해전이다.

이튿날에는 개도로 숨어 들어간 일본군을 공격해 대승을 거두었다.

> 아침에 여러 장수들을 재차 격려하여 개도 앞뒤에서 협공하였다. 왜적은 패하여 달아나 버려 남은 자들이 거의 없었다. 고성 등지로 가보고 싶었으나, 우리 군대의 형세 역시 약하기 때문에 분함을 참고 머물러 밤을 지냈다. 수군을 거느리고 돛을 달고서 왔다. 군사들이 무척 기뻐하였다. 내일 군사를 합치기로 약속하고 잤다.
>
> –《난중일기》 임진년(1592) 6월 3일

당포해전이 끝난 뒤에, 우후 이몽구가 일본의 대장선을 수색하던 중 옻칠한 갑 속에서 금부채 한 자루를 발견했다.

갑에는 '구정유구수전龜井流求守殿'이라고 써 있었으며, 부채의 한쪽 면 중앙에는 '6월 8일 수길六月八日秀吉'이, 오른편에는 '우시축전수羽柴筑前守'가, 왼편에는 '구정유구수전龜井流求守殿'이 써 있었다. 이를 본 이순신은 장계에다 '풍신수길(도요토미 히데요시)이 우시축전수에게 부신符信으로 보냈을 것입니다'라고 적어 고했는데, 이 전투에서 죽은 적장의 이름을 '우시축전수'라고 생각했던 것이다.

그러나 이는 이순신이 일본 장수들의 이름을 몰라서 착각한 것이다.

'우시축전수'는 일본어로 '하시바 지쿠젠노가미'로, '하시바'는 도요토미 히데요시가 '도요토미'라는 성을 하사받기 이전의 성이며 '지쿠젠노가미'는 히데요시의 관위였으니, '우시축전수'는 곧 도요토미 히데요시를 뜻하는 것이었다. 또 부채의 왼편에 써 있던 '구정유구수전'은 '가메이 류큐노카미도노'라고 읽는데, '류큐노카미도노'는 도요토미 히데요시가 가메이 고레노리에게 내린 관직이었다. 이러한 연고로 당포해전에서 전사한 왜장은 가메이 고레노리라고 알려졌으나, 가메이는 이후 세키가하라전투(1600년)에도 참전했으며 사망한 것은 1612년이었다. 조선수군이 가메이가 하사받은 부채를 노획한 것으로 미루어 가메이의 함대가 당포해전에 참전했다가 패배한 것을 알 수 있다. 다만 가메이는 운 좋게도 금부채로 목숨을 대신해 살아 돌아갔고, 이때 전사한 적장은 해적 출신의 무장인 구루지마 미치유키였다.

6월 4일에 당포의 토병인 강탁이 '당포해전에서 패하고 육지로 도망하던 왜적들은 도중에 조선인을 만나도 죽일 생각도 못했고, 적선들도 거제도로 향하였다'는 말을 전했다. 이순신은 적선을 찾기 위해 다시 바다로 떠나려 했으나, 아직 이억기가 도착하지 않은 상태였다. 정오에 이억기가 여러 장수를 거느리고 나타났다. 이억기는 당초의 약속대로 전라우수영의 함대를 이끌고 6월 3일에 전라좌수영으로 갔다가, 이순신이 남긴 공문을 받고 신속하게 이동하여 당포 앞바다에서 이순신과 합류하게 된 것이었다. 이로써 판옥선 25척이 추가되어 총 51척 규모의 함대를 이루게 되었다. 계속된 전투로 지쳐 있던 수군은 전라우수영의 합류로 다시 사기가 올랐으며, 이순신도 매우 기뻐했다.

6월 5일에는 짙은 안개가 끼더니 늦게야 걷히기 시작했다. 이때 당포에서 달아난 일본 군선이 당항포에 머무르고 있다는 제보가 들어와 급히 이동했다. 당항포에 이르러 진해 쪽을 바라보니 무장한 군사 천여 명이 보였다. 알아본즉 함양군수 유숭인이 기병 1,100명을 이끌고 적을 추적하다가 그곳까지 온 것이었다. 당항포 바다 어귀의 형세는 군선이 들어갈 만하기에, 이순신은 먼저 몇 척을 들여보내며 '지리를 살펴보되 만약 적군이 공격해온다면 물러나는 척하면서 유인하라'고 명령을 내렸다. 함대의 본진은 매복해 있다가 적 함대의 함대가 보이면 공격할 수 있도록 준비해두었다. 잠시 후 연안으로 들어간 배에서 신기전을 쏘아 아군에게 들어오라는 신호를 보냈다. 배 4척을 남기고 들어가 보니, 다행히도 판옥선으로도 충분히 싸울 만한 좁지 않은 지형이었다.

당항포에는 대선 9척, 중선 4척, 소선 23척으로 구성된 일본 함대가 정박 중이었다. 그중 가장 큰 배는 뱃머리에 3층 누각이 있었는데, 누각의 하얀 벽에 단청을 한 모습이 마치 불전처럼 보였다. 누각 아래에는 검은색 비단 휘장이 드리워져 있었고, 휘장에는 하얀 꽃이 크게 그려져 있었으며, 누각의 정면에는 푸른색 일산이 세워져 있었다. 대선 4척에는 '나무묘법연화경南無妙法蓮花經'이라고 쓴 깃발이 달려 있었다. 이것으로 당항포해전에서 상대했던 일본군은 가토 기요마사의 휘하 부대로 추정된다(가토 기요마사는 니치렌종(남묘호렌게쿄, 즉 나무묘법연화경)의 신도였다). 물론 이때 함경도에 있었던 가토 본인이 당항포해전에서 싸운 것은 아니었고, 남해안에 남겨둔 일부 병력이 이순신의 상대가 된 것이었다.

일본군은 조선수군을 보자 조총을 마구 쏘아댔고, 조선은 거북선을 선두로 돌입하여 공격을 시작했다. 적들이 배를 버리고 육지로 도망가게 되면 전멸시키기가 어려워지므로, 이를 우려했던 이순신은 다음과 같이 명령했다.

"여기는 좁은 데다가 얕기까지 한 바다라 배를 돌리기가 매우 어려우니, 우리가 후퇴하는 척하며 왜적을 유인해 넓은 바다로 나가 좌우에서 공격하면 적을 섬멸할 수 있을 것이다."

이순신은 말을 마치자마자 곧 깃발 신호로 배를 거느리고 그곳에서 물러났다. 예상대로 일본은 크게 기뻐하며 앞다퉈 수로를 따라 나왔다. 일본의 층각선은 은색 돛 2개를 달고 있었고, 다른 배들은 양 날개처럼 벌린 형태로 층각선을 옹위했다. 좁은 바다에서 빠져나온 이순신은 북을 치게 했다. 그 신호에 따라 조선의 군선들이 일제히 방향을 바꿔 일렬로 벌려 섰다. 맞서게 된 왜적 전선들과의 거리는 수십 보에 지나지 않았다. 조선은 사방에서 포위 공격을 했고, 거북선은 층각선 밑으로 달려가 총통으로 공격하고 당파했다. 다른 배는 불화살을 쏘아서 층각선의 비단 휘장과 돛배를 공격했다. 층각선에는 불길이 번져 올랐고 누각 위에 앉아 있던 왜장은 화살에 맞아 떨어졌으며, 다른 적선 4척은 혼란한 틈을 타서 돛을 달고 북쪽으로 달아나려고 했다. 그러자 조선수군은 여러 장수들이 패를 나눠 일본의 전선을 모두 포위하는 전술을 펼쳐, 일본군은 물에 빠져 죽거나 뭍으로 달아나 산을 타고 북으로 도망쳐버렸다. 조선의 군사들은 사력을 다하여 추격해 일본군의 수급 30급을 거두고 적선 모두를 불태워 없앴으나 딱 한 척만 남겨주었다. 남은 적의 귀로를 개방해둔 것이었다. 황혼이 들 무렵에는 육지로 피했던 일본군도 포위되어 섬멸당했고 얼마 되지 않는 수만 겨우 도망갔으나, 날이 어두워져 추적하지는 않았다.

6월 6일에는 방답첨사 무의공 이순신이 전날 당항포 해전에서 살아남은 일본 군선 한 척이 바다로 나올 것이라 예상하고 매복하고 있었는데, 그 새벽에 예상대로 100여 명이 승선한 일본 군선이 바다로 나왔다. 무의공 이순신의 지휘하에 요구금(사조구. 적선을 끌어당기는 데 쓰던 병기이다)으로 적선을 견인해 끌어내니 일본의 군사 반수 이상이 바다로 뛰어들었다. 적장이 화살 10여 대를 맞고 바다로 떨어지자 조선수군이 그의 수급을 거두었다. 적이 거의 전멸한 후에는 배를 불태웠고, 경상우수사 원균과 남해현령 기효근이 물에 빠진 적의 목을 베어 수급 50개를 취해 갔다.

6월 7일에는 정탐을 나갔던 진무 이전과 토병 오수 등이 일본군 세 명을 죽이고 목을 베었는데, 경상우수영의 군관이 그중 하나를 강탈해 갔다. 그날 정오에 수군을 이끌고 영등포로 이동하던 이순신은 부산포로 이동 중인 적선이 율포에 있다는 말을 전해 들었다. 복병선을 시켜 살펴보게 했는데, 조선수군이 접근하는 것을 눈치챈 적선 5척이 남쪽 바다로 급히 달아났다. 조선수군이 일제히 이들을 추격하자 일본군은 짐까지 버려가며 도망치려 했지만 그 노력도 헛되이 돌아가고 말았다. 사도첨사 김완, 우후 이몽구, 녹도만호 정운 등이 각각 적선을 1척씩 잡았으며 7척을 불태웠고 수급 36급을 취했다. 그 후 이순신은 인근 해역을 수색하면서 일본 전선을 찾았으나 한 척도 찾지 못했다.

6월 10일, 조선의 연합함대는 미조항 앞바다에서 해산하고 각각의 본영으로 귀환했다.

당시의 기록들을 보면 거북선과 조선의 연합함대가 펼친 활약은 단순히 대승을 거둔 것에 그치지 않고, 일본의 침략에 위협받던 조선 땅에 큰 기운을 불어넣어 준 사건임을 확인할 수가 있다.

> 왜적의 전선들도 여지없이 거북선에서 쏘아 올린 대포에 산산이 부서졌고 왜적들은 죄다 물에 빠져 죽었다. 그 뒤에도 숱한 해전이 있었으나 번번이 패전해 부산이나 거제로 도망치고는 다시는 나오지 못했다.
>
> –《징비록》

> 이순신 등이 군관을 보내 거두어들인 수급을 바쳤다. 위아래를 막론하고 조정의 모든 이들이 뛸 듯이 기뻐하며 그 공을 치하하였다.
>
> –《선조실록》 선조 25년(1592) 6월 21일

2차 출전 결과 조선수군은 적선 72척을 분멸했으며 수급 88급을 취했다. 88급은 이순신의 전라좌수영에서 벤 것만을 셈한 것으로, 원균과 이억기의 진영에서 벤 것은 200급이나 되었다. 물론 원균이 거둔 수급에는 전투가 끝난 뒤에 협선을 끌고 나가 물에 빠진 시체의 목을 벤 것도 많았으며, 경상도 연해안에서 죽은 적의 수급을 베어다 이순신에게 바치려 했으나 이순신이 경상도를 관할하는 원균에게 바치라고 한 것도 있었다.

이순신은 보급품으로 쓸 만한 미곡이나 의복 등의 노획물은 군사들에게 나누어주었고, 수급에서 베어내 소금에 절인 귀와 가메이의 금부채 및 방답첨사 이순신이 노획한 분군기 등을 선조에게 올렸다. 선조는 대단히 기뻐하며 이순신을 정1품으로 가자하려 했으나, 지나친 승진이라며 반대하는 의견들 때문에 정2품 자헌대부로 임명했다. 원균과 이억기는 종2품 가선대부로 임명되었다.

두 차례의 출전에서 이순신과 조선수군은 압도적인 승리를 거두었고, 이로써 조선을 무시했던 일본은 조선의 수군을 경계하며 새로운 작전을 짤 수밖에 없었다. 또한 이순신을 중심으로 한 조선수군도 다음 전투를 대비했으므로, 조일 양국의 수군은 사실상 결전을 준비하게 되었다.

거북선의 개발과 건조

많은 한국사람들에게 '거북선'과 '이순신'은 떼려야 뗄 수 없는 존재로 각인되어 있다. 임진왜란 때 조선을 구한 것은 바로 거북선이고, 이순신이 바로 그 거북선을 만들었다고 알려져 있기 때문이다. 그러나 사실 조선수군의 주력은 판옥선으로, 거북선은 가장 많이 운용했을 때에도 그 수가 5척을 넘기지 못했다. 거북선은 대량으로 건조하지도 못했으며 그럴 필요도 없었다. 그러나 거북선은 이전의 배와는 완전히 다른 특징들로 인해 인상적으로 각인되었던 것이다. 거북 모양으로 생겨 거북선이라 불린 이 무패의 전선은 앞서 말했듯이 조선수군의 2차 출전 때 처음으로 모습을 드러냈다. 거북선은 임진왜란 발발 전에 이순신의 주도로 건조되었으며, 당시의 기록들도 이 사실을 입증한다.

> 이 해전에 앞서 이순신은 거북선을 창안해 제작했다. …… 전투 군사와 노 젓는 군사들은 모두 배 안에 숨어 있게 하였으며 전후좌우에 화포를 많이 설치했다. 그리고 그 움직임은 마치 베틀의 북처럼 자유로웠다. 왜적의 배가 나타나면 다가가 대포로 박살 내었고 또 여러 척이 합세해 일시에 공격하니 그 연기와 불꽃이 하늘을 덮었다. 그렇게 하여 왜적의 전선은 수도 없이 불타고 가라앉았다. －《징비록》

그러나 거북선을 최초로 발명한 사람은 이순신이 아니라는 의견도 있는데, 일반적으로는《조선왕조실록》등의 기록을 그 근거로 삼는다.

> 왕께서 임진강 나루를 지나던 중에 거북선과 왜선이 해전 연습하는 장면을 구경하였다. －《태종실록》태종 13년(1413) 2월 5일

거북선이 실록에 최초로 등장한 장면이다. 그리고 2년이 흐른 1415년, 거북선은 다시 한번 실록에 등장했다. 좌승지 탁신이 태종에게 병비책을 상소했는데, 그중 마지막이 바로 거북선에 대한 내용이었다.

> 거북선의 전법은 아무리 많은 적선과 맞부딪쳐도 적이 해칠 수가 없으므로 참으로 훌륭한 결승의 계책입니다. 그러므로 다시 견고하고 정교

하게 거북선을 만들어 전승을 위한 도구로 삼아야 합니다.

– 《태종실록》 태종 15년(1415) 7월 16일

혹자는 《태종실록》의 기록을 바탕으로 '거북선은 태종 대 혹은 그 이전인 고려시대부터 존재했기 때문에 이순신은 거북선을 최초로 만든 사람이 될 수 없다'고 말한다.

그러나 좌대언이자 당시 병조를 담당했던 탁신이 거북선 건조를 건의했음에도 불구하고, 태종 이후부터 임진왜란 전까지는 거북선에 대한 기록이 나타나지 않는다. 1415년의 기사 이후 실록에 또다시 거북선이 언급되는 것은 임진왜란이 발생한 1592년의 일이었다.(《선조실록》 선조 25년(1592) 6월 21일) 이는 곧 거북선이 200년 가까이 잊힌 배였다는 사실을 의미한다. 또한 태종 대에는 맹선이 주력을 담당했으나, 거북선은 맹선이 아니라 그보다 후대에 개발된 판옥선을 기본으로 하여 만든 배였다. 그러므로 임진왜란에서 활약했던 거북선은 사실상 새롭게 개발된 배라고 보는 편이 마땅하다.

이순신이 거북선을 개발할 때 태종 대의 거북선이 영향을 주었을 가능성도 배제할 수는 없다. 그러나 임진왜란 당시는 물론 그 이후에도 사람들은 '거북선을 발명한 사람은 이순신이다'라고 인식했는데, 이것은 《인조실록》의 기사에서도 확인할 수 있다.

경기수사에게 거북선을 만들고 시험해보라고 할 생각입니다. 거북선은 이순신이 창제하였습니다. – 《인조실록》 인조 17년(1639) 7월 14일

인조에게 이같이 고했던 이는 바로 영의정 최명길로, 무려 영의정이라는 위치에 있는 사람까지 이순신이 거북선을 발명했다는 사실을 당연하게 여겼음을 짐작하게 해주는 대목이다.

그럼 거북선은 실제로 누가 개발했을까?

일설에는 이순신의 부하였던 나대용이 그 주인공이라고 한다. 나대용이 거북선의 개발자라는 직접적인 기록은 없으나, 여러 정황을 미루어 그렇게 추정하는 것이다. 제2장에서 한 차례 언급한 바 있는 나대용의 상소 중 일부를 다시 살펴보자.

> 신묘년(1591)에 전라좌수사 이순신의 감조전선출납군병군관監造戰船出納軍兵軍官이 되었습니다. —《선조실록》 선조 39년(1606) 12월 24일

1606년, 삼도수군통제사였던 이운룡은 나대용의 상소를 조정에 올리며 새로운 군선을 건조하고 시험하는 일을 나대용이 감독하게 하자고 건의했다. 조정은 이운룡의 건의를 받아들였다. 나대용이 이순신의 군관이 된 지 15년 후이자 임진왜란이 종결된 지 8년이나 지난 시점이었다. 이 기록으로 말미암아 '나대용이 거북선 개발을 주도했다'는 추측이 나오게 된 것인데, 어느새 그 추측은 사실로 굳어버렸다.

물론 거북선의 개발 과정에서 나대용이 실무를 담당했을 수는 있다. 그러나 절대 간과해서 안 될 점은 당시 나대용은 군관이었다는 사실이다. 새로운 군선을 건조하는 일에는, 아무리 획기적인 발상을 가진 인물이라 하더라도 일개 군관이 총책임자가 될 수는 없었으며 결정권을

가질 수도 없었다. 그러므로 거북선 개발에 가장 결정적인 역할은 전라좌수사였던 이순신이 맡을 수밖에 없다는 결론이 도출된다. 거북선을 개발하고 건조하는 실무를 담당했던 사람들의 노고와 공로를 부정해서는 안 되지만, 그 모든 것은 이순신의 결단이 있었기에 가능했다는 점 또한 인정해야만 한다.

거북선의 외형

'거북선' 하면 가장 먼저 떠오르는 것은 이순신 장군과 거북이 같은 등판에 가시를 박고 용머리를 달았던 배의 외형이다.

우선 용머리에 대해 짚고 넘어가 보자. 거북선에 대해 '용머리에서 연기를 내뿜으며 연막작전을 펼쳤다'고 생각하는 사람이 많은 듯한데, 실상은 이와 완전히 달랐다.

> 거북선에는 용머리를 설치해서 입으로 화포를 쏘았습니다.

이순신이 장계에 고한 내용 가운데 거북선 용머리의 용도에 대한 부분이다. 거북선 개발 당사자의 말이니만큼 이는 확실한 사실로, 거북선의 용머리는 연기를 뿜으려고 만든 것이 아니라 화포 발사용으로 만든 것임을 알 수 있다.

예전에 방영되었던 〈역사스페셜〉에서는 거북선을 주제로 이야기하며, '거북선의 용머리는 들락거렸다'고 주장한 적이 있다. 그 증거로 든 것은 이순신 종가에서 소장하고 있는 거북선 그림으로, 그림 중에 머리가 없는 거북선도 있었다. 그러나 이것은 용머리가 들락날락했다기보다는 거북선의 구조를 설명하기 위해 일부러 용머리를 그리지 않았을 가능성이 높다. 또한 일본 측의 기록에는 거북선 용머리가 들락거렸다는 내용이 없다. 거북선의 등장 이후 일본수군은 조선수군이 근처로 온다는 소식만 전해 들어도 줄행랑을 칠 만큼 조선수군과 거북선을 두려워했으며, 조선수군에 대한 기록 역시 그만큼 과장되게 남겼다. 따라서 '거북선의 용머리는 들락거렸다'는 주장을 뒷받침할 근거는 아직 충분하지 않다.

흔히들 거북선을 '세계 최초의 철갑선'이라고 부른다. 하지만 거북선은 정말 '세계 최초'의 철갑선이었을까? 만약 '철갑선'이 목조선에 철갑을 두른 함선을 의미한다면, 아마 거북선에게는 세계 최초라는 타이틀을 붙이기 어려울 듯하다. 왜냐하면 임진왜란(1592년) 이전인 1578년에 이미 일본에서 오다 노부나가가 군선에 철갑을 입혀 제조하라고 명했던 기록이 남아 있기 때문이다.

그러나 '세계 최초'의 여부에 앞서 확인해야 할 필요성이 있는 것은 '거북선이 진짜 철갑선이었는가'이다. 우선, 당시 조선의 기록에서는 '거북선은 철갑선이다'라는 직접적인 언급은 물론 비슷한 표현조차 찾을 수 없다. 오히려 일본의 《정한위략》에서 '적선 중에는 온통 철로 둘러싼 배가 있었다'라고 기록하여 철갑 거북선의 가능성을 언급했다. 일제강점기에는 문일평 등의 사학자들이 거북선을 철갑선이라고 주장했으나,

신채호나 연희전문학교의 교수였던 언더우드 등은 철갑선이 아니라고 주장했다. 1929년, 영국의 《브리태니커 백과사전》의 제14판에 '거북선은 세계 최초의 철갑선 군함(first Ironclad war vessel)이다'라는 설명이 등재되었다. 세계적 권위를 자랑하는 백과사전에 실린 내용이다 보니, 해방 이후에도 '세계 최초의 철갑선'을 만들었다는 자부심으로 인해 '거북선=철갑선'이라는 등식이 자리 잡아 수많은 이순신 위인전은 물론 사전 등에도 그대로 인용되었다. 하지만 '거북선=철갑선' 등식에 의문을 품는 이들도 적지 않다. 배에 철갑을 입힐 경우 지나치게 무거워지는 데다, 철은 바닷물에 쉽게 부식되기에 실효성이 낮다는 이유에서이다. 이러한 연유로 근래에는 김재근 교수나 남천우 교수 등이 주장한 '거북선에 철갑을 사용하지 않았다'는 의견에 동조하는 이가 많아졌으며, 학계의 통설 역시 이쪽으로 기울고 있다.

그러나 거북선이 적진에 뛰어드는 돌격선이라는 점을 감안한다면, 배를 보호하기 위해 화공 방지 차원에서 부분적으로 철갑을 사용했을 가능성 역시 배제하기 어렵다. 배 전체를 감싸는 것은 무리일지 몰라도, 거북이 모양의 등판과 배의 일부에 두를 얇은 철판을 만드는 것은 가능했다. 이순신 연구가인 최석남이나 박혜일 교수는 현존하는 조선시대의 성문 가운데 이러한 기술로 제작된 철판이 있음을 예로 들어 설명했다. 전신에 철판을 둘렀건 일부에만 둘렀건 혹은 아예 두르지 않았건, 거북선은 기본적으로 목조선이었다는 것만은 틀림없다. 오다 노부나가의 철갑선도 목조선에 철판을 붙인 형태였다는 점에서 미루어 볼 때, 거북선에도 그와 유사한 방식으로 철판을 사용했을 수 있다는 주장이 존재한다. 그러나 조선 측의 기록에는 거북선의 철갑 여부에 대한 확실한 내용이 없으므로 이 논쟁 또한 분명한 결론을 내리기 어렵다.

거북선의 내부 구조

거북선의 구조에 대한 논쟁 가운데 또 다른 뜨거운 감자는 바로 내부 층수에 대한 각기 다른 가설들이다. 그중 널리 알려진 것으로는 2층 구조설, 3층 구조설, 반3층 구조설이 있는데, 각각의 가설에서도 또다시 주장자마다 의견 차이를 보이고 있다.

우선 2층 구조설을 살펴보자. 2층 구조설을 가장 먼저 주장한 사람은 언더우드로, 김재근 등이 동의했다. 언더우드는 '1층에서는 수부가 노를 젓고 2층에서는 군사가 전투를 수행할 수 있도록 2층 구조로 설계했다'고 주장했다. 그러나 언더우드는 한국식 노가 아니라 그리스·로마식 노를 기준으로 생각하는 오류를 범했으며, 군졸의 휴식 장소 및 창고 구실을 하는 선실의 존재는 고려하지 않았다. 이것을 보완하기 위해 나온 수정 2층 구조설은 김재근 교수가 주장한 것으로, 1층은 선실로 사용하고 2층에 수부와 군사가 함께 있었다는 것이다. 하지만 이 가설 역시 허점이 드러난다. 판옥선은 전투원과 비전투원을 철저히 분리한 구조였다. 따라서 한 공간에 전투원(군사)과 비전투원(수부)이 함께 있었다는 것은 도리어 퇴보한 형태가 되어 전투 수행을 불편하게 만든다. 이 때문에 김재근은 실제 해전에서 사용한 거북선은 3~5척에 불과하다고 주장한다.

다음은 남천우와 최두환 교수 등이 제기한 3층 구조설이다. 거북선은 판옥선을 기본으로 한 구조이니만큼 내부 구조 역시 판옥선의 구조를 따랐다는 것이다. 3층 구조설에 대한 주장은 둘로 양분된다. 남천우는 1층에는 휴식 장소와 창고로 사용되는 선실을, 2층에는 선실과 수부를, 3층에는 군사를 배치했다고 주장한다. 반면에 최두환은 1층에는 선실을, 2층에는 수부를, 3층에는 군사를 배치했다고 주장한다. 하지만 이 주장에도 한 가지 오류가 있는데, 그것은 거북선의 2층에 설치한 방패 사이의 포 구멍을 설명하지 못한다는 점이다.

그다음은 이순신 연구회의 회장인 정광수와 국방부 군사편찬연구소 객원 연구원인 김병륜이 주장한 반3층 구조설이다. 그 내용은 다음과 같다. 거북선의 내부에는 1층과 2층 및 3층이 존재하지만, 여기서의 3층은 1층이나 2층처럼 온전한 한 층이 아니다. 2층과 3층을 구분하는 갑판이 선체 전부를 덮지 않고, 군사가 발을 딛고 설 정도의 작은 개판만을 설치해 반3층을 이룬 것이다. 1층에는 선실이 있어 휴식 장소와 창고로 사용했다고 주장하는 점은 동일하다. 반3층 구조설은 2층 구조설과 3층 구조설의 허점를 상쇄한 절충안으로 보이기 때문에, 최근의 가설로 여기는 경향이 있다. 그러나 1979년에 복원한 거북선의 모형에도 이미 반3층 구조가 반영되어 있는데, 이것을 보면 오래전부터 반3층 구조설에 대한 실질적인 연구가 이루어졌다는 사실을 짐작할 수 있다. 그러나 반3층 자체의 구조에 대한 주장은 선체 중심부에만 반3층이 존재했다는 조성도 교수의 의견과, 3층의 갑판 자체는 존재하되 갑판(발을 내딛는 바닥)과 개판(거북선의 등갑 부분. 배의 내부에서 보았을 때 천장에 해당한다) 사이의 높이가 낮아 사람이 서 있기도 힘든 구조였다는 김병륜의 의견으로 양분된다. 또 김병륜은 김재근이 주장한 수정 2층 구조설은 거북선의 초기 구조로, 실제 전쟁에 사용한 거북선의 구조는 그 이후에 개량되었을 가능성도 제시했다. 반3층의 운용 역시 주장자마다 차이를 보인다. 1층에는 수부들을 위한 공간이 있었으며 반3층에는 사람이 겨우 버텨 설 수 있을 만큼의 공간이 있었다는 정광수의 의견과, 반3층은 공간이 협소하기 때문에 대장군전과 같은 대형 무기를 놓을 수가 없으므로 승자총통 등의 소형 화기와 화살을 발사할 때 이용했고 대구경의 화포는 개판에 제약이 없는 선수나 선미에 탑재했다는 김병륜의 의견으로 갈린다.

임진왜란 당시 거북선이 돌격선으로서의 역할을 톡톡히 해냈다는 데에는 모두의 의견이 일치하고 있다. 그러나 이상에서 살펴보았듯이 거북선에 대해서는 외형에서 내부 구조까지 다양한 주장이 대립하고 있을 뿐 이렇다 할 명확한 학설은 자리매김하지 못한 상태이다. 이 모든 것들은 거북선과 이순신에 대한 연구가 더 많이 필요함을 의미하며, 이는 언젠가 학계에서 풀어내야만 하는 과제일 것이다.

조선수군 3차 출전: 한산도대첩과 안골포해전

6월 10일, 2차 출전을 마치고 본영으로 돌아온 이순신에게 전라감사 이광의 공문이 도착했다. 재차 출전할 것을 명령하는 내용이었다. 이제 막 전투를 마치고 돌아온 참이지만, 이순신은 명령받은 바를 상기하며 다른 진영에 공문을 보내고 병선을 정비하는 등 재출전을 준비했다.

한편 일본은 육지에 올라갔던 몇몇 장수와 부대에게 남하하여 조선수군과 대결하라는 지시를 내렸다.

본래 일본은 조선수군을 무시하고 있었다. 조선수군이 전혀 위협적이지 않았던 데다, 경상도 해역에서 별다른 저항이 없었기에 그 상태가 계속 유지될 것이라 생각했던 것이다. 수군이었던 와키자카 야스하루가 육지로 북상할 수 있었던 자신감도 여기서 기인한 것이었다. 용인까지 올라간 와키자카는 1천6백 명에 불과한 군사로 5만 명에 이르는 조선의 삼도근왕군을 격파하기까지 했다. 일본육군은 거침없이 북상했고, 그들 뒤에는 바다를 건너 군수품을 조달해줄 수 있는 수군이 있었다.

그러나 이제는 국면이 바뀌었다. 이순신에게 연전연패를 당한 일본군은 더 이상 수륙병진을 펼칠 수 없게 되었다. 이에 6월 23일, 도요토미 히데요시는 와키자카를 비롯한 세 장수에게 해상 보급로 확보와 조선수군 섬멸을 명령했고, 다른 장수들보다 전투 준비를 먼저 마친 와키자카는 단독 출전을 감행했다.

경상도 수역에 있는 일본수군의 움직임을 예의주시하던 이순신은 가덕도와 거제도 등지에 일본군선 10~30여 척이 출몰한다는 첩보를 입수했다. 바야흐로 조선수군의 3차 출전이 시작된 것이었다.

7월 4일, 이억기의 전라우수영 함대가 전라좌수영에 도착했다. 다음 날인 5일에는 작전을 논의했고, 6일에는 경상도로 떠나 노량에서 원균과 합류했다. 이때 원균이 이끌고 온 판옥선은 수리한 배를 합쳐 모두 7척이었다. 일본 측 자료에 따르면 당시 조선수군의 총 함선 수는 판옥선 59척에 협선 50척으로, 2차 출전 때와 비슷한 규모였던 듯하다.

조선수군의 연합함대는 진주 창신도에 정박하여 밤을 보냈고, 7일에는 강풍으로 항해가 어려운 가운데 고성 땅의 당포에 이르렀다. 날이 저물어 야영 준비를 하며 나무를 하고 물을 긷고 있는데 일본수군을 보았다는 목격 증언이 들어왔다.

"저는 이 섬의 목동인 김천손입니다. 왜적을 피해 산으로 도망쳤는데, 오늘 낮 두 시께에 영등포 앞바다에서 견내량 사이에 왜선이 머무르는 것을 보았습니다. 그 수는 크고 작은 것을 합쳐 70척 남짓이었습니다."

이 정보를 접한 조선수군은 이튿날인 8일 아침 일찍 출발했다. 견내량 근처에 이르렀을 때, 일본의 척후선으로 보이는 대선 한 척과 중선 한 척이 조선 함대를 발견하고는 일본 본대가 있는 포구로 되돌아갔다. 이들을 추격하니 김천손의 제보대로 일본 함대가 숨어 있는 것을 발견하게 되었다. 이는 대선 36척, 중선 24척, 소선 13척으로 이루어진 와키자카 야스하루의 함대였으며, 이제껏 참전했던 일본 함대 중 최대 규모였다. 모두 73척에 달해 조선보다 수에서는 앞섰지만, 대형 선박의 비율은 조선이 더 높았다.

거제와 고성의 경계인 견내량은 수심이 얕고 암초가 많아서 판옥선이나 거북선 등의 대형 선박은 서로 부딪히기 쉬우므로 조선의 수군에게 불리한 상황이었다. 또한 지금까지 일본은 해전을 치를 때마다 불리해지면 육지로 달아났기 때문에 이번에도 자칫 섬멸할 기회를 놓칠 수 있었다. 이에 이순신은 일본수군을 한산도의 바다 한가운데로 유인할 계획을 세웠다. 왜냐하면 한산도는 사방이 바다여서 헤엄쳐 돌아갈 곳도 없거니와, 설혹 땅에 오르더라도 섬에 고립되어 굶어 죽을 것이므로 일본군을 섬멸하기에 더없이 좋은 장소였기 때문이다.

먼저 판옥선 대여섯 척이 들어가서 일본 함대의 선봉과 맞붙다가 거짓으로 패하는 척하며 달아났다. 도요토미 히데요시에게 명령을 받은 일본수군은 이것을 큰 기회라 여기고 추격에 나섰다. 이순신의 작전대로 일본의 전 함대는 한산도 앞의 넓은 바다로 유인되었다. 이때 이순신은 모든 장수로 하여금 일시에 뱃머리를 돌려 학익진을 형성하게 한 뒤, 일본 함대를 향해 돌격하라고 명령을 내렸다.

학익진은 말 그대로 학이 날개를 펴듯이 진을 치는 것으로 임진왜란 이전부터 사용되었는데, 기록상의 학익진은 모두 육전에서의 진법을 일컬었다. 해전에서 사용한 것은 이순신이 처음이었다. 학익진을 펼칠 당시 대형 선박 자체는 조선이 더 많았지만 전체적인 군선 수는 일본이 앞섰다. 더구나 조선의 협선은 실제 전투에 투입하기에는 무리이므로 사실상 전선 수에서 배제되었다. 이 같은 상황에서 '소수로 다수를 포위한다'는 작전을 짜고 육지의 전법을 해상에서 처음 도입한 것이다. 이는 철저한 연구를 통해 얻은 자신감이 아니라면 어림도 없는 일이었다. 학익진이 성공할 수 있었던 이유 중 하나는 해전 방식의 변화였다. 이전까지의 해전은 주로 상대방의 배에 뛰어올라 육박전으로 싸우는 접현전이었지만, 이순신과 조선수군은 함포 위주의 해전을 전개했기에 소수로 다수를 포위하는 새로운 전쟁 방식을 개척할 수 있었던 것이다.

와키자카 야스하루와 일본수군은 기존의 상식을 깬 공격에 걸려들었다. 학익진을 펼친 조선수군은 모든 군선에서 지·현·승자총통을 발사하며 일본 군선 두세 척을 먼저 격파했다. 이에 놀란 일본은 후퇴하려 했으나, 조선이 승세를 타고 일시에 포위해 공격하자 도주하지도 못한 채 참패해버렸다. 이리하여 조선수군은 해전에서 지금까지와는 다른 진정한 의미의 대승을 거두게 되었으니, 이것이 바로 한산도대첩이다.

조선은 한산도대첩에서 일본 대선 35척, 중선 17척, 소선 7척 등 59척을 격파했다. 도망치는 것마저 여의치 않았던 일본수군 가운데 400여 명은 한산도에 내려 배를 버리고 흩어졌고, 73척의 일본 군선 가운데 후방에 있던 대선 1척, 중선 7척, 소선 6척만이 겨우 달아날 수 있었다. 이순신은 적선 격침과 사살에 주력했기에 적군 수급은 90여 급에 불과했지만, 실제로 전사한 일본군은 3천~4천 명으로 추정된다. 한산도대첩에서 격침된 일본 군선의 승선 인원은 약 4천 명 내외로 추정되는데, 배마다 승선 인원이 일정하지 않았다는 점을 감안한다면 최소 3천 명, 많게는 4천 명으로 추산이 가능하다.

한산도에서 대승을 거둔 조선수군은 가덕도로 향하려던 중 안골포에 적선 40여 척이 있다는 보고를 받았다. 날도 어둡고 역풍도 강하기에 일단 거제 온천도에서 정박했다가 7월 10일에 안골포에 도달했다. 안골포에는 구키 요시타카와 가토 요시아키가 지휘하는 일본 대선 21척, 중선 15척, 소선 6척 등 42척이 정박 중이었다. 그중 3층짜리 대선 1척과 각각 1층, 2층으로 된 대선 2척이 포구 바깥으로 향하고 있었으며, 나머지 배들은 줄지어 정박한 상태였다.

안골포 역시 견내량처럼 좁고 수심이 얕아 판옥선이나 거북선이 활동하기는 불편했다. 따라서 조선군은 다시 한번 일본을 바다 가운데로 유인하려 했으나 이미 한산도에서 와키자카 야스하루가 같은 전법으로 처참하게 당한 터였기에, 일본은 이에 응하지 않고 상황이 불리해지면 육지로 달아날 태세로 버티고 있었다. 넓은 바다로 나가면 조선군에 포위당해 궤멸될 것이 자명하여 움직이지 않는 것이었지만 연안에 머무르는 것도 안전하지만은 않았다. 이순신은 일본이 배를 움직일 기미조차 보이지 않자 판옥선 몇 척을 교대로 포구에 출입시키면서 각종 총통을 발사하고 장편전과 불화살로 공격을 해댔다. 그런 방식으로 정박 중이었던 일본 군선을 분멸했고 일본군 다수를 사살했다. 여기에 이억기의 전라우수영 함대도 함께 공격하여 3층짜리 대선과 2층짜리 대선을 거의 격멸시켰다. 일본의 수군들은 소선으로 옮겨 타는 등 살아날 구멍을 찾았으나, 이어진 전투로 일본 군선 대부분이 파괴되었기에 일본의 패잔병들은 뭍으로 달음박질칠 수밖에 없었다. 조선군은 인근에 숨어 있는 백성들의 피해를 우려하여 공격을 중단하고 안골포 근처에서 밤을 보냈다. 구키와 가토 등은 남은 군선을 수습하고 밤을 틈타 부산으로 탈출했다.

이튿날인 11일 새벽, 다시 안골포를 수색했으나 전날의 전투가 남긴 흔적만 확인할 수 있었을 뿐, 다른 적선은 찾을 수 없었다. 그러나 조선 수군은 가덕도 바깥 바다에서 동래와 몰운대(부산 사하구. 16세기까지는 섬이었으나, 이후 흙과 모래가 쌓여 육지와 연결되었다)까지 함대를 배치하고, 천

성보에서 잠시 머무르며 장기간 주둔할 듯이 위용을 과시해 적이 함부로 범접할 수 없도록 했다. 그러고는 탐망군을 보내 주변 곳곳을 살피게 했는데, 그중 금단곶으로 갔던 탐망군이 이렇게 보고했다.

"탐망을 가던 길에, 산속 작은 암자에 늙은 스님이 홀로 있어서 함께 나섰습니다. 산 위에 올라서서 김해와 양산 방향을 바라보니 두 곳에 모두 왜선이 머무르고 있었는데 모두 합해 100척이 넘는 듯했습니다. 스님의 말에 따르면 요사이 날마다 왜선이 떼지어 드나들었는데, 50여 척씩 드나들 때도 있었다고 합니다. 그러나 어제 안골포에서 왜적과 싸울 때에 우리가 포 쏘는 소리를 듣고서는 지난밤에 모두 도망치고 지금은 100여 척만 남은 것이라고 하였습니다."

포 소리만 듣고도 무서워 컴컴한 밤에 도망칠 정도로 조선수군의 위세가 올라갔음을 보여준 보고였다. 조선수군은 다시 한산도로 회항하여 다음 날인 12일에 도착했다. 한산도대첩 때 한산도로 도망쳤던 일본군들은 며칠 내내 굶었기 때문에 멀쩡히 걷지도 못하는 데다 지쳐서 졸고 있었다. 거제도의 백성과 군사 들은 일본군 세 명의 수급을 베었고, 다른 패잔병들도 나갈 곳 없는 섬에 갇혀 있는 상태라 봉쇄만 해둔다면 얼마 지나지 않아 모두 굶어 죽을 것이 확실했다. 이순신은 원균에게 '휘하의 수군을 이끌고 한산도를 포위해 남김없이 잡아 죽이고 결과를 통고하겠다'는 약속을 다짐받고는 본영(전라좌수영)으로 귀환했다.

그러나 일본의 군선이 많이 올 것이라고 잘못 이해한 원균이 포위를 풀어버리는 바람에, 한산도의 일본 패잔병들은 뗏목을 만들어 탈출할 수 있는 기회를 얻었다. 일본수군의 총사령관이었던 와키자카 야스하루 역시 한산도에 고립되었던 패잔병 중 하나로, 수일간 미역으로 연명하다 겨우 달아났다. 와키자카의 부관이었던 마나베 사마노조는 한산도까지는 도망했으나 결국 할복자살했으며, 해적이었던 그의 부장 와키자카 사베에와 아타나베 시치에몬은 전투 중에 전사했다.

다 잡은 물고기나 다름없던 와키자카 야스하루가 달아나긴 했지만, 한산도대첩과 안골포해전을 승리로 마무리한 3차 출전의 전과는 매우 컸다. 전라좌수영에선 90여 급의 수급을, 경상우수영과 전라우수영에서는 합쳐서 250급의 수급을 거두었다. 학익진을 펼치고 끝까지 적을 섬멸하여 한산도대첩을 절대 승리로 이끈 이순신은 '공훈을 바라는 마음에서 수급하다가 서로 경쟁하게 되면 오히려 해를 입을 수가 있다. 그러므로 이미 왜적을 죽인 것이라면 굳이 수급하지 않아도 온 힘을 다해 싸운 으뜸 공로자로 치하하겠다'라고 말하며 한 척이라도 더 격파하고 한 명이라도 더 사살하는 데 주력하였지만, 원균이 이끈 경상우수영은 여러 장수가 작은 배를 타고 관망하다가 적선 30여 척이 산산조각이 난 뒤에야 달려들어 머리를 베었다. 전라좌수영의 수급 수가 적은 것은 이러한 태도 차이에서 기인한 것이었다.

일본의 메이지시대 해군 중령이자 조총 전문가였던 아리마 세이호는 '한산도대첩은 그저 일개 함대를 격파한 것뿐으로, 전체 전황에 미친 영향은 미미했으며 오히려 훗날 칠천량해전에서 일본이 승리할 수 있도록 밑바탕이 되어주었다'고 주장한 바 있으나, 이는 압도적 승리를 이룬 조선수군과 이순신에 대한 일본 측의 변명에 불과하다. 한산도대첩과 안골포해전은 일본의 수륙병진 계획을 완전히 좌절시켰으며, 그로 인해 일본은 해전 금지령을 실시했을 정도였다. 이로써 조선은 제해권을 확실히 장악하게 되었으며, 조선 내륙으로 침범했던 일본군은 보급난에 시달리게 되었다. 한산도대첩은 접현전에서 함포전으로 해전의 양상을 바꾼 것, 해상에서의 학익진 전법을 사용한 것만으로도 충분히 전쟁사적 의의가 깊다. 그러나 가장 중요한 사실은 이후 임진왜란의 향방을 바꾸었다는 것이다. 임진왜란에 참전했다가 패전한 조상을 둔 아리마 세이호가 무어라 주장하든 이 의미는 결코 변색되지 않는다.

4차 출전: 부산포해전

일본은 한산도와 안골포에서의 패배 후 해전에서는 승산이 없다고 판단했다. 도요토미 히데요시는 해전 금지령을 내려 일본수군과 조선수군의 직접적인 전투를 회피하는 대신, 해안가에 축성하는 방향으로 노선을 바꾸었다.

조선은 해전을 수행하는 한편 무기 증강에도 힘을 기울이기 시작했다. 한산도대첩과 안골포해전에서 승전한 다음 달인 8월에는 전라좌도와 전라우도의 판옥선이 74척으로 증강되었다. 초기의 판옥선이 52척이었음을 생각해본다면 거의 절반 가까이 늘어난 규모였다.

8월 8일, 이순신은 김수의 선전관이 가져온 공문을 받았다. 공문에는 '왜군이 김해와 양산 방면으로 내려왔는데, 아무래도 도주할 것으로 보인다'는 정보가 담겨 있었다. 이순신은 이억기에게 소식을 알리고 출전을 준비했다. 3차 출전까지는 일본수군의 서진을 방어하는 데 목적을 두었다면, 4차 출전에서는 적진 부산포로 진격하며 조선수군의 이름만 들어도 벌벌 떨게 만드는 무위를 과시했다.

부산은 임진왜란 개전 후 일본 상륙부대의 거점이었다. 일본의 추가 부대는 부산과 인근 지역으로 상륙했고, 또 일본군 보급 부대 또한 남해안을 거쳐 서해로 진입하려 했기 때문에 부산이나 인근 지역으로 상륙했으며, 전세가 불리해진 일본군은 부산으로 남하해 집결했다. 즉 부산은 조선 내 일본의 주요 기지나 다름없었다. 하지만 이순신과 조선수군의 연이은 승전으로 조선은 남해안의 제해권을 장악하게 되었고, 이를 바탕으로 일본의 조선 침공 거점인 부산포로 진격하게 된 것이었다.

8월 24일 전라좌수영과 우수영의 함대는 전라도를 떠나 경상도의 사천에 도착했다. 이튿날인 25일에는 원균과 합류해 당포께에서 전략을 구상했다. 26일에는 풍랑이 일어 쉽게 움직이지 못했지만 견내량을 거쳐 거제 앞바다까지 닿았고, 27일에는 웅천에 이르렀다. 28일에는 경상도의 육군이 이같이 보고했다.

"고성, 진해 등지에 머무르던 왜적들이 사나흘 전날 한밤중에 모두 도망쳤습니다."

보고를 듣고 다시 서진하는데, 창원에서 탈출한 조선인 포로가 또 이렇게 증언했다.

"김해의 강가에 머물렀던 적선이 요사이 수일간 떼를 지어 몰운대 바깥 바다로 도망갔는데, 워낙 많은 수가 정신없이 도망하기에 소인도 밤에 몰래 도망칠 수 있었습니다."

조선수군의 3차 출전에 완패한 일본수군은 조선수군이 오고 있다는 소식만으로도 다들 달아나기 바빴던 것이다.

하루가 지난 29일 새벽, 조선수군은 동래 장림포에서 일본군 30명이 배 6척에 나눠 타고 탈출하는 모습을 목격하고 모조리 분멸해버렸다. 전라좌수영의 우후 이몽구는 일본의 대선 1척을 완전히 불태우고 수급 1급을 거둔 다음 강으로 들어가 적을 쫓으려 하였지만, 판옥선이 활동하기엔 강폭이 너무 좁아 포기했다.

9월 초하룻날은 아침부터 풍랑이 거셌으나 조선은 이를 뚫고 진격하여 화준구미(부산 사하구의 화손대로 추정)에서 대선 5척을 분멸했다. 다대포에서는 대선 8척을, 서평포에서 대선 9척을, 절영도 앞바다에서는 대선 2척을 만나 모두 분멸했다. 일본 군사 일부만이 용케 산으로 달아나 목숨을 겨우 건졌다. 그 후 조선수군은 절영도를 다시 수색했지만 일본의 군선은 어디에도 없었다. 이에 적의 동향을 살피고자 부산으로 정탐꾼을 보냈더니, 놀라운 소식을 가지고 돌아왔다.

"선창의 동쪽 산기슭 아래에 왜적의 배들이 줄지어 머무르고 있었는데, 그 수가 대략 5백 척 남짓이었습니다. 또 선봉에 선 왜의 대선 4척이 초량으로 나오고 있었습니다."

조선수군은 곧바로 일본 함대를 공격하러 나섰다. 녹도만호 정운, 이언량, 무의공 이순신, 순천부사 권준, 낙안군수 신호 등이 먼저 돌진하여 초량으로 나오려 했던 선봉 대선 4척을 당파하여 불살랐다. 일본의 수군들은 헤엄쳐 뭍으로 달아났는데, 뒤따르던 조선의 수군들이 이 틈을 이용해 장사진을 펼치며 돌진했다. 당시 부산 동쪽에 주둔 중이었던 일본의 군선은 크고 작은 것을 합쳐 모두 470척이 넘었으나, 조선의 위세에 눌려 바다 밖으로 나올 생각도 못 했다. 조선의 연합함대는 일본의 수군 진영으로 돌진하여 맹공을 가했다. 육지에 있던 일본 군사들은 겁에 질려 산 위로 올라가더니 여기저기로 흩어져 철환과 화살 등을 쏘아대며 반격했다.

일본 측의 반격에도 불구하고 조선수군은 쉼 없이 돌진하며 화포와 화살 등으로 공격해 일본수군 본대에 막대한 피해를 입혔다. 이날의 전투로 일본 전선 1백여 척이 격파당했으며 사상자는 이루 셀 수 없이 많았다. 이순신은 적선 격파가 더 중요하다고 여겨 수급을 거두는 데는 병력을 분산시키지 않았다. 일부 병력을 상륙시켜 공격하는 방법을 고려해보았으나, 실행하기에는 어려움이 있었다. 육지의 일본군은 부산성 안팎에 6~7군데로 나누어 진을 치고 있었기에 함부로 상륙하는 것은 위험 부담이 컸다. 날도 저물어가고 있으니 더 이상 머무르다간 도리어 일본군에게 둘러싸일 가능성도 높았다. 그리고 일본의 군선들을 모조리 분멸할 경우 귀로가 끊긴 육지의 일본군이 조선 땅에서 노략질할 것이 분명했으므로 이순신은 육군과의 합동 작전이 필요하다는 판단 아래 철수했다.

조선은 부산포해전에서 일본 군선 470여 척 가운데 100여 척을 격파하는 압승을 거두었을 뿐만 아니라, 일본 침략군의 조선 점령지와 본국을 잇는 교두보인 부산포에서 '조선은 일본의 보급로와 퇴로를 끊어 고립무원, 진퇴무로의 상태로 만들 수 있다'는 사실을 여실히 드러냈다.

1592년의 여러 해전에서 전승을 거둔 조선수군은 한양에서 평안도로, 평안도에서 또다시 함경도로 옮겨 다녀야만 했던 조정과 조선 백성들에게 큰 희망을 안겨주었다. 이제 제해권은 확실하게 조선의 수중으로 들어왔으며, 이로 인해 일본은 서해를 통한 수륙병진을 완전히 포기하게 되었다. 해전을 포기한 일본 측은 해안가의 고지대에 성을 쌓고 조선수군에 대비하는 형태로만 머무르게 되었다.

떠나간 용장, 녹도만호 정운

살다 보면 얻는 것만큼 잃는 것도 생기게 마련이다. 특히 전장이란 생과 사를 넘나드는 곳이어서 소중하디소중한 목숨이 한순간에 스러지는 일 또한 부지기수이다.

비록 출전하는 내내 전승을 거둔 조선수군이지만, 전쟁이라는 특성상 많은 군사를 잃을 수밖에 없었다. 그중 4차 출전에서는 일본만 막대한 피해를 입었을 뿐 조선의 전사자와 부상자는 많지 않았는데, 대신 조선의 전력상 매우 중요한 사람을 잃게 되었다. 바로 이순신이 아끼던 부관, 녹도만호 정운이었다.

정운은 전라남도 영암 출신으로 본관은 하동이며, 28세 되던 1570년(선조 3) 무과에 급제하였다. 훈련원봉사, 거산찰방, 웅천현감 등을 지냈으나 워낙 성격이 강직하고 정의로운 탓에 상관에게 밉보여 수년간 벼슬자리도 없이 지냈다. 제주도에서 판관으로 재직했을 때에는 제주목사와 불화를 빚어 파직당하기도 했다. 1591년, 녹도만호로 임명된 후 임진왜란 중에 옥포해전, 당포해전, 한산도대첩 등 숱한 해전에서 큰 전과를 올렸다. 그러나 부산포해전에서 위험을 무릅쓰고 돌진하다가 일본군이 쏜 철환이 그의 이마를 관통하여 전사했다.

4차 출전이 끝난 후, 이순신은 정운에 대해 이렇게 장계했다.

> 신이 믿는 자는 오로지 2~3명뿐으로, 그중 으뜸이 정운입니다. 정운은 세 번의 승전에서 언제나 선봉에 나섰으며, 이번 부산포의 해전에서는 죽음을 불사하고 적진으로 몸을 던져 돌격하였습니다. 그는 하루 온종일 전투를 벌일 때에도 온 힘을 다해 공격하여 왜적이 함부로 거동하지 못했는데, 이것 또한 모두 정운의 공입니다.

이순신은 정해왜변(1587년, 선조 20) 때 전사한 이대원의 사당에 정운을 배향해달라고 요청했다. 정운은 이대원과 합향되었으니, 이 사당이 바로 오늘날 전라남도 고흥에 위치한 쌍충사이다. 정운의 죽음으로 공석이 된 녹도만호 자리는 송여종에게 돌아갔는데, 이는 이순신이 장계에서 그의 전공을 드높였기 때문이었다.

정운은 전사 직후에 북병사로 추증되었다가, 이후 병조참의로 한 번 더 추증되었다. 왜란이 평정된 후 공신을 책봉할 때 권준과 무의공 이순신에 이어 일등급 선무공신(임진왜란이 끝난 뒤, 전공에 따라 삼등급으로 나누어 무신들에게 내렸던 훈공) 후보 중 세 번째로 거론되었으나, 선조가 '공신으로 책봉하는 사람이 너무 많다'고 말하는 바람에 그의 이름은 삭제되었다. 임진왜란 당시 실제로 전투에 임했던 무신 가운데 후보로 이름을 올렸던 이는 정운을 포함하여 모두 26명이었으나, 최종적으로 결정된 선무공신은 18명에 불과했다. 반면에 조정 파천 시 선조를 따라다녔던 문신들 중에는 호종공신으로 책봉된 이가 86명이나 되었다. 선조의 '너무 많다'는 발언이 납득되지 않는 결과이다.

이후 정운은 다시 책봉 대상자가 되기도 했지만, 또다시 명단에서 이름이 지워졌고 끝끝내 선무공신으로 책봉되지 못했다. 당시 책봉되었던 이름 가운데에는 원균을 비롯한 무자격자도 적지 않았음을 반추해볼 때, 꽤나 불공평하게 느껴질 법한 책봉 결과였다.

당파전술에 대한 오해

임진왜란의 해전 기록 가운데 자주 등장하는 단어 중 하나가 바로 '당파撞破'이다.

조선수군이 적선을 격파할 때 사용했던 단어로, '조선수군은 당파전술撞破戰術을 사용했다'라고 설명하기도 한다. 이것은 용어 자체도 낯설지만, 설혹 이 단어를 아는 사람이라도 '임진왜란 당시에 견고한 판옥선이나 거북선을 적선에 충돌시켜 격침한 전술'이라고 아는 경우가 많다. 또한 원균 옹호론에서는 원균이 바로 당파전술을 사용했기 때문에 소수의 병력으로 큰 전과를 거둘 수 있었다고 주장한다. 삼나무로 제작한 일본 군선보다 소나무로 제작한 조선 군선이 더 견고하다는 점을 이용하여 전술을 펼쳤다는 것이다. 과감하게 적선에 부딪쳐 적선을 격침하기 위해서는 근거리에서 싸워야만 한다. 당시 일본은 조총 부대로 무장해 근거리 전투에 유리했으므로 조선의 입장에서는 위험 부담이 컸지만, 원균이 용맹하게 돌격했던 덕분에 성공할 수 있었다는 것이다.

당파전술이란 정말로 적선에 충돌하여 격침하는 전술일까? 그리고 이 전술은 정말로 원균만의 독특한 전술이었을까?

이순신의 장계 모음집인 《임진장초》에는 '당파를 하였습니다'라는 말이 수도 없이 나온다. 이순신도 판옥선이나 거북선으로 적선에 충돌했다는 의미일까? 그렇다면 김주가 '적선을 당파하는 데는 대장군전보다 나은 것이 없다'라고 장계에 언급한 것은 어떻게 해석해야 할까?(《명종실록》 명종 10년(1555) 7월 22일) 대장군전은 천자총통으로 쐈던 길이가 6자(180센티미터 남짓)나 되는 긴 화살이고, 천자총통은 화약으로 불화살을 발사하는 대포이다. 화살이 적선으로 돌진해 격침한다는 것은 말이 되지 않는다. 상황 이해를 위해 이 말이 나오게 된 배경을 먼저 살펴보자.

명종 대의 전라감사였던 김주는 왜구로 인해 큰 화를 입고 있으므로 총통을 주조할 놋쇠를 마련하기 위해 절의 종을 거두려 했다는 장계를 올렸다. 여기서 그가 만들려 했던 총통이 바로 대장군전이었는데, 바로 위에서 언급했듯이 왜선을 깨부수는 데 으뜸이었기 때문에 주조하려고 했던 것이다. 장계 중 이 부분의 원문은 다음과 같다.

적선을 '당파'하는 도구('撞破'賊船之具)

'당파'를 위해 가장 좋은 도구는 튼튼한 군선이 아니라 다름 아닌 대장군전이라고 말한 것이다. 즉 '배의 충돌'로 '당파'한 것이 아니라, '화포 사격'으로 '당파'했다는 의미였다.

또한 당파는 배를 격침시키는 것만을 의미하지는 않았다. 《선조실록》에 실린 울산성전투 보고 장면에서 또다시 '당파'라는 단어가 등장하는데, 이때의 당파 대상은 바로 성이었다.

> 우리 군사와 명나라 군사가 왜적의 내성을 함께 공격했습니다. 그러나 성이 어찌나 굳고 단단하던지 대포를 쏘아도 '격파'할 수 없었습니다.
>
> –《선조실록》 선조 31년(1598) 1월 4일

이 부분 역시 한문으로 쓴 원문에는 '당파撞破'라고 기록되어 있다.

> 대포를 쏘아도 '격파'할 수 없었습니다.(大砲不能'撞破')

'당파'를 국역할 때 '격파'라고 번역한 것이다. 육지전에서 거북선이나 판옥선을 끌고 와 공격할 리 없으니, 여기서의 당파전술은 배를 부딪쳐 적선을 부수는 방식이 될 수 없다.

그뿐만이 아니다. '당파'라는 단어는 전쟁 이외의 상황에서도 사용되었다.

> 양남 지방(영호남)에서는 폭풍이 일어 병선이 파손되었습니다.
>
> –《명종실록》 명종 14년(1559) 8월 5일

이 기사의 '병선이 파손되었습니다'라는 부분 역시 원문에는 '당파'라고 기록되어 있다.

병선이 '파손'되었습니다.('撞破'兵船)

폭풍으로 병선이 파손된 상황에도 '당파撞破'라는 단어가 사용된 것이다. 위의 기록들을 보면 '당파'란 '어떠한 물체를 물리적으로 파손시키거나 깨부수는 것, 혹은 물체가 부서지는 것 자체'를 의미했다는 사실을 알 수 있다. 그러나 '당파'라는 단어는 현대에는 잘 쓰이지 않는 단어이다. 그러므로 국역 과정에서 부득의하게 현대인들에게 익숙한 '격파하다' '깨뜨리다' 등의 단어로 옮긴 것이다.

임진왜란 기록의 '당파' 역시 그런 의미로 볼 수 있다. 더군다나 접근전에는 판옥선에 비해 왜선이 유리했기 때문에 굳이 조선의 군선이 적선에 가까이 다가가 충돌할 이유가 없었다. 물론 거북선이나 판옥선으로 직접 들이받으며 당파하는 것이 불가능하지는 않았다. 그러나 지속적인 충돌은 공격을 가하는 배에도 부담이 되며, 사방이 막힌 거북선이라면 모를까 판옥선의 경우에는 백병전의 위험도 있기 때문에 들이받아 격파하는 방식을 주전술로 삼는 것은 지극히 비효율적이다. 특히 조선 수군은 오랜 기간 전쟁을 준비해온 일본에 비해 수적으로 불리했으며, 그중에서도 경상우수영에서는 겨우 몇 척의 판옥선만을 보유하고 있었다. 이런 상황에서 배를 충돌시키는 전법을 구사한다는 것은 사실상 불가능하다. 자칫 포위라도 당한다면 여지없이 무너질 수밖에 없기 때문이다. 따라서 '당파전술은 원균만의 독특한 전투 방식'이라는 주장은 수긍하기 어려운 이야기이다.

도구가 무엇이든 그저 깨고 부수면 '당파'였다. 당시에는 적선을 접수한 후 깨뜨리거나 불사르는 것이 상례였으므로, 당파는 일종의 당연한 처리 과정이었다. 따라서 당파전술이라는 용어도 성립할 수 없다. '배에 의한 충돌 공격'은 '충각전술'이라고 표현하는 것이 옳다. 덧붙여 말하자면 충각전술은 조선수군의 주요 전술도 아니었다.

| 제5장 |

삼도수군통제사

변화하는 전황

조선은 전쟁 발발 후 계속된 패전으로 왕이 한양을 버리고 피난까지 가는 지경에 이르렀으나, 이순신이 이끄는 수군이 제해권을 장악하면서 전황도 변화하기 시작했다. 일본은 본래 조선의 남해와 서해를 거쳐 내륙으로 북진한 일본의 육군에게 물자를 보급할 계획이었다. 대규모 물자를 수송하기에는 물길을 이용하는 편이 수월했기 때문이었다. 그러나 그 계획은 완벽하게 틀어졌다. 이순신과 조선수군이 연전연승을 거두면서 일본은 서해안은커녕 남해안의 전라도 지역에조차 진입할 도리가 없었다.

궁여지책으로 육지에서 보급하려 해도 이마저 여의치 않았다. 벼슬에서 물러나 낙향했던 사대부들이 나라의 위기를 마주하고는 분연히 일어나 의병장으로 활동하기 시작했던 것이다. 이들은 해당 지역의 지리에 익숙할 뿐더러 자신의 지역에서 명망 높은 사대부였기 때문에, 외부에서 쳐들어온 일본군을 대응하기에 유리했다. 곽재우, 김면, 김덕령, 정인홍 등의 의병장들은 영남과 호남에서 고향 사람들을 이끌며 일본의 보급로를 크게 위협했다. 살생을 금하는 불가에서도 휴정, 유정 등의 고승들이 나라를 지키기 위해 사찰에서 뛰쳐나와 승병을 일으켰다. 조헌, 영규 등의 의승병은 청주성을 탈환한 후 2차 금산 전투에서 전사했으나 일본군의 전라도 곡창지대 진입을 저지하는 데 크게 기여했다.

이처럼 조선 곳곳에서 불길같이 일어난 백성들의 활약은 일본에 더욱더 큰 군사적 부담을 안겨주었다. 이순신과 조선수군이 굳건히 지키고 있는 바닷길은 아예 엄두도 못 냈으므로 모든 군수물자는 육지에서 옮겨야 했으나, 의병으로 인해 육로로 나를 때에도 대규모 호위 병력을 붙여야만 하는 상황이었다. 호위병의 수가 얼마나 많았던지 가까스로 목적했던 보급지에 도착했을 때는 이미 운반한 식량을 다 먹어 치운 터라 되려 돌아갈 때까지의 식량을 다시 요청할 정도였다고 한다. 육로도 해로도 전쟁 초반과는 달리 위험천만한 죽음의 길이 된 것이었다.

조선의 관군 역시 전열을 재정비하고 반격하여 경주성 탈환에 성공했다. 전라도로 진격하던 일본군도 저지당했다. 1592년 10월 4일, 일본군은 전라도 진입의 교두보인 진주성을 공격하기 시작했다. 진주목사 김시민은 결사 항전을 각오하고 4천 명도 안 되는 군사로 2만이 넘는 일본군을 격멸했다. 하지만 정작 김시민은 머리에 총알을 맞아 숨을 거두었다. 김시민은 이때의 공을 인정받아 선무이등공신으로 봉해졌으며 이순신처럼 '충무공'이란 시호를 내려 받았다. 그리고 이날의 '진주대첩'은 '한산도대첩' '행주대첩'과 함께 '임진왜란 3대 대첩'으로 기록되었다.

세자로 책봉된 광해군은 분조를 이끌었으며, 그의 이복형제인 임해군과 순화군도 군사를 모집하기 위해 최북단인 함경도로 떠났다. 하지만 분조를 잘 이끌었다고 평가받는 광해군과 달리 함경도로 간 두 왕자는 민심을 수습하기는커녕 행패를 부리는 바람에 민심을 더 잃었다. 결국 회령에서 유배 중이었던 국경인이 반란을 일으켜 두 왕자를 사로잡고 가토 기요마사에게 넘기는 사건이 발생했다. 하지만 정문부 등이 의병을 조직해 국경인과 일당을 모조리 잡아 참수하고, 북관대첩에서 대승을 거둬 함경도의 일본군을 모두 몰아냈다.

명나라의 원군도 조선 땅에 도착했다. 그러나 명나라의 장수 조승훈은 평양성 탈환에 실패했고 그 이후로는 소극적인 자세를 취했다. 그해 12월 이여송이 이끄는 명나라 군대가 압록강을 건너와서 조명 연합군을 결성했으며, 이듬해인 계사년(1593) 1월 27일에는 드디어 평양성 탈환에 성공했다.

전황은 개전 직후와 점점 달라져갔다. 일본군은 목숨을 내건 의승병의 공격과 조명 연합군의 반격에 기세가 한풀 꺾인 데다, 보급난으로 인해 어려움을 겪었다. 설상가상으로 계절마저 겨울로 바뀌니 일본군은 별 수 없이 남하를 선택하게 되었다.

이순신의 5차 출전: 웅포해전

함경도까지 점령했던 일본군이 남하하자, 조정에서는 '명나라의 군대가 평양을 되찾은 뒤, 바다로 도망치는 왜적을 막아 요격하라'는 명을 내렸다. 그러나 이여송이 이끄는 명나라 군대는 벽제관(오늘날의 경기도 고양시)에서 패배한 이후 제대로 된 공세를 펼치지 않고 있었다.

참으로 다행인 점은 조선의 바다에는 이순신이 있었다는 사실이다. 이순신은 부산포해전에서 완벽한 승리를 거둔 뒤에도 잠시도 느슨해지지 않고 수군 전열을 재정비했다. 또한 육지에서 닥쳐올 공격에도 대비해 의병과 승병을 중심으로 한 복병을 배치시키는 등 만약의 상황을 대비하여 한순간도 긴장을 놓지 않고 있었다. 조정에서 바다로 도망치는 일본군을 공격하라는 명이 떨어지자 의병장 성응지와 승장 삼혜, 의능 등에게 전선을 나눠주고 참전하도록 했다.

1593년 2월 7일 이순신과 전라좌수영의 함대는 조정의 명령에 따라 5번째 출전을 하여 원균의 경상우수영과 합류했다. 그러나 전라우수영의 도착이 늦어지자 이튿날 아침에 원균이 혼자 먼저 출전하겠다고 주장했다. 이순신은 오늘 안으로는 도착할 것이라며 원균을 만류했고 다행히 정오 무렵 이억기의 전라우수영도 도착하여 연합함대가 결성되었다. 오후 4시쯤에 출발하여 초저녁에 칠천도에 이르렀으나, 9일에는 하루 종일 큰비가 내려 그곳에서 계속 머물렀다. 2월 10일 오전 6시쯤 배를 띄워 웅천 웅포에 이르자 줄지어 있는 적선이 보였다. 조선은 두 번이나 유인을 시도했지만 이미 조선수군을 크게 두려워하는 터라 유인 작전은 실패하고 말았다. 밤 10시쯤 영등포 뒤의 소진포에 이르러 배를 정박하고 밤을 지냈다. 12일에 또다시 웅천 웅포로 가서 공격을 시도했지만 일본은 여전히 큰 바다로 나오지 않고 육지에서 버텨 섬멸할 수가 없었다.

이날 육지의 조선군은 큰 승리를 거두었다. 바로 행주대첩의 승전일이었던 것이다. 전라순찰사 권율은 한양을 수복하기 위하여 군사 1만 명을 이끌고 행주산성에 머무르고 있었다. 그때 벽제관에서 이여송이 이끄는 명군을 격파하여 한층 사기가 오른 일본군이 공격을 해왔다. 3만이나 되는 일본군은 12일 새벽부터 9차례에 걸쳐 공격했지만 조선은 끝까지 성을 지켜냈다. 행주대첩은 벽제관전투의 승리로 다시 살아난 일본군의 사기를 꺾었고, 이후 일본군이 한양을 버리고 남하하는 데 큰 영향을 미쳤다. 이 승리를 이끈 권율은 공로를 인정받아 오늘날의 합참의장에 해당하는 도원수로 임명되었고, 종전 후에는 선무일등공신으로 봉해졌다.

그러나 바다에서는 전투라고 부르기도 어려운 대치 상황만 지속되었다. 도요토미 히데요시가 수군 교전 금지령을 내린 데다, 일본수군은 이미 조선수군에게 본능에 가까운 두려움을 품고 있었기 때문이다. 상황이 이쯤에 이르자 조선의 장수들도 꽤나 지루했던 듯하다. 2월 14일의 작전 회의에서는 일부 장수가 술을 마시고 주정까지 부렸다. 아무리 전투가 없는 나날이 이어졌다 해도 작전 기간에 술주정을 부릴 만큼 음주를 즐기는 것은 지나친 일이었다.

우후가 술주정으로 망령된 말을 했다. 기막힌 꼴을 어찌 모두 말할 것인가. 어란포만호 정담수와 남도포만호 강응표도 마찬가지였다. 큰 적을 무찌르는 일로 논의하는 자리에 이렇게까지 술을 함부로 마시니, 그들의 사람됨에 분함을 이길 수 없었다. —《난중일기》 계사년(1593) 2월 14일

이처럼 전투 없는 상황은 계속되었고, 다만 '명나라 군대가 한양의 적을 칠 것이다'라는 공문만이 내려왔다. 그리고 17일에는 드디어 선전관 이춘영이 도착해 '급히 적들이 돌아갈 길목으로 나가서 물길을 끊고 도망치는 적을 몰살하라'는 선조의 유지를 전달했다.

이튿날인 2월 18일, 조선수군은 웅포의 일본군에게 세 번째 공격을 시도했다. 사도첨사 김완을 복병장으로 임명하여 여도만호 · 녹도임시장수 · 흥양대리장수 · 좌우별도장 · 좌우돌격장 · 광양 2호선 · 방답 2호선 등을 거느리고 송도에 매복하게끔 한 다음, 모든 배들에게 일본수군을 유인하도록 명령했다. 그 며칠 새 겁을 잃어버린 것인지 일본의 군선 10여 척이 뒤를 따라 나왔다. 경상도 복병선 5척이 재빨리 먼저 나가 적을 쫓았고 곧 다른 복병선도 뛰어 들어가 협공했다. 돌격장 이언량은 전선을 이끌고 적선 3척을 좇아 그 배에 타고 있던 일본수군 100여 명을 거의 다 사살하는 등의 전과를 올렸다. 그러나 일본군이 깊숙한 곳으로 도망가는 바람에 끝까지 쫓지는 못했다. 조선수군은 날이 저물기 전에 원포로 가서 물을 길은 다음 어두운 틈을 이용해 영등포 뒤쪽 바다로 돌아왔다. 실로 오랜만에 제대로 치른 전투였다.

이순신은 일본이 해전을 계속 기피하는 이상 수군만으로는 한계가

있다는 사실을 인식하고 수륙병진할 것을 주장했다. 이를 위하여 경상우도순찰사 김성일에게 육군 지원을 요청했지만, 김성일은 다음과 같은 답변을 보냈다.

> 명나라 군사의 대접은 번거로운 일이다. 또한 유방군(조선시대에 지방 요충지마다 항상 배치했던 군사)도 없으므로 첨지인 곽재우에게 먼저 창원을 무찌르라고 한 다음 웅천으로 진격하라.

그러나 곽재우 휘하의 병력만으로는 창원의 일본군을 무찌르고 웅천까지 진격하기가 사실상 무리였기 때문에 실행으로 옮기지는 못했다.

2월 20일, 전투를 재개했지만 강풍으로 배를 제어하기가 어려워 중도에 중지시켰다. 큰 피해는 없었으나 흥양의 1척, 방답의 1척, 순천의 1척, 본영의 1척이 서로 들이받아 파손되는 사고가 발생했다. 21일에는 강풍에 비까지 내렸고, 22일에도 아침부터 동풍이 크게 불었다. 그러나 적을 치는 일이 급하므로 일단 출항하여 사화랑에서 대기했다가 바람이 잦아들자 일본군이 숨어 있는 웅포로 향했다. 육군의 지원이 여의치 않았으므로 이순신은 소규모 상륙 작전을 통한 적군 교란을 시도했다. 우선 승병 삼혜와 의능 및 의병장 성응지를 제포로 보내고, 변변치 못한 배를 동쪽으로 보냈다. 계획은 적중했다. 이를 본 웅포의 일본군은 곧 조선수군이 상륙해서 수륙으로 협공할 것이라고 생각하고 두려움에 빠졌다. 의승병들은 용맹하게 돌격하여 무수한 적을 쓰러뜨렸다. 조선의 군선까지 합세하자 일본수군은 분산되어 거의 섬멸될 위기에 처했다. 그러나 발포 2호선과 가리포 2호선이 제멋대로 돌입하다가 얕은 곳에 걸려서 일본군에게 습격을 당했다. 좌초한 상태에서 공격이 들어오자 철환을 피하려다가 한쪽으로 몰려 그만 배가 뒤집어졌고, 배에 승선했던 사람들은 헤엄쳐서 뭍으로 올라갔고 일부는 자기 집으로 도망갔다. 얼마 뒤에 또 진도 지휘선이 적에게 포위되는 바람에 이들을 구해낸 다음 소진포로 돌아왔다. 한동안은 별다른 전투가 없다가 28일 새벽에 다시 출항했는데, 일본은 며칠 전 패배의 악몽 때문인지 감히 대응할 엄두조차 내지 못했다.

달이 바뀌고 3월이 되었다. 이달 6일, 이순신은 수군을 이끌고 또다시 웅천으로 향했다. 겁에 질린 일본군은 육지로 도망쳐서 산 중턱에 진지를 구축했으나 퍼붓듯이 화포와 화살을 쏘아대는 조선군의 맹공격을 견디지 못하고 수많은 사상자를 배출했다. 이날 조선수군은 포로로 잡혀 갔던 사천 여인 한 명을 구출해내고는 칠천량으로 돌아왔다. 10일에는 일본 군선을 화공하려는 계획을 세웠다. 그러나 명군의 진격이 순조롭지 않아 계획을 취소할 수밖에 없었다. 지켜줄 수 있는 육군이 없는 상황에서 일본 군선을 박멸한다면 배를 잃은 일본군이 백성들을 괴롭힐 수 있기 때문이었다.

일본군을 섬멸하고 싶은 마음이야 그 누구보다 간절한 이순신이었지만 일본이 육지에서 머무르며 해전을 기피하고 있으므로 제대로 싸울 수도 없었다. 하다못해 일본군이 웅거하고 있는 육지에서라도 밀어내면 좋겠으나, 조선의 함대가 출전한 후 두 달이 되도록 명군은 내려올 기미를 안 보이니 이래저래 싸우기가 어려운 형편이었다. 지휘권은 상국인 명나라에 있었기에 명군이 없는 상태에서는 사실상 수륙병진도 불가능했다. 또한 장기간의 해상 출전으로 인해 전염병이 돌았고, 젊은 장정들이 거의 모두 출전하는 바람에 농사일할 사람이 없는 형편이었다. 따라서 '번차례로 돌아가 농사를 짓고 병든 군졸을 치료하는 동시에 군량을 준비하고 병기와 전선을 정비하면서, 명나라 군사의 소식을 자세히 살펴 듣고 기회를 타서 출전하여 섬멸한다'는 계획으로 조선수군 연합함대는 4월 3일에 귀항했다.

웅포해전에서 조선수군이 전과를 거두기는 했지만, 이전의 해전들과 비교해볼 때 큰 승리는 아니었다. 이것은 조선군의 문제라기보다는 일본군이 해전을 기피한 데서 비롯된 문제였다. 일본수군이 육지에서 버티는 요새 함대 전술을 유지하는 한 조선수군의 활동만으로는 한계가 있었다. 판옥선이나 거북선과 같은 선박은 얕은 바다로 진입하기도 어려웠기에 수륙 협공이 필수적이었으나, 이 또한 제대로 이루어지지 않았다. 전쟁 자체도 어느 정도 소강기에 접어들었기에 임진년처럼 큰 전과를 거둘 만한 해전이 벌어지지 않게 된 것도 또 하나의 이유였다.

웅포해전은 이순신의 패전인가?

몇 해 전 출간된 책 《조일전쟁》에서 저자는 '인간 이순신의 실체를 밝힌다'며 이순신에게도 패전의 경험이 있다고 주장했는데, 그가 언급한 첫 번째 패전은 다름 아닌 웅포해전이었다. 《조일전쟁》에서 주장하는 웅포해전의 패전 양상은 다음과 같이 정리할 수 있다.

1. 일본군이 부산 일대로 퇴각하니 조정은 이순신에게 해로를 차단하라고 명령을 내렸다
2. 이순신은 조정의 명에 따라 이억기, 원균과 합류하여 웅포로 진격했다
3. 일본군은 포구 입구에 말뚝을 촘촘히 박아 접근을 막고 포구 양쪽 산등성이에 조총 부대와 포대를 배치하여 조선수군이 접근해오면 공격을 가했다
4. 유인책을 써도 일본이 넘어오지 않자, 이순신은 일부 병력을 상륙시키고 일부 전함을 포구로 들여보냈다
5. 썰물이 되어 철수하던 차에 조선 군함끼리 충돌, 군함 2척과 수병 300명을 잃는 참사가 발생했다
6. 이순신은 즉시 퇴각을 명령. 많은 군함이 빠져나가야 하므로 이순신의 기함이 맨 마지막으로 나갔다
7. 조선수군의 철수 모습을 본 일본 군함이 추격을 시작. 썰물로 인해 조선 기함의 밑바닥이 갯벌에 걸렸다
8. 일본의 쾌속선이 조선 기함으로 접근하는 위기 상황 발생. 안골포만호 우수가 구원에 나서고 이순신은 먼저 업혀서 우수의 배로 이동했다
9. 조선의 다른 군함들이 기함을 견인하는 사이에 우수의 배에서는 일본 군함을 사격했다
10. 조선의 기함을 견인하는 양쪽 배의 격군들이 애쓴 끝에 대장선에서 바닥을 긁는 무거운 소리가 나며 배가 물 위로 떠올라 포구를 빠져나

왔다

11. 그날 밤 나주판관 어운급의 배에서 부주의로 인한 화재가 발생. 군함이 불타면서 화약이 폭발하여 수군 여럿이 사망했다

1~4까지의 상황은 웅포해전 상황과 일치한다. 그러나 5번부터는 고개가 갸우뚱해지는 항목들이 열거되어 있다.

우선 5번을 보자. 조선의 배들끼리 충돌하여 '군함 2척과 수병 300명을 잃는 참사'가 벌어졌다고 한다. 조선수군 사이에서 벌어진 충돌 사고는 이순신이 장계로써 조정에 직접 보고한 내용이다. 그러나 장계에는 '배 안에 있던 사람들이 서서히 헤엄쳐서 뭍으로 올라갔으며 개중에는 자기 집으로 도망한 자도 있었다'고 기술되었을 뿐, 대량 참사에 대한 언급은 없었다. 사망과 관련된 내용은 전혀 없었던 것이다. 일부 탈영자에 대해 '사람을 잃었다'고 표현할 수는 있으나, '참사', 즉 비참하게 죽어갔다는 표현은 적합하지 않다. 또한 '300명'이라는 구체적인 숫자 역시 출처가 불분명하다.

6번부터는 원균의 장계를 바탕으로 서술했는데, 문제가 되는 부분은 바로 이 장계를 올린 시기이다. 6번 이하의 상황은 모두 1593년의 웅포해전에 관한 내용이 아니라 이제 막 통제사가 된 원균이 1597년의 부산포 진격에 대해 올린 장계에 나온 내용들이다. 이 내용에 관해서는 이순신의 파직을 다룰 때에 후술하겠지만, 결론만 먼저 말한다면 웅포해전과는 무관하다.

그뿐만 아니라 7번과 8번의 일본 쾌속선 추격은 원균의 장계에마저

없는 내용이다. 적에게 배를 빼앗길 뻔했다는 내용이 나오긴 하지만, 쾌속선이 접근했다는 기록은 없다. 당시 썰물이었음을 감안하면 그 정도는 배를 타지 않고 걸어서도 접근이 가능했을 것이다. 따라서 일본 쾌속선 접근에 대한 이야기는 지나친 추측이다.

9번 역시 '배를 견인했다'는 기록은 있으나 엄호 사격을 했다는 기록은 어디에도 없다. 10번의 '바닥을 긁는 무거운 소리'도 원균의 장계에 없는 부분이다. 만약 《조일전쟁》이 소설이라면 생생한 묘사를 위해 이 정도의 묘사쯤은 창작할 수도 있겠지만, 역사서는 소설과는 다르다. 역사란 있는 그대로의 과거를 관찰자의 시점에 따라 다른 각도에서 바라보는 것이다. 그러므로 이처럼 주관적 창작을 첨가하는 것은 역사서의 성격에 부합하지 않는 태도이다.

11번 어운급 배의 실화에 대해서도 원균의 장계에는 '기계와 군량을 일시에 타게 했다'고 되어 있을 뿐, '배가 불타면서 화약이 폭발하여 수군 여럿이 사망했다'고 되어 있지는 않다. 원균은 이순신을 비판하기 위해 이 장계를 올렸는데, 정말로 배가 불타면서 여러 명이 사망했다면 그 이야기를 빼놓았을 리가 없다. 결국 《조일전쟁》은 웅포해전에 대해 설명하면서 다른 전투에 관한 장계를 인용한 데다, 원전과는 다른 창작까지 가미한 것이다.

그렇다면 웅포해전은 정말로 패전이었을까? 이를 살펴보기 위해 웅포해전 당시의 상황 몇 가지를 다시 한번 상기해보자.

1. 웅포해전은 해안요새에 틀어박혀 있던 일본군과 벌인 전투였다

2. 한 번은 바다로 유인하는 데에 성공했지만 그때 크게 당한 일본군은 다시 바다로 나오지 않았다
3. 어쩔 수 없이 조선수군이 해안으로 접근해야 했다
4. 조선은 일본에 비해 화포의 사정거리가 더 멀었으나, 이 강점은 해안가로 접근하게 되면 별 의미가 없었다
5. 수심이 얕은 곳으로 갈수록 좌초 가능성이 높아졌다
6. 바다에서 육지의 적을 화포나 활로 공격해 죽인 경우에는 사상자 수를 확인하기가 어려웠다
7. 육군에 지원을 요청했으나 성사되지 않았다

상황이 상황인 만큼 조선수군도 해안 가까이 접근하느라 발생한 위험이나 자국 함선끼리의 충돌 때문에 일부 피해를 입을 수밖에 없었다. 그러나 사도첨사 김완 등이 일본군에게 포로로 끌려갔다가 구출해낸 조선인들에게 적의 정황을 물어보니, 일본의 상황은 더욱 열악했다.

> 근일간의 접전에서 크게 다친 왜적이 이루 셀 수 없이 많았습니다. 죽은 자 또한 수없이 많아 차례로 불태웠는데, 그중에는 왜의 두목 장수도 있었습니다. 1월 말께부터는 전염병이 크게 돌아 잇달아 죽었습니다.
>
> –《임진장초》

이와 같이 일본군은 최악의 상황에 빠져 있었다. 단지 조선의 입장에서는 성안에서 죽거나 부상당해 누워 있는 일본군의 모습을 확인할 수

없었던 것뿐이었다. 판옥선의 충돌 사고 역시 이 증언에 고무되어 승기를 타고 앞다투어 달려들다가 일어났던 사고였다. 이순신은 이 점을 매우 우려했으며, 장계에도 '잇달은 승전으로 군사들이 교만해졌으므로, 앞다투어 적진에 돌입하다가 기어코 배를 뒤집어버리는 환난이 벌어졌습니다'라고 보고했다. 화를 부를 정도로 오만해질 수 있었던 조선수군의 압도적인 위세를 보여주는 대목이다.

웅포해전은 2월에 시작되어 4월초까지 이어졌는데, 조선수군이 판옥선 충돌 사고를 낸 후에도 곧 철수하지 않았던 것으로 미루어 치명적인 피해는 아니었던 듯하다. 그 뒤에도 크고 작은 전투가 계속됐지만 일본은 항전할 기운도 없이 두들겨 맞기만 했다. 애시당초 이 전투는 수로를 차단하라는 조정의 명령에 따라 웅포의 위협부터 해소하기 위해 시작된 것이었다. 따라서 육군의 도움 없이 수군만의 힘으로 단독 탈환하는 것은 사실상 불가능했다. 조선수군은 장기간 작전을 수행하면서 웅포의 일본군에게 막대한 피해를 입히는 성과를 거뒀지만, 그들의 피해 상황을 직접 확인할 수 없으므로 전과를 알기도 어려웠다. 의승병들이 해병대와 같은 역할을 해주었으나 일본군을 섬멸할 만한 병력은 되지 않았다. 더구나 작전 기간도 길어지고 농번기도 다가오므로 일단 철수하기로 결정한 것이다.

웅포해전 때에는 와키자카가 웅포 일대에 주둔했으나, 《선조실록》을 보면 같은 해 하반기 이후에는 그 일대에 고니시가 주둔해 몇 차례 외교적인 접촉을 시도했음을 알 수 있다. 일본은 웅포해전으로 인해 주요 주둔 세력을 교체할 만큼 큰 피해를 입었던 것이다. 다만 군선끼리의 전투가 아니었기 때문에 조선 측에서는 일본의 피해 정도를 정확히 파악할 수 없었을 뿐이다.

이순신은 수군 단독 작전의 한계에도 불구하고 가능한 모든 것을 다 이루어냈다. 철수를 한 것도 적에게 밀려서 하게 된 것이 아니라, 당대의 기술력과 여건상 그 이상의 작전이 불가능했기 때문이었다. 육군의 지원이 있었더라면 웅포왜성도 함락시킬 수 있었을 테지만 협조가 이루어지지 않아 어쩔 수 없었던 것뿐이었다. 그러므로 웅포해전을 패전이라 일컫는 것은 수박 겉핥기 식으로 대강 보고 내린 결론에 불과하다.

원균의 양민 학살

웅포해전 과정에서 눈여겨보아야 할 부분은 다름 아닌 이순신과 원균의 갈등이다. 이순신은 《난중일기》에서 웅포해전 당시 진도 지휘선의 위기에 대한 불만을 토로한다.

> 얼마 뒤에 진도 지휘선 역시 적에게 포위되어 구할 수 없는 지경이 되었는데 우후가 바로 들어가 구원해냈다. 경상도의 좌위장과 우부장은 못 본 체하며 끝내 구원해내지 않았으니, 그 괘씸함은 이루 말할 수 없다. 참으로 통분, 통분했다. 이 때문에 경상도 수사 원균에게 질문도 했는데 실로 한심한 일이었다. 오늘의 억울함을 무슨 말로 다 하랴. 이 모두가 경상도 수사 원균 때문이다. – 《난중일기》, 계사년(1593) 2월 22일

원균을 싫어하는 사람은 이순신만이 아닌 듯했다. 이튿날인 23일에는 이억기와 전라좌수영 장수들이 이순신에게 다녀간 다음, 소비포권관 이영남 · 영등포만호 우치적 · 사량만호 이여념 등 경상우수영의 장수들도 다녀갔다. 《난중일기》에는 이들의 방문 바로 뒤에 '원 수사(원균)의 음험하고 흉악한 품은 이를 데가 없었다'라고 기록되어 있다. 이것으로 미루어 이영남과 우치적, 이여념 등은 이순신을 찾아와 상관 원균에 대한 불만을 털어놓은 것으로 짐작된다. 원균은 지휘권에 문제가 있어 부하들의 신뢰를 얻지 못했던 것이다.

그리고 며칠 후, 원균의 '음험하고 흉악한 품'을 여실히 보여주는 사건이 일어났다. 2월 28일, 원균의 군관과 가덕첨사 전응린의 사후선이 인근 섬을 들락거리는 태도가 수상해 그들을 묶어서 원균에게 보냈는데, 도리어 원균은 크게 화를 냈다. 알고 보니 이들이 섬에 들락거렸던 이유는 어부들의 머리를 베어 오려는 것이었다. 며칠이 지난 3월 2일에 이순신은 이영남을 통해 원균이 백성의 목을 베어 공을 위장하고 있다는 사실을 더욱 소상히 알게 되었다. 백성을 지키기 위하여 공을 세우는 게 아니라 공을 세우기 위하여 백성을 죽이는 천인공노할 짓을 저지른 것이었다. 이탁영이 기록한 《정만록》에도 원균이 저지른 만행에 대한 기록이 나온다. 임진왜란이 발발하던 당시 이탁영은 경상감사 김수의 참모였으며, 1593년부터는 김성일의 막하로 들어가 활약했다.

왜적에게 잡혀 갔던 조선의 여인들 가운데 도요토미 히데요시의 엄격한 외국인 금지령에 따라 되돌아온 사람이 있었다. 원균은 왜선을 당파

할 적에 배에 탄 아녀자들이 우리나라 사람이라고 우리 말로 외쳐도 못 들은 체하며 목을 쳤다. -《정만록》

적선에 타고 있다가 아군을 만났다면 구원받아야 마땅하건만, 되려 조국의 장수라는 자가 목을 쳐서 죽였으니 이 얼마나 억울한 일인가? 전공을 조작하기 위해 애꿎은 조선 백성을 죽이고 적으로 위장하는 자가 자신의 상관이라면, 양식이 있는 사람은 누구든 환멸을 느낄 터이다. 더군다나 이영남은 임진왜란이 발발하자 도망가려 했던 원균을 설득하여 참전하도록 했던 당사자였으니, 이때의 심정이 오죽 참담했을까 싶다.

한산도 진영을 설치하다

1593년 5월 2일 선전관 이춘영이 '물길을 끊어 도망가는 적을 죽이라'는 선조의 유지를 가지고 왔다. 이순신은 선조의 명에 따라 병력을 모으고 6차 출전에 나섰다. 5월 3일에는 전라우수영과 합류했고, 5월 8일에는 사량 앞바다에 이르렀지만 원균의 경상우수영은 합류하지 못한 상태였다. 사량만호 이여념에게 묻자, 원균은 창신도에 있는데 군사가 모이지 않아 미처 배를 타지 못했다고 전했다. 원균은 다음 날에야 배 2척을 거느리고 합류했다.

6차 출전에서는 이전처럼 큰 전과를 거둘 만한 전투가 벌어지지 않았다. 전황상 명나라 군대나 조선의 육군이 지상에서 활약해주어야 했으나 별다른 움직임을 취하지 않았다. 당시 일본은 한양에서 철수하고 남하 중이었다. 이를 추격해야 할 명나라의 장수 이여송은 충청도에 머무르고 있다는 소식이 전해왔다.

일본수군과의 해전도 없었고 육군도 움직이지 않으니 전투로만 보면 가장 소득이 없는 출전이라고 할 수도 있겠다. 그러나 6차 출전의 진정한 의의는 다른 데에 있었다. 첫째, 삼도의 연합수군이 결성되었고, 둘째, 한산도에 기지를 건설해 견내량 봉쇄를 시작했다는 점이다.

5월 10일 선전관 고세충이 '부산으로 가서 돌아가는 적들을 무찌르라'는 선조의 유지를 가지고 왔다. 하지만 현장에 있는 이순신의 판단은 달랐다. 웅천의 일본군이 여전히 잔존한 상황이기 때문에 부산으로 그냥 들어가버린다면 전후방 모두 적에게 둘러싸일 위험이 도사리고 있었다. 따라서 조선수군이 부산으로 진격하기 전에 육군이 웅천을 먼저 공격해야 했다. 또한 당시 경상우수영은 관할 구역이 전화를 입은 데다 명군 뒤치다꺼리까지 하느라 격군을 보충하기 힘들 정도로 열악한 상황이었다. 출전하기에는 수군의 병세도 충분하지 못했으므로, 이순신은 충청수군의 세가 필요하다고 생각했다. 두 차례에 걸쳐 충청수군 지원을 요청하는 장계를 보낸 후, 마침내 6월 1일에 충청수사 장걸이 충청수군을 이끌고 합류했다. 전라좌수영, 전라우수영, 충청수영이 한자리에 모인 삼도연합수군이 드디어 결성된 것이었다.

6월 10일에는 정찰 부대가 와서 이렇게 보고했다.

웅천의 적선 4척이 본토(일본)로 돌아갔고, 또 김해 바다 어귀에 있던 150여 척 중 19척이 본토로 돌아가고 그 나머지는 부산으로 향했습니다.

－《난중일기》, 계사년(1593) 6월 10일

이에 원균이 적을 치자는 공문을 보냈지만, 조선수군은 바로 움직일 수 없는 상황이었다. 적을 차단하겠다며 무작정 버티고 있을 수도 없었고, 그렇다고 부산포해전에서처럼 포구에서 적선을 깨뜨리면 돌아갈 배를 잃은 일본군이 뭍에서 분탕질을 해대 백성들을 괴롭힐 것이 뻔했다. 이를 방지하려면 육지에서 육군이 막아주어야 했지만 육군은 아직 나설 기미도 보이지 않았다. 섣불리 나섰다가는 도리어 위험에 빠질 수도 있는 상황이었다.

16일에는 '김해와 부산에 있던 적선 500여 척이 안골포, 웅포, 제포 등지로 들어왔다'는 보고를 받았다. 이순신은 이억기, 원균 등과 의논하여 견내량과 한산도 앞바다를 가로막는 진을 치기로 결정했다. 일주일이 지난 6월 23일에는 한밤중에 웅천과 제포의 일본 전선들이 모두 옮겨 왔다. 거제, 영등포, 송진포, 하청, 가이 일대의 바다는 적선으로 가득했다. 26일에는 일본의 군선 선봉 10여 척이 견내량으로 들어오다가 이순신의 복병에 쫓겨 돌아갔다. 견내량 봉쇄의 의미를 확인할 수 있는 사건이었다.

현대의 항해 기술이라면 굳이 섬과 육지 사이의 항로를 무조건 따를 필요 없이 먼 바다로 돌아가도 무방하지만, 근대 이전에는 그렇지 못했다. 특히 정화의 대원정이나 유럽의 대항해시대에 사용했던 원양 항해를 위한 선박이 아닌 이상 먼 바다로 돌아간다는 것은 곧 더욱 험난한 길을 찾아 나서는 것과 같았다. 말 그대로 목숨을 건 항해였던 것이다. 고려시대부터 수백 년간 이어진 조운 체계 덕분에 바닷길에 익숙하고 경험이 풍부한 조선조차 기회가 닿을 때마다 운하를 파려고 계획할 정도로 연안 항해를 선호했으니, 수적으로는 우위에 섰을지라도 조선의 바다에 익숙지 않은 일본수군으로서는 연안에서 항해할 수밖에 없었다. 따라서 육지와 한산도 사이의 견내량만 막아내면 적보다 적은 수의 군선으로도 부산포나 웅천의 일본수군 정도는 충분히 봉쇄할 수 있었다. 하지만 보급이나 기상 상황 등의 이유 때문에 늘상 배를 띄워둘 수만은 없었다. 이순신이 선택한 대안은 한산도에 병력을 주둔시켜 견내량을 봉쇄하는 동시에 경상도의 동쪽 해역으로 전진이 용이한 위치를 확보하는 것이었다.

6월 21일 이순신은 한산도의 망하응포로 진을 옮겼다. 그 후 한동안은 자리를 잡기 위해 한산도 안에서도 몇 차례 진을 옮겼지만, 그 사이에도 한산도에서 직접 군선을 건조하며 견내량을 중심으로 주변을 순찰하고 일본수군의 서진을 완전히 봉쇄하는 등 한시도 방비를 게을리하지 않았다.

한산도의 진영에 대한 흔한 오해 중 한 가지는, 바로 전라좌수영 자체를 한산도로 옮겼다는 것이다. 그러나 전라좌수영 본영은 여전히 그대로 여수에 있었다. 한산도에 진을 설치한 뒤에도 《난중일기》에 '탐망군이 본영으로 돌아갔다' '본영에서 온 공문을 처리했다' '본영에 아들 회가 도착했다'와 같은 내용이 자주 나오는 것을 보면, 전라좌수영 본영은 한산도 진영과는 구분되어 존재했음을 알 수 있다. 한산도 진영은 일본수군의 서진 차단 및 필요 시 진격을 위한 전진 기지의 역할을 맡았던 것이다. 이순신은 여수 본영과 한산도 진영을 오가며 공무를 처리했고 군사들도 한산도 진영과 본영에서 서로 교대하며 주둔했다.

삼도수군통제사 이순신

1593년 8월, 조정은 이순신을 경상도 · 전라도 · 충청도 삼도의 수군을 총지휘하는 '삼도수군통제사'로 임명했다. 전라좌수영이 경상우수영을 대신하여 조선수군의 주력이 되었고 전라좌수영을 이끈 이순신이 조선연합수군의 주도권을 쥐고 있었으며 전공으로 받은 품계 또한 이순신이 더 높았지만, 이전까지는 '연합수군'이라 해도 각각의 수사들의 입장은 대등했다. 따라서 통일된 지휘 체계도 없었으므로, 조정은 삼도수군을 원활히 지휘할 수 있도록 '통제사'라는 관직을 새로 만들었다. 임명은 8월에 되었지만 이순신에게 전달된 것은 10월의 일이었다. 이로써 이순신은 공식적으로 삼도수군의 총지휘권을 가지게 되었으며, 전진 기지였던 한산도 진영은 자연스레 통제영의 역할을 하게 되었다.

그러나 이때까지만 해도 삼도통제사는 임시직에 가까웠으며, 도입 초기이다 보니 휘하 수사들에 대한 확고한 명령 체계도 갖춰지지 않았다. 이억기와 같은 장수는 이순신과 마음이 잘 맞아 무탈했지만 원균의 경우는 상황이 달랐다. 원균은 이순신이 상관이 되었음에도 이를 무시하고 단독으로 장계를 올리는 등의 행위를 저질렀는데, 이는 아직 통제사란 직위가 확고히 자리 잡지 못했음을 보여준다. 삼도수군통제사가 조선수군의 수장으로 확실히 자리매김한 것은 보다 훗날의 일이다.

또 다른 전쟁, 소강기 속 전력 정비 1: 식량 확충

이순신이 삼도수군통제사로 임명된 후, 한동안은 큰 전투가 없었다. 이순신은 한산도 진영의 전력 정비를 위해 많은 노력을 기울였으나 생각만큼 진행이 쉽지는 않았다. 무엇보다 가장 무서운 적은 바로 기근과 전염병이었다. 정확히 말하자면 한산도 진영이나 전라좌수영만의 문제가 아니라 조선 전체의 문제였다. 전쟁으로 제대로 농사짓지도 못하여 흉년이 들고 피난민이 계속 증가하는 와중에 전쟁 중의 비위생적인 상태로 인해 전염병까지 기승을 부렸다. 당시 조선의 식량난은 매우 심각하여 조정은 명나라 군대에 제공하려 했던 군량으로 구호에 나서기도 했다. 보다 못한 명나라의 부총병 유정까지 남원에 머무르며 구휼에 나서는 형편이었다. 그러나 기근은 멈출 줄을 몰랐고 한양에서도 아사자가 나왔다. 《난중잡록》에 '배불리 먹은 명나라 군사가 토하자 백성들이 토사물을 먹으려고 달려들었다. 그나마 힘이 약한 자는 뒤에서 울며 지켜보기만 했다'라고 기록되었을 정도로 처참한 상황이었다. 여기에 전염병까지 덮치니, 말 그대로 엎친 데 덮친 격으로 사상자도 점점 늘어날 수밖에 없었다.

수군이라고 예외는 아니었다. 더군다나 배라는 폐쇄된 공간에 여럿이 함께 지내는 일이 많다 보니 수군은 다른 군인들보다 전염병에 더 취약할 수밖에 없었다. 《난중일기》에는 1594년 1월 21일에는 전염병으로 죽은 시체 214구를 묻고 다음 날에 다시 217구를 묻었다는 기록이 있다. 수백 명의 목숨을 앗아간 해전이 드물었다는 사실을 생각해보면 당시 전염병의 피해가 얼마나 극심했는지 짐작이 가능하다. 당시에 비해 과학과 의학이 눈부시게 발전한 오늘날에도 치료가 어려운 전염병이 돌 경우에는 피해가 크다. 하물며 16세기 말에, 그것도 전쟁터에서 전염병의 확산을 막는 것은 무척 어려운 일이었다.

군량미는 한정되어 있는데, 군사 관리만으로도 버거운 상황에 피난민까지 몰려오니 난감할 따름이었다. 그러나 다행히 식량 문제는 해결할 방법이 있었다. 날씨의 영향을 받긴 하지만 어업이나 사냥으로 어느 정도는 식량 충당이 가능했다. 또 이순신에게는 녹둔도둔전관을 겸임한 경력이 있었다. 비록 녹둔도의 둔전은 녹둔도전투 후에 폐지되었지만, 당시의 경험은 조정의 지원을 기대하기 어려운 상황에서 빛을 발했다.

1593년 1월, 이순신이 유성룡에게 피난만 문제를 상담했던 서장과 관련하여 비변사에서 '난을 피해 농사지을 만한 섬이 있으면 피난민을 보내 살게 하라'는 공문이 내려왔다.

이순신이 주변의 섬을 살펴보니 여수의 돌산도가 적합했다. 돌산도에는 말을 기르는 목마지가 있었는데, 농사를 지으면 말 기르는 데 방해가 된다고 병조가 반대하자 이순신은 재차 장계를 올려 둔전 설치를 주장했다. 물론 말을 기르는 것도 중요하므로 이순신은 주변을 살펴 여러 대책을 강구했다. 그 결과 말들은 절이도(전라남도 고흥)로 옮겨 기르기로 했다. 여러 섬에 있는 목장 중 빈 곳에 순천과 홍양의 유방군을 옮겨 보냈고, 남는 땅에는 피난민이 살면서 농사를 짓게 했다. 농사지은 수확량의 절반은 군량미로 바치게 하고 절반은 피난민의 몫으로 하여 군량 문제와 피난민의 생계 문제를 동시에 해결했다. 하지만 유방군을 둔전 경작에 동원하는 문제는 전라순찰사나 전라병사와 조율해야 할 문제였으므로 조정에 장계를 올려 둔전 문제를 건의했다.

둔전 관리와 군량 확충 등의 문제를 해결하기 위해 이순신을 도와 여러 모로 애쓴 사람이 있었으니, 그는 바로 이순신의 종사관인 정경달이었다. 정경달은 본디 선산부사였으나, 임진왜란 초기에 일본군에게 밀려 선산이 함락되자 초유사 김성일의 막하로 들어가 전공을 세웠다. 그러나 병을 얻는 바람에 고향 장흥으로 돌아가 요양을 하게 되었다. 이때 마침 이순신도 군량 조달 및 둔전 개척과 관리, 병력 동원 문제 등을 관리할 종사관의 필요성을 느끼고 문관을 뽑으려던 차였다. 정경달이 장흥으로 돌아와 있다는 것을 알게 된 이순신은 그를 종사관으로 임명해달라고 장계를 올린다. 그리고 1594년 1월 정경달은 이순신의 종사관으로 임명되었다. 얼마 뒤에 정경달이 함안군수로 임명되자, 이순신은 정경달이 감독하던 둔전이 허사가 될까 우려하여 종사관직의 유임을 요청했다. 정경달은 그해 7월에 다시 남원부사로 임명받았지만, 이순신이 재차 요청하여 1년간 종사관으로 일하면서 둔전과 군량 및 병력 동원을 담당했다.

또 다른 전쟁, 소강기 속 전력 정비 2: 병력 확충

안정적으로 군량을 조달하더라도 이를 먹고 싸워야 할 군사가 있어야 하는 법이다. 하지만 수군은 임진왜란 이전부터 천역으로 취급받았기에 백성들 사이에서 기피 현상이 심각했다. 육군에 지원할지언정 수군은 무슨 수를 써서라도 피하는 마당이었으니 수군 병력을 동원하는 일도 그만큼 어려울 수밖에 없었다. 이순신은 병력을 충원하기 위해 다양한 방책을 강구했다. 의병이나 승병을 수군에 편입시켰는데, 이들은 전공을 세울 뿐 아니라 스스로 군량을 준비해 진영에 보급했다. 또한 전라도로 피난 온 백성들 중에서도 수군을 뽑아 충원했다. 조정 역시 연전연승을 거둔 불패의 수군에 지원을 내려 이순신은 병력을 유지할 수 있게 되었다.

그러나 여전히 문제는 남아 있었다. 수군은 병력을 유지하기 위해 결원 시에는 해당 군사의 가족이나 친족을 대신 징발하는 법을 시행하고 있었다. 이로 인해 백성들의 원성이 자자하자 조정은 친족이나 이웃을 대신 징발하지 말라는 명을 내렸다. 그러자 이순신은 '수군 복무를 거부하고 도망친 사람이 반수가 넘습니다. 이 법을 시행하지 않고 백성을 편안하게 해주려면 변방을 지킬 사람이 없고, 변방을 굳건히 지키려면 어쩔 수 없이 친족을 대신 징발해야 합니다'라고 반박 장계를 올리며, '현재 상황에서 친족을 징발하지 않는다면 병력 동원도 방비도 어려우므로 전쟁이 끝난 후에 실행해도 늦지 않습니다'라고 주장했다. 조정의 명에 따른다면 배를 움직일 격군마저 충당할 수 없는 형편이었으므로 전쟁이 끝날 때까지 기존대로 징발할 수밖에 없었던 것이다. 결국 조정은 이순신의 뜻을 받아들인다.

곧이어 병력 문제로 인한 육군과의 갈등이 불거졌다. 전라좌수영에는 5관 5포가 있었는데, 이를 관리하는 장수들이 육전에 불려가는 경우가 허다했기 때문이다. 1593년 4월에는 홍양현감 배흥립이 육전에 투입되고 정운의 뒤를 이은 녹도만호 송여종이 군량을 수송하러 올라갔다가 돌아오지 못하는 등 수군 장수들이 줄줄이 자리를 이탈하게 되었다. 하는 수 없이 이순신은 이들을 해전에만 투입하게 해달라는 장계를 올려야만 했다.

문제는 여기서 끝이 아니었다. 일반 군사의 육군, 수군 동원에도 이견이 발생했다. 조선에 남은 명나라의 부총병 유정은 명군의 취약한 전력을 보충하기 위해 하삼도(삼남 지방)의 백성을 징발해 명군과는 별개로 조선인들으로만 구성한 부대를 만들어달라고 요구했다. 하지만 실상 유정은 일본을 공격하는 데 큰 관심이 없었고 자신의 요구가 성사됐는지의 여부에도 관심이 없었다. 그럼에도 하삼도의 백성들을 징발하게 된 것은 체찰사 윤두수가 조선의 독자적인 전력을 구축할 속셈을 품었기 때문이었던 것으로 추측된다. 문제는 수군 관할의 백성까지 육군으로 징발되는 바람에 도리어 수군에는 병력 부족 현상이 빚어졌다는 것이었다. 이순신은 이 같은 처사에 반발했지만, 도원수 권율은 병력 징발을 독려했다. 일련의 과정에서, 생겨난 지 얼마 안 된 통제사와 도원수 중 누가 더 상급자인가에 대한 논란이 일자 비변사는 도원수에게 육해군을 모두 관장하라고 조정했다. 이로써 도원수가 지위상의 우위를 점하게 되었다. 그러나 영의정 유성룡과 호조판서 권징 등이 수군의 속읍에서 육군을 징발한 것은 잘못이라 주장했으며 선조도 이 견해에 동의했다. 결국 권율은 수군 속읍의 육군 징발을 중지하게 되었고, 덕분에 수군은 가까스로 병력을 유지하게 되었다.

병력만 모은다고 해서 전쟁에 임할 수 있는 것은 아니다. 훈련과 군기軍紀 유지도 병력 충원 못지않게 중요하다. 이순신은 매우 엄격하게 군기를 집행했다. 혹여 탈영자가 발각되거든 처형했고 군량을 훔친 색리와 격군도 처형했다.

> 발포진무 최이가 두 번이나 군사 규율을 어겼기에 처형했다.
>
> – 《난중일기》, 계사년(1593) 2월 1일

> 도망갔던 발포의 수군이 잡혔다. 그를 처형시킨 뒤, 입대에 관한 사무를 태만히 한 죄로 순천의 이방도 처형하려다가 그대로 두었다.
>
> – 《난중일기》, 계사년(1593) 2월 7일

> 일찍이 수루에 나가 남평의 색리와 세 번씩이나 군량을 도둑질한 순천 격군을 처형했다. – 《난중일기》, 갑오년(1594) 9월 11일

군사들에게만 엄격히 군법을 적용한 것은 아니었다. 모병을 책임졌던 유위장이나 색리 등에게도 병력 징발을 촉구했고, 책임을 다하지 못하면 엄한 처벌을 내렸다. 개중에는 부정으로 처형당한 경우도 있었다.

이렇게 한치의 흐트러짐도 없는 기강 확립의 결과는 조선수군의 연전연승으로 나타났다.

또 다른 전쟁, 소강기 속 전력 정비 3: 군기軍器 확충

식량 문제와 병력 문제가 일단락되었지만, 전쟁에서 승리할 모든 여건이 갖춰진 것은 아니었다. 해전을 위해서는 군선과 화약이 있어야 했다. 이순신은 이 시기를 놓치지 않고 판옥선을 대거 확충할 계획을 세웠다. 그는 전라좌수영에서 60척, 전라우수영에서 90척, 충청수영에서 60척, 경상우수영에서 40척을 정비하면 도합 250척을 갖출 수 있다고 예상했다. 삼도에서는 각각 군선 추가 건조와 정비를 시작했는데, 이순신이 직접 관리하는 전라좌수영만 목표치를 달성했고 다른 수영은 달성하지 못했다. 그럼에도 판옥선의 수가 대폭 증가하여 정유년(1597) 5월 무렵에는 판옥선 134척을 확보하게 되었다. 임진년(1592)의 해전 때에 연합함대 휘하의 판옥선이 50여 척에 불과했던 것에 비하면 놀라운 성장이었다.

또한 일본의 무기인 조총 연구에도 심혈을 기울였다. 전투에서 획득한 조총을 연구해보니, 조총은 총신이 길기 때문에 총구멍이 깊숙하고, 깊숙하기 때문에 나가는 힘이 맹렬하며, 맹렬하기 때문에 조준하여 맞는 물체는 모두 부서진다는 것을 알 수 있었다. 조선의 승자총통은 총신이 짧은 데다 총구멍이 얕아서 조총의 강한 힘에 못 미쳤다. 이순신은 조총을 본떠 연구를 시키고, 훈련주부였던 정사준으로 하여금 대장장이와 사가의 종 및 절종 등을 이끌고 정철正鐵을 두들겨 총통을 만들도록 했다. 또 이렇게 만들어낸 정철총통을 주변 고을에도 알리고, 장계와 함께 한양에도 올려 보고했다.

> 쇠로 만든 총통은 전쟁에 가장 긴요한 것이지만 우리나라 사람들은 만드는 방법을 알지 못하였다. 이제 연구를 거듭하여 조총을 만들어냈는데 왜군의 총보다 더 성능이 좋았다. 명나라 사람들이 진중에 와서 시험으로 쏘아보고는 칭찬하지 않는 이가 없다. 이미 묘법(제작법)을 알았으니, 도내道內에 같은 모양으로 많이 만들어내도록 순찰사와 병사에게 견본을 보냈다. 그리고 공문을 돌리도록 했다.
>
> –《난중일기》 계사년(1593) 9월 14일

조총을 잘 다루던 항왜 김충선의 귀화와 이순신의 연구 덕에 조선 후기에는 조총이 주요 무기로 부상하게 되었다.

여타의 화포와 화약의 확충에도 힘을 쏟았다. 1597년 이순신이 원균과 통제사직을 교체하던 때, 화약은 약 4천 근을, 총통은 배에 실어둔 것을 제외하고도 약 3백 자루를 보유한 상태였다. 이순신은 화약을 함부로 쓰지 않았을 뿐만 아니라 일정한 양을 봉투에 나누어 담아 화약의 낭비를 막았고 화포에 사용하는 양에 따라 사정거리와 위력을 조정하게 했는데, 이것은 현대의 포병이 사용하는 장약의 개념과 유사한 것이었다.

전쟁이 길어지면 길어질수록 전투 자체도 힘들지만, 전투와 전투 사이의 소강 상태를 어떻게 보내는지도 중요하다. 소강기의 준비 여하에 따라 이후의 승패가 갈리기 때문이다. 이순신은 이 기간 동안 단 한순간도 소홀히 지나쳐버리지 않고, 세계 최강 수준의 수군 전력을 유지하기 위해 최선을 다했다.

2차 당항포해전

2차 진주성전투 이후 육지에서도 해상에서도 큰 전투 한 번 없이 불안한 강화협상만이 이어지는 소강기가 지속되었다. 웅포해전이 벌어진 지도 어느새 1년이 되어가고 있었다. 전력 정비와 적 경계에 전념하던 어느 날, 거제와 웅천의 일본군이 진해 방면에 출몰한다는 보고가 들어왔다. 이순신은 휘하의 장수들에게 배와 무기를 준비하고 산봉우리마다 탐망군을 보내 일본의 움직임을 살피라고 명령했다. 그러던 중, 3월 3일 오후 6시쯤에 고성의 벽방 망장 제한국이 급보를 올렸다.

"왜의 대선 10척, 중선 14척, 소선 7척이 영등포에서 나오다가 21척은 당항포로 갔고, 7척은 오리량(진해)으로, 3척은 저도(창원)를 향해 움직였습니다."

이순신은 전라우수사 이억기와 경상우수사 원균에게 전령을 보내고, 전라순찰사 이빈에게도 빨리 육군을 거느리고 와서 육지에 오른 일본군을 모두 치라고 통고했다. 여전히 일본수군은 해전을 기피하고 있으므로 수군만으로는 적을 섬멸할 수 없는 상황을 보완하기 위한 조치였다. 제2차 당항포해전의 시작이었다.

2차 당항포해전은 기존의 해전과 다소 다른 방식으로 진행되었다. 본진의 함대는 흉도 앞바다에 진을 치면서 바다를 봉쇄하고, 우조방장 어영담으로 하여금 정예선 30척을 이끌고 육지에 정박한 일본군을 무찌르게 했다. 또 견내량에도 판옥선 20척을 정박시켜 만일의 사태를 대비하도록 했다. 어영담은 임진년(1592)에 광양현감으로 재직하여 남해안의 물길을 소상히 파악하고 있었으므로 수군에 큰 도움이 되었다. 그러나 1593년 초에 백성 구휼에 소홀했다는 이유로 어사의 탄핵을 받았다. 이순신은 '어영담은 장부에 기록된 곡식 외에도 쌀이나 콩 등 추가 600여 석을 갖추고 군량이나 백성 구휼에 사용했다'고 상소를 올리며 유임을 요청했다. 하지만 어영담은 결국 파직당했고, 이순신은 다시 한 번 요청하여 그를 조방장으로 기용했다.

이순신은 이억기, 원균 등과 함께 영등포와 장문포 앞바다부터 증도(신안) 바다 가운데까지 학익진을 형성하여 조선수군의 위세를 과시하는 동시에 적군의 퇴로를 차단했다. 그러자 일본의 군선 10척이 진해의 부두에서 나와 해안을 따라 이동했다. 어영담과 군사들이 이 배들을 공격하자 6척은 진해의 읍전포에, 2척은 시굿포에, 나머지 2척은 고성 어선포에 배를 버리고 뭍으로 달아났다. 어영담은 해안에 남아 있는 일본 군선을 남김없이 모두 불태우거나 격파했고, 녹도만호 송여종은 적선에 붙잡혀 있던 포로들을 구출해냈다.

당항포에는 일본 군선이 21척 있었는데, 자기 편의 다른 군선들이 불타오르는 연기를 보고는 크게 사기가 꺾여 조선수군과의 대결을 회피하고 육지로 도망했다. 이에 이순신은 다시 한번 순찰사 이빈에게 협조 공문을 보내고 어영담에게 당항포로 향하라고 명령했으나, 썰물 때가 다가오는 데다 날도 어두워지므로 당항포 포구에서 큰 바다로 나가는 물길을 봉쇄하며 밤을 지냈다.

5일 새벽 이순신은 이억기와 함께 큰 바다에서 진을 치며 대기하고 어영담과 휘하 병력을 당항포로 진입시켰다. 오후 2시 무렵에 어영담이 돌아와 급히 보고했다.

"적들이 우리 군사들의 위엄을 겁내 야밤에 도주했으므로 빈 배 21척을 남김없이 불태워버렸습니다."

이억기 역시 같은 내용의 보고를 올렸다. 조선수군을 두려워한 일본수군이 밤을 틈타 배를 버리고 육로를 이용하여 도망간 것이었다. 그날 조선수군은 바다에 결집하여 하늘이 울릴 정도로 화포를 사격하며 동서로 진을 바꾸는 등 공격하려는 듯한 모습을 보였다. 이에 영등포, 장문포, 제포, 웅천, 안골포, 가덕, 천성 등의 일본군은 조선수군이 공격해 올 것을 두려워하여 굴속으로 들어가 숨어버렸다.

6일에는 남해현령 기효근이 보고를 올렸다.

"명나라 군사 2명과 왜적 8명이 패문을 가지고 들어왔기에 그 패문과 명나라 병정을 올려 보냅니다."

이와 함께 그 패문을 보내왔다. 명나라의 선유도사부 담종인이 '적을 치지 말라'고 써 보낸 패문에는 일본의 장수들은 조선으로 귀화할 마음도 없으며 일본으로 돌아가고 싶어 할 뿐이니, 조선수군은 속히 병선을 이끌고 제 고장으로 돌아갈 것이며, 일본 진영 가까이에 머물러 괜한 혼돈을 일으키지 말라는 내용이 담겨 있었다. 한마디로 일본에 대한 공격 중지령이었다. 함께 온 명나라 군사에게 패문을 가져온 연유를 물어보니, '전해(1593년)에 도사부 담종인이 웅천에 도착하여 지금까지 머무르고 있다. 요즘 왜인들이 조선수군의 위용을 두려워하여 도사부에게 애걸하고 있으므로 이 패문을 만들게 된 것이다'라고 대답했다. 아직 명군 상층부의 공식적인 공격 금지령이 내려오지 않은 상태였지만 이미 가져온 패문을 거절하기도 어려웠다. 이순신은 본래 장문포와 영등포의 일본군까지 차차 무찌르려는 계획을 세웠으나, 나주를 비롯한 수주 관할의 아홉 고을에서 전선을 모두 보내지도 않은 상황이었다. 또한 수군 병력도 온전히 징집해 보내지 않았고 충청수사 구사직도 아직 도착하지 않아 병력이 완벽하게 결집되지 못한 상태였다. 그러나 일본이 전쟁을 포기하고 귀향하길 원한다는 담종인의 말은 신뢰하기 어려웠다. 2차 진주성전투만 보아도 일본은 조선에 대한 야욕을 버리지 않았음을 알 수 있기 때문이었다.

이순신은 겉으로는 공격을 중지하였지만, 패문의 내용에 '왜인들이 있는 곳은 모두 우리 땅입니다' '혼란을 일으킨 것은 우리가 아니고 왜인입니다'라고 대답하여 담종인의 잘못을 확실하게 지적했다. 대신은 물론 조선의 왕이었던 선조조차 명나라의 장수들에게 당당히 입장을 표명하지 못하던 상황이었으므로 이 사건은 이순신의 확고부동한 의지와 강자 앞에서 약해지지 않는 당당한 면모를 더욱 빛내준 일이 되었다.

또한 이때에는 일본어 통역을 위해 일본군에게 포로로 잡혀간 조선인 희순이 함께 왔는데, 이순신은 희순과 같이 온 명나라 군사에게 그를 데리고 돌아갈 수 없다고 명확히 의사 표현을 했다. 명나라 군사가 의아해하며 결정을 내리지 못하자 이순신은 또다시 강경하게 말했다.

"희순은 왜군이 포로로 잡은 우리나라 사람인데, 왜군이 항복하려는 마당에 어째서 데리고 돌아가려 하는가!"

이에 명나라 군사도 말문이 막혀서 결국 희순을 데려가지 못했다. 이순신은 희순에게 일본군의 내부 사정이나 형편에 대해 심문했으나, 희순의 마음은 이미 일본으로 기운 것인지 바른대로 대답하지 않았고 그의 언행이나 표정에는 일본 진영으로 돌아가려는 의사가 드러났다. 결국 문초를 끝낸 뒤 흥양현으로 옮겨 가두었다가 패문을 받고 회답했던 일과 함께 조정에 보고를 올렸다.

3월 7일에 이순신이 한산도의 진영으로 귀항함으로써 2차 당항포해전이 막을 내렸다. 지금까지의 출전 가운데 가장 짧은 기간이었다. 이 해전에서 격파했던 적은 약탈을 하던 무리에 불과해 중요한 정보나 전리품을 얻지는 못했으며, 수거한 의복과 양식 · 솥 · 나무그릇 등은 군사들에게 골고루 나누어주었다.

이 전투는 이순신이 통제사로 임명된 후의 첫 전투로, 아직 통제사의 권위가 완전히 확립되지 않은 상황이었다. 경상우수사 원균이 상관인 이순신을 무시하고 적선 31척을 경상우수영에서 모두 태운 것처럼 공문을 올린다고 하여 수군 진영 사이에 불만이 발생했다. 동등한 수사끼리의 연합 작전이라도 문제가 될 일이건만 엄연히 상관이 존재하는데도 독단적으로 행동했다는 사실을 보면, 원균이 이순신을 어떻게 생각했는지 짐작할 수 있다. 이상의 사건들은 이순신이 2차 당항포해전을 보고할 때 모두 장계에 올렸지만, 조정은 원균에게 별다른 조치를 내리지 않았다. 하지만 《난중일기》 곳곳에 원균을 비판하는 부분이 등장하는 것으로 미루어 이들의 관계가 점점 악화되고 있음을 알 수 있다.

2차 당항포해전에서 활약한 어영담은 조선을 휩쓴 전염병으로 인해 1594년 4월 9일에 세상을 떠난다. 이순신은 정운에 이어 또 한번 아끼는 부하를 잃게 되었다. 남해안의 물길을 소상히 아는 어영담의 죽음은 전력적으로도 큰 손실이었다. 하지만 사람의 죽음을 전력의 손실로만 따질 수 있을까? 어영담이 사망한 후에도 이순신은 해전을 승리로 이끌었지만, 신임하는 부하의 죽음은 전력 손실 이전에 이순신의 마음을 애통하게 하는 일이었다.

장문포해전

2차 당항포해전이 끝나고 또다시 큰 전투 없는 소강기가 지속되었다. 조선수군은 웅천해전과 2차 당항포해전의 경험을 통해 출전을 하더라도 일본군이 육지에 숨어 나오지 않는 이상 큰 전과를 거두기 어렵다는 사실을 깨달았다. 그리고 전쟁도 소강기에 접어들었기 때문에 별다른 전투가 이어지지 않는 것도 당연했다.

그러나 이것은 현장에 있던 이순신의 생각일 뿐, 월산대군(성종의 형)의 저택이었던 정릉동 행궁에 앉아 있는 선조의 생각은 달랐던 듯하다.

1594년 8월 21일에는 영의정 유성룡과 대화를 나누던 중에 '이순신이 일을 게을리하는 것은 아닌가'라고 말했다. 유성룡은 이순신을 변호했으나 그럼에도 선조의 생각은 바뀌지 않았던 모양이다. 그리고 9월 3일에는 선조의 밀지가 도착했다.

> 새벽에 밀지가 들어왔는데 '수륙의 여러 장수들이 팔짱만 끼고 서로 바라보면서 한 가지라도 계책을 세워 적을 치는 일이 없다'는 것이었다. 3년 동안 해상에 있으면서 절대로 그런 적이 없었다. 여러 장수들과 함께 죽기를 맹세하고 원수를 갚을 뜻으로 하루하루를 보내고 있다. 그렇지만 적이 험한 곳에 숨어 있는 관계로 용이하지 않다. 험한 소굴에 진지를 구축한 적이라 경솔히 나아가 칠 수 없음은 물론, 더구나 '나를 알고 적을 알면 백 번 싸워도 위태롭지 않다'고 하지 않았는가. 종일 큰 바람이 불었다. 초저녁에 불을 밝히고 혼자 앉아 스스로 생각하니, 나랏일이 이렇듯 어지럽건만 안에서 해결할 방법이 없으니 이 일을 어찌할꼬.
>
> – 《난중일기》 갑오년(1594) 9월 3일

답답한 상황이지만 왕의 밀지에 반박할 수도 없는 노릇이었다. 그리고 며칠 후, 1594년의 마지막 해전인 장문포해전이 추진되기 시작했다.

장문포해전은 이전의 해전과는 다른 몇 가지 차이점이 있다. 이전의 해전들은 이순신이 현장에서 내린 판단을 중심으로 하는 완전한 수군 주도형의 해전이었지만, 장문포해전은 이와 달리 원균의 인척인 좌의정 겸 삼도체찰사 윤두수가 중심이 되어 추진한 것이었다. 장문포해전의 건의자도 이순신이 아니라 윤두수와 원균이었다. 이순신은 장문포해전에 대해 꽤 부정적으로 생각했던 듯하다. 9월 7일에는 좌의정 윤두수가 도착할 것이라는 편지를 받고 '심히 불행한 일이다'라고 일기에 적었는데, 이는 윤두수가 무리한 작전을 추진할까 걱정했기 때문이었다.

9월 19일에는 비변사가 거제도 공략을 주장하는 등 본격적으로 장문포해전을 위한 계획을 세워나갔다. 장문포해전의 작전이 결정되자 9월 22일에는 도원수 권율에게서 '27일에 출전하라'는 밀서가 도착했다. 26일에는 곽재우 · 김덕령 등이 도착했는데, 이순신은 이들이 수군에 합류하기 위해 온 것인지 알 수가 없어 사람을 보내 확인해야만 했다. 통제사 이순신이 이 작전에 대해 얼마나 주도권이 없었는지를 단적으로 보여주는 예이다.

이순신이 출전해야 했던 27일, 비변사는 윤두수가 올린 장계를 두고 다시 작전을 논의했다. 비변사가 이전의 작전에 찬성했던 이유는 '수군은 거제도 바다에 있는 왜군을 공격하여 왜적이 바다를 방어하는 데 신경을 쏟게 만든다. 육지의 군사는 급작스레 적진 가까이 가지 말고, 산꼭대기와 숲 속에 많은 의병을 배치한다. 적이 놀라고 당황하게 하여 전방과 후방이 서로 돌아보지 못하게 만든 다음, 조선의 정예병을 선발해 좌우에서 치게 한다'는, 복잡하면서도 세밀한 계획이었기 때문이다. 그런데 윤두수가 올린 장계에는 단 한 번의 결전만 치른다고 되어 있었다. 게다가 '이기면 하늘이 도와준 것이고 이기지 못해도 종묘사직에 할 말이 있을 것'이라는 식으로 어영부영한 태도를 보였다. 아무리 나라가 망할 위기를 넘겼다고는 하나 적이 잔존한 상태에서 할 만한 이야기는 아니다. 목숨을 버리겠다고 맹세한 5천 결사대와 함께 황산벌로 출전해야 했던 계백과 같은 마음가짐까지는 아니더라도, 반드시 승리하겠다는 의지 정도는 나타내야 마땅한 일이었다. 당초의 의도와는 완전히 다른 작전이 전개되려 하자, 이를 우려한 비변사는 선전관을 급파해 작전을 중지하라는 뜻을 전달하겠다고 건의했으며 선조도 이를 승인했다.

그러나 이미 때는 늦었다. 비변사가 이 같은 논의를 했던 그날, 수륙군은 예정대로 출병했다. 27일에 출동한 수군은 29일에 거제도의 장문포 앞바다에 이르렀다. 그러나 한산도대첩과 안골포해전 이후 항상 그랬듯이 일본수군은 조선수군에 대한 반격을 자제하고 험준한 지형을 의지하여 나오지 않고 버텼다. 그나마 적선 2척이 선봉으로 나섰으나 이를 무찌르자 이내 육지로 다시 도망쳤다. 그리하여 조선은 빈 배만 불태워버리고 칠천량에서 밤을 지냈다. 다음 날인 10월 1일에도 큰 전투가 없었다. 일본은 바닷가에 배를 대어놓은 채 한 명도 나와서 싸우려 하지 않았다. 날이 저물어 사도 2호선이 장문포 앞바다의 뭍에다 배를 대려고 하는데, 이때 작은 일본 배가 곧장 들어와 불을 던졌다. 다행히 불은 꺼졌으나 경계를 소홀히 한 군관은 처벌을 받았다. 이후 10월 3일까지는 별다른 전투 없이 대치 상황만 이어졌다.

10월 4일, 조선은 다시 공격을 실시했다. 곽재우와 김덕령 등이 군사 수백 명과 함께 상륙한 다음 산으로 올라가고 수군은 바다에서 호응하는, 임진왜란 이후 최초의 수륙 합동 작전이었다. 수군과 육군이 합세하여 진격하자 일본군은 기세를 잃고 동서로 달아났다. 그러나 육군은 기대만큼 활약하지 못했다. 칼을 휘두르는 적의 모습을 보고는 일본군을 바닷가로 몰아내지도 못한 채 배로 내려와 버렸다. 덕분에 수군은 바라던 대로 적을 섬멸하지도 못하고, 날이 저물어 칠천량으로 돌아오게 되었다. 큰 전과도 피해도 없이 작전이 종료되었으니 윤두수가 장계에서 말한 '단 한 번의 결전'은 일어날 틈조차 없었다.

곽재우나 김덕령처럼 유명한 의병장이 정규군과 함께했음에도 결과는 신통치 못했다. 《난중잡록》이나 《연려실기술》 등의 기록을 미루어볼 때, 이들 역시 작전을 제대로 알지 못한 데다 이와 같은 임무가 그다지 내키지 않았던 듯하다. 윤두수가 작전을 추진하자 곽재우는 김덕령에게 사적으로 찾아가 이렇게 물었다.

"이번 거사는 장군(김덕령)이 작전을 계획한 것이라고 도원수(권율)께 들었는데, 그 말이 맞습니까?"

"아닙니다."

"장군은 바다 건너의 왜적을 멸망시킬 방책을 궁리하셨습니까?"

"아닙니다."

묻는 말마다 아니라고 대답하자 의아해진 곽재우는 다시 물었다.

"조정이 장군을 믿기 때문에 이 작전을 시작한 것이며 군졸은 장군을 믿고 싸우려 나가는 것인데 어째서 장군은 이처럼 말하는 것입니까?"

그러자 김덕령이 대답했다.

"나도 이번 일의 시작과 끝을 모릅니다. 굴에 숨어 있는 적을 무슨 수로 제어하겠습니까."

김덕령의 대답을 들은 곽재우는 이렇게 탄식하였다.

"아아, 알 만합니다. 오늘의 일은 장군의 용맹을 시험하려는 것일 터이지요. 장군의 명성은 오랑캐 나라에도 널리 퍼져 장군의 이름만 들어도 흉악한 왜적이 두려워 물러나는데, 만약 가벼이 나가서 약점을 보이게 된다면 뒷일을 잘 처리할 방책이 전혀 아닐 것입니다."

그러고는 즉시 도원수 권율에게 도로 물러나서 후일의 변고에 대비하기를 여러 번 청했으나 받아들여지지 않았고, 곽재우와 김덕룡은 명령대로 출전할 수밖에 없었다는 것이다.

《난중잡록》《연려실기술》 등에 따르면, 일본은 깃발을 크게 벌려 세우고 성에 올라 대항했고 김덕령은 익호기 두 개를 뱃머리에 꽂은 채 북을 울리며 전진했다고 한다. 그러나 총알이 비 오듯이 쏟아지는 바람에 뾰족한 수가 없어 군사를 퇴각했고, 이로 말미암아 많은 이의 촉망을 잃은 데다 윤두수의 신임도 얻을 수가 없었다. 이들 기록에는 김덕령이 상륙한 것이 아니라 배를 끌고 나간 것으로 나와 《난중일기》 등과 상충되는 면이 있다. 하지만 수군의 수장이자 조선 무신 가운데 도원수 바로 다음의 위치였던 이순신도 당시의 형편을 제대로 알지 못했던 점을 감안한다면, 곽재우나 김덕령도 전후 사정을 제대로 파악하지도 못한 채 출전했을 가능성이 매우 높다. 조선 진영의 형편이 이러하니 전투를 제대로 치를 리도 만무했다.

6일에는 일찍부터 선봉을 장문포에 주둔하고 있는 일본군에게 보냈다. 일본군은 나무에 '일본이 명나라와 더불어 화친을 의논하는 터라 서로 싸울 것이 없다'는 글을 써서 땅에 꽂아둔 상태였다. 2차 당항포해전 때 명의 장수 담종인에게 조선으로 패문을 보내달라고 애걸했던 것처럼, 조선수군을 자력으로 무찌를 자신이 없으니 명나라의 권위를 빌려서라도 전투를 피하고 조선이 물러나길 바랐던 것이다. 일본 군사 1명이 투항한 것을 제외하고는 특별한 전과를 거두지 못했다. 일본은 전투 종반까지 무대응으로 일관했고, 결국 조선군은 10월 8일에 한산도로 귀환하게 되었다.

장문포해전의 후폭풍

육군과 수군의 협공에도 불구하고 장문포해전은 별 성과도 없이 무의미하게 끝났다. 조정의 대간들은 일제히 윤두수를 탄핵했다. 선조는 윤두수를 좌의정 겸 삼도체찰사에서 해임하는 대신 판중추부사로 임명하는 것으로 사태를 수습하려 했다.

그러나 다음 달인 11월에 경상감사 홍이상이 '장문포해전에서 사도의 전선이 재차 진행된 공격에 불타고 사후선 3척이 실종됐으나 보고되지 않았다'는 장계를 올려, 장문포해전은 또다시 논쟁의 쟁점으로 부각되었다.(《선조실록》 선조 27년(1594) 11월 19일) 이것은 사도 2호선에 불을 지르긴 했으나 금방 꺼졌다는 《난중일기》의 내용과는 다르며 사후선 3척의 실종도 《난중일기》에는 나오지 않지만, 그 외의 정황은 대체로 《난중일기》와 일치한다. 홍이상의 장계가 올라오자 사헌부를 비롯한 조정의 대소 신료들은 윤두수를 파직시켜야 함은 물론이고, 권율과 이순신 또한 작전 실패와 보고 누락에 대한 기망을 추궁해 처벌해야 한다고 주장했다. 선조는 홍이상의 장계는 자신이 따로 보고 들어온 바와 같다고 말하며 군의 기강을 문제 삼았을 뿐, 사헌부의 탄핵 요구는 모두 거절했다.

이순신 역시 장문포해전에 대한 장계를 올렸다는 사실은 《선조실록》이나 《난중일기》를 통해서 알 수 있지만, 장계가 전해지지 않는 까닭에 정확한 내용을 확인하는 것은 불가능하다. 다만 사도선의 전소나 사후선 실종에 대한 언급이 없었던 것으로 추청할 뿐이다. 또한 그해 11월 말에서 12월까지의 일기가 전하지 않기에, 윤두수의 실책이 자신과 권율의 탄핵에 대한 논의까지 불러일으킨 상황을 어떻게 생각하고 받아들였는지도 파악이 불가능하다.

권율과 이순신을 함께 처벌해야 한다던 양사(사헌부와 사간원)의 주장은 한 달을 채우지 못하고 종료되었으며, 훗날 이순신이 파직당하고 하옥당할 때에도 장문포해전 실패와 기망의 죄는 언급되지 않았다. 당시 순안어사였던 서성은 장문포해전 후에 한산도를 방문했는데, 이때 나름대로 전투 경과를 조사했던 것으로 추정된다. 조정은 순안어사에게 이 사안을 확인하게 하자고 논의했으나, 이 시점은 이미 서성이 다녀간 후였으며 홍이상이 장계를 올리기 전이었다.

> 경상도에는 순안어사 서성이, 충청도에는 강첨이, 양계(함경도 · 강원도의 일부 지역과 평안도)에는 남이공과 김권이 있으니 …… 탄핵의 임무까지 부여함이 어떨까 하옵니다. －《선조실록》 선조 27년(1594) 9월 18일

> 순무사 서성이 날이 저물 무렵에 와서 우수사(이억기), 원 수사(원균)와

함께 이야기하다가 밤이 깊어서야 헤어졌다.

– 《난중일기》 갑오년(1594) 10월 16일

늦게 순무어사 서성이 나갔다. 작별한 후 대청에 앉으니 우수사(이억기)가 돌아간다고 고했다. 서류 작성 때문에 나가는 것인 듯하다.

– 《난중일기》 갑오년(1594) 10월 20일

이후 서성이 어떻게 보고했는지는 전하지 않는다. 그러나 양사의 탄핵이 중단되고 더 이상 문제시되지 않은 점으로 미루어 순안어사 서성은 큰 문제점이 없다고 판단하고 별다른 내용을 보고하지 않았던 것으로 짐작된다.

몇 가지 불분명한 사안이 남아 있지만, 장문포해전이 별 성과 없는 전투였음은 확실하다. 출전 이전부터 작전 수행에 의문을 품었던 이순신의 생각은 정확했다. 장문포해전의 지휘자였던 윤두수는 전투를 치르기도 전부터 '이기면 하늘이 도와준 것이고 이기지 못해도 종묘사직에 할 말이 있을 것'이라고 말했으니, 철두철미한 전략을 세워도 부족할 판에 이 같은 마음가짐으로는 승전할 리도 없었다. 결과적으로 해전만큼은 이순신의 판단을 따라야 이길 수 있다는 사실만을 확인할 수 있었던 전투였다.

장문포해전에서 비롯된 가장 최악의 문제는 이 시점부터 이순신을 향한 내부의 공격이 시작되었다는 점이다. 작전 실패에 따른 양사의 탄핵이야 그들 입장에서 할 법한 발언이었다. 그러나 원균과의 불화가 조정에서 논의되며, 이순신을 향한 모함이 고개를 들기 시작한 것도 바로 이 시기부터였다.

| 제6장 |

아군 속의 적

아군 속의 적: 선조 1

태조 이성계의 조선 건국 이후 13대 명종까지, 조선의 왕들 중에는 세자가 아니었던 왕은 있어도 왕자가 아니었던 왕은 없었다. 왕자의 난으로 즉위한 태종, 계유정난으로 즉위한 세조, 중종반정으로 즉위한 중종 역시 각각 태조와 세종과 성종의 아들이었다. 게다가 이때까지의 왕은 모두 왕후나 세자빈 소생의 적통 왕자, 즉 세자나 대군이었으므로 정파 간의 이해관계는 있었을지 모르나 혈통상의 문제는 전무했다.

그러나 명종 대에 이르러 이 국면은 달라지게 되었다. 명종의 아들 순회세자가 열세 살의 나이로 세상을 떠나는 바람에 다음 대를 이어야 할 세자 자리가 공석으로 비게 되었다. 순회세자가 죽을 무렵의 명종은 아직 서른 살이었으므로 다시 아들을 얻을 가능성이 있었다. 그러나 원체 병약했던 명종은 1565년(명종 20)에 어머니 문정왕후가 세상을 떠나며 더욱 건강이 악화되었다. 을사사화의 주역이었던 외삼촌 윤원형의 문제나 문정왕후가 총애하여 봉은사의 주지가 된 승려 보우의 문제도 처리해야 했으므로, 복잡한 나랏일이 불러일으킨 과로와 긴장 또한 건강에 악영향을 미쳤을 것으로 추측된다. 명종의 병세가 깊어지는 것과 비례하여 후계자 문제도 심각해졌다. 자칫하다가는 왕위 계승 문제로 또 한번의 피바람이 몰아칠 수도 있었다. 결국 대신들은 명종의 비 인순왕후에게 국본(왕세자)을 정해달라고 청했고, 인순왕후는 언문으로 '덕흥군의 셋째 아들 하성군 이균을 궐 안으로 부르라'고 답했다. 덕흥군은 중종의 후궁 소생이었으므로 하성군은 명종의 조카에 해당한다. 그러나 명종의 재가를 받은 사항이 아니었기 때문에 함부로 시행할 수 없었으며, 다행히 명종의 건강도 어느 정도 회복되어 국본에 대한 논의는 일단락되었다. 명종은 자신이 병든 동안 인순왕후가 대신들의 청 때문에 답을 내린 것은 어쩔 수 없지만, 이제는 건강을 회복했으니 국본의 탄생을 기다리라는 명을 내렸다. 그러나 명종은 미처 아들을 보지 못한 채 다시 병세가 악화되었다. 1567년(명종 22), 약방 제조를 겸했던 인순왕후의 숙조부 심통원과 영의정 이준경 등이 임종을 앞둔 명종 앞으로 나아갔다. 인순왕후는 이 자리에서 하성군 이균으로 하여금 보위를 잇도록 하겠다는 뜻을 밝혔고, 명종은 끝내 후사를 남기지 못하고 서른넷의 나이로 숨을 거뒀다.

조선의 13대 국왕이었던 명종의 뒤를 이어 즉위한 하성군 이균이 바로 선조이다. 하성군은 단순히 운이 좋아 왕위에 오른 것이 아니라 어린 시절부터 남달리 영특하였기에 국본으로 선정되었다. 명종은 살아생전에 덕흥군의 세 아들을 궁으로 불러들이고는, 조카들에게 왕만 쓸 수 있는 익선관을 차례로 써보라고 권한 적이 있었다. 덕흥군의 장남과 차남은 모두 익선관을 머리에 썼으나, 가장 어린 하성군만은 '어찌 임금께서 쓰시는 것을 감히 신하가 쓰오리까?'라며 사양했다. 이에 명종은 하성군에게 이렇게 물었다.

"임금과 아버지 가운데 누가 더 중요한가?"

"비록 임금과 아버지는 같지 않사오나, 충효는 다를 바 없사옵니다."

이 같은 하성군의 대답이 명종의 마음에 들어 결국에는 왕위 계승까지 이어진 것이었다. 물론 명종은 조카보다는 자신의 아들에게 보위를 물려주고 싶었겠지만, 운명의 장난은 끝내 익선관을 거절했던 영특한 조카의 머리에 익선관을 씌워주었다.

선조 재위기의 조선은 격변의 시대였다. 대내적으로는 문정왕후의 죽음과 함께 윤원형 일파가 몰락하여, 조선의 개국공신 집단이었던 훈구파가 세를 잃고 사림파가 새로운 권력의 중심으로 떠오르고 있었다. 그러나 사림파는 곧 김효원을 지지하는 동인과 심의겸을 지지하는 서인으로 분리되었다. 율곡 이이는 붕당의 대립을 막고자 노력하였으나 그의 행보는 자신의 본의와 상관없이 상대적으로 열세인 서인을 돕는 것처럼 비춰졌다. 율곡의 사후에는 그의 제자들이 서인의 주도 세력으로 자리매김을 해 율곡 또한 서인의 종주로서 추앙받게 되었다. 한편 동인은 퇴계 이황과 남명 조식의 제자들이 맥을 이었다. 동인과 서인의 대립은 식을 줄 모르고 점점 격화되었으며, 이 과정에서 동인은 온건파인 남인과 강경파인 북인으로 또다시 분리되었다.

이렇듯 당쟁은 조정을 벌집처럼 만들어버렸지만, 왕의 입장에서는 그다지 손해 볼 것 없는 상황이었다. 당파 간의 대립과 공격에는 서인 정철이나 동인 이산해처럼 주도적인 인물이 존재했지만, 이와 별개로 숙청이나 사형 등 사람의 목숨이 달린 문제는 왕의 재가가 없으면 실행에 옮길 수 없기 때문이었다. 선조는 이를 적절히 이용하여 한쪽이 비대해지면 다른 한쪽을 지원해주는 방법을 취해 신하들의 힘을 자연스럽게 배분하고 자신의 힘을 키워나갔다.

당쟁은 국가 통치 면에서도 유용했다. 윤원형 일파의 세도로 인한 후유증을 자연스레 처리할 수 있었고, 당쟁 속에서 필요한 인재를 찾아내고 요직에 등용하여 능력 있는 신하들로 조정을 구성할 수도 있었다. 선조 대를 주름 잡았던 명신들로는 우리에게도 익숙한 율곡 이이, 이항복, 이덕형, 유성룡, 이원익 등이 있다. 김성일이나 윤두수처럼 언행 때문에 비판받는 이들조차 능력 하나만은 확실했던 인물이었다. 유성룡의 추천이 있었다고는 하나 대간들의 반대에도 불구하고 이순신을 전라좌수사로 세운 것 또한 선조 자신이었으니, 사람 보는 눈만큼은 매우 정확한 왕이었던 듯싶다. 비록 기축옥사로 피바람이 몰아치긴 했으나 그와 같은 정쟁이 일어나는 것은 왕조국가의 특성상 어쩔 수 없는 부분이었다.

기축옥사도, 당쟁도, 왕으로서 선조의 자질에 결정적인 흠이 되지는 않았다. 도리어 이 정도의 재질과 안목이라면 전설적인 성군은 못되어도 현군 소리는 들을 만했다. 그러나 1592년(선조 25년) 조선을 대내적으로나 대외적으로나 모두 뒤흔든 임진왜란으로 인해 그에 대한 후세의 평가는 바닥으로 곤두박질쳐버린다.

아군 속의 적: 선조 2

앞서 말하였듯이 조선도 일본의 침공을 아예 예상하지 못했던 것은 아니었다. 문제는 전쟁의 규모였다. 기존의 왜변보다 좀 더 큰 규모일 것이라는 예상과는 달리 국가 전체를 흔들어버린 대전쟁이 발생해, 선조는 조선 개국 이래 최초로 파천을 한 왕이 되었다.

파천 자체가 비난받을 만한 일은 아니다. 한 나라의 군주가 적에게 사로잡혀 인질이 되는 것보다는 옥체를 보전하고 국력을 재정비하는 편이 낫다. 조선에서야 처음 발생한 것이지만, 이전에도 파천을 감행한 왕들이 있었다. 고려시대만 해도 현종은 2차 여요전쟁으로, 고종과 원종은 여몽전쟁으로, 공민왕은 홍건적의 침입으로 파천해야만 했다.

선조의 문제는 파천 이후의 행적이었다. 이전의 왕들은 피난을 가더라도 잠시 몸을 피하며 수도를 되찾기 위한 결의를 했다. 그러나 선조는 아예 요동으로 건너가 명나라로 망명하려 했다. 선조의 계획이 무너진 이유는 오로지 명나라의 거부 때문이었으니 조선의 왕으로서 실격이라 할 수 있다.

망명이 실패하자, 선조는 그제서야 백성들 사이에서 자신의 위신이 깎일 것을 우려했다. 본디 우둔한 이가 아니므로 현명하게 판단하여 다른 왕의 사례를 본받을 수도 있었다. 비슷한 예로는 고려 현종의 경우가 있었다. 현종은 2차 여요전쟁에서 전사한 양규를 공신으로 봉하고 남은 식구들을 보살폈으며, 3차 여요전쟁에서 소배압의 10만 대군을 섬멸한 강감찬을 문하시중으로 임명했다. 공민왕도 숱한 전공을 세운 최영과 이성계를 중용했다. 이처럼 공을 세운 인재를 인정할 줄 아는 현명한 왕의 면모를 보여 허물을 만회해야 했을 터인데, 선조의 눈에는 그저 왕의 위엄을 위협하는 존재로 거슬리기만 했던 듯하다. 사실 왕권을 위협하는 존재라고 할 수도 없다. 왕이 도망간 상황에서도 목숨을 걸고 싸워 나라를 지킨 영웅이 어찌하여 우대받기는커녕 눈엣가시 취급을 받는단 말인가.

수많은 영웅 중에서도 이순신이 으뜸이었다. 일본의 수륙병진을 막아 물길을 이용한 보급 전략을 좌절시킨 장본인이니, 백성들에게도 명망이 드높을 수밖에 없었다. 전쟁이 발발하기 전까지는 자신이 인정하고 등용했던 이순신이지만, 막상 절체절명의 위기에서 능력을 발휘하자 선조는 불안해지기 시작했다. 고려 공민왕 대의 전쟁 영웅 이성계가 바로 조선을 건국한 태조 아니던가. 물론 이순신은 역모를 꿈꿀 사람도 아니거니와 이성계와는 상황도 전혀 달랐다. 이성계의 군사력은 함경도 지방의 사병을 기반으로 둔 데 반해, 이순신의 군사력은 정규군에서 비롯된 것이었다. 만에 하나 이순신이 역성혁명을 모의한다 하더라도 부하들이 따를 리가 없었다. 이성적으로 생각한다면 말도 안 되는 의심이었으나, 본래 인간의 불안한 심리 상태를 이성이 제어하기는 어려운 법이다.

평안도와 함경도까지 쓸고 올라왔던 적이 경상도와 남해안 등지로 내려가자, 선조도 한양으로 돌아왔다. 그러나 궁이란 궁은 이미 모조리 불타버렸으므로 하는 수 없이 월산대군의 저택을 행궁으로 삼게 되었다. 왕족의 저택이라고는 하나 궁에 비할 바는 아니었으므로, 왕으로서의 위신 역시 행궁만큼이나 보잘것없어졌다. 때마침 전쟁도 소강 상태가 되자 마침내 선조도 생각할 여유가 생겼다. 도망간 것으로도 모자라 망명까지 계획했던 자신과 전승을 거둔 이순신을 비교하니 질투심도 일었다. 수군의 수장인 이순신을 대신할 수 있는 뾰족한 계책도 떠오르지 않았다. 그러나 곧 선조의 눈에 이순신의 대안이 보이기 시작했다. 불행은 선조가 '이순신에 버금가는' 인물을 찾은 것이 아니라, '자신만큼 혹은 그 이상으로' 이순신을 싫어하는 인물을 찾았다는 데에 있었다. 임진년에 연전연승을 거둔 수군이다 보니 아무에게나 맡겨도 해전에서는 불패할 것으로 생각되었던 것일까. 선조는 대안으로 삼을 인물의 능력도 그릇도 헤아리지 않았다. 다만 자신의 말을 잘 듣고 이순신을 싫어하기만 한다면 충분했다. 그리고 그렇게 찾아낸 대안이 바로 경상우수사인 원균이었다. 이순신과 불화를 일으켰던 주인공이 선조의 마음에 들어왔던 것이다.

아군 속의 적: 원균

이순신의 사람 보는 기준은 깐깐하기 짝이 없었다. 《난중일기》에는 상관인 권율이나 전라우수사 이억기, 주요 부하 장수 중 하나였던 권준 등에 대한 혹독한 평가가 여기저기 남아 있다. 함께 출전한 장문포해전이 시답잖게 마무리되자 의병장으로 명성이 높았던 곽재우 역시 이 같은 평가에서 벗어날 수 없었다. 이들에 대한 평가가 박하였다고는 하나 협력이 필요할 때에는 사감 없이 진행하여 아무런 문제도 발생하지 않았다. 그러나 실질적으로 문제가 될 만큼 이순신과 심각한 마찰을 일으킨 인물이 있었으니, 바로 원균이었다.

우수사 이억기의 배를 타고 선전관과 이야기하며 술을 두어 잔 나누었다. 경상우수사 원균이 와서 술주정을 부리므로 배 안의 모든 장병들이 놀라고 분개했다. 그 고약스러움은 이루 다 말할 수가 없었다.

－《난중일기》 계사년(1593) 5월 14일

원 수사(원균)가 거짓 내용으로 공문을 돌려 부대를 크게 동요시켰다. 진중에서도 이렇게 속이니 그 음흉하고 고약한 것을 이루 말할 수 없다.

－《난중일기》 계사년(1593) 5월 21일

경상우수사 원균과 정수사 걸이 한꺼번에 와서 적을 토벌할 일을 의논하는데, 원균이 하는 말은 극히 흉측하고도 거짓스러워 말할 수 없다. 이러고서도 일을 같이한다면 어찌 뒷걱정이 없을까?

－《난중일기》 계사년(1593) 7월 21일

저녁에 경상우수사 원균의 군관 박치공이 와서 '적선이 물러갔다'고 전했지만, 원 수사와 그 군관은 평소에 거짓말을 잘하니 믿을 수가 없다.

-《난중일기》 계사년(1593) 8월 7일

저녁에 겸사복이 임금의 분부를 가지고 왔다. '수군의 여러 장수들과 경주의 여러 장수들이 서로 화목하지 못하다고 하니 앞으로는 그런 습관을 모두 버리라'는 내용이었다. 송구하고도 통탄스럽기 그지없었다. 이것은 원균이 술에 취해서 망발을 부렸기 때문이었다.

-《난중일기》 갑오년(1594) 6월 4일

장흥, 조방장 신호가 와서 이야기하는데, 원균의 고약한 짓을 많이 전했다. 참으로 놀라운 일이었다. -《난중일기》 을미년(1595) 2월 20일

원균이 포구에 있는 수사 배설과 교대하려고 이르렀다. 교서에 숙배하게 했더니 불평하는 기색이 많았다. -《난중일기》 을미년(1595) 2월 27일

이 외에도 《난중일기》에는 원균에 대한 악평이 수없이 등장한다. 원균은 통제사인 이순신이 상관임에도 불구하고 무시하기 일쑤였다. 장문포해전 이후에는 조정에서도 두 사람의 갈등을 논의할 만큼 문제가 커져갔다.

아군 속의 적: 선조 그리고 원균

김수: 원균과 이순신의 불화가 매우 염려됩니다. 원균이 잘못한 것은 맞지만, 대수롭지도 않은 일이 이렇게 악화된 것은 큰 문제입니다.

선조: 무슨 일 때문이었는가?

김수: 원균은 열 살 남짓한 서자에게 무공을 주어 상을 받게 하였습니다. 이순신은 이 사실을 불쾌하게 여기고 있습니다.

선조: 고언백과 김용서가 좌석의 차례 때문에 싸운다 하던데, 이유가 무엇인가?

김응남: 대부분 서로 공을 다툰 데에서 비롯된 것입니다. 원균은 처음 수군이 승리한 것은 자신의 공이 컸기 때문이라고 생각합니다. 그러나 조정에서 이순신의 공만 높이 사고 원균의 상관으로 올려, 이에 불만을 품고 협조하지 않는다고 합니다.

선조: 왜적을 사로잡은 공이 가장 큰 사람은 이순신일 것이다.

정곤수: 이순신의 부하 중에는 당상관으로 올라간 사람이 많습니다. 우치적이나 이운룡처럼 원균의 부하 중에도 큰 공을 세운 자가 있으나, 그만한 상을 받지 못해 분하게 여기고 있습니다.

선조: 일전에 남쪽에서 올라온 사람에게 원균에 대해 물었더니, '습증에 걸린 채 오랜 시간 바다에서 있었지만, 싫어하기는커녕 죽을 각오로 임하고 있다'고 하였다. 원균의 뜻이 가상하도다. 또한 부하가 무공을 세워도 그에 따른 상이 없다면 어찌 불만스럽지 않겠는가. 지금이라도 전공을 세운 모두에게 상을 내려 원균을 위로하라.

김응남: 원균을 위로하는 것은 옳은 일입니다만, 이순신이 체직을 자청하는 것 또한 옳은 일이 아닙니다.

선조: 여론은 어떠한가? 원균의 체직을 원하는가?

김수: 별로 그렇지 않은 듯합니다.

정탁: 소신이 남쪽에서 들은 바에 따르면, 왜적들은 우리 수군을 무서워하고 있습니다. 원균도 쓸 만한 장수이고, 이순신도 예사 사람이 아닌 뛰어난 장수입니다. 어찌하여 이 같은 국난 중에 사적인 감정에 이끌려 서로 다투는지 실로 못마땅합니다. 이들에게 사사로운 감정을 뒤로 하고 국가의 일에 우선하라고 질책하는 글을 내리심은 어떨까 하옵니다.

–《선조실록》 선조 27년(1594) 11월 12일

장문포해전이 끝나고 한 달가량 지난 뒤, 조정에서 원균과 이순신의 불화에 대해 논의했던 내용이다. 결국 이날은 아무런 결론도 내리지 못한 채 논의가 끝났다. 이 가운데 김응남의 '이순신이 체직을 자청하는 것'이라는 말에서 이순신이 통제사직에서 사임하려 했다는 사실을 알 수 있다. 육지의 조선군이 연전연패하던 임진왜란 초기에도 연전연승을 거두고, 기근과 전염병 속에서도 수군을 유지하고 피난민을 거뒀던 이순신이었다. 그의 체직 요청은 더 이상 원균을 묵과할 수 없는 상황이 되었기 때문에 던진 일종의 승부수였다. 그들의 불화는 왕명으로 글이 내려온다 하여 해결될 수준이 아니었던 것이다.

얼마 후, 비변사는 다시 선조에게 '원균의 자리를 다른 사람으로 바꿔 그들의 분쟁을 멈춰야 한다'고 건의했다. 그러나 선조는 '이순신이 대장으로서 잘못하는 듯하다. 이순신을 대신할 사람을 뽑는다면 원균을 통제사로 삼을 수도 있고, 원균을 체직시킨다면 다른 사람을 뽑아야 한다'며 거절했다.(《선조실록》 선조 27년(1594) 11월 28일) 며칠 후에도 원균의 체직 문제가 또다시 거론되었다. 이때에도 선조는 '과인은 이순신의 허물이 원균의 허물보다 더 크다고 생각한다'고 말했다.(《선조실록》 선조 27년(1594) 12월 1일) 원균을 두둔하는 선조의 본의는 이 일이 있기 서너 달 전부터 조금씩 드러났었다. 5장에서 본 바와 같이, 선조는 이미 그해 8월에 '이순신이 게을리 일하는 것 아니냐'는 의심을 유성룡에게 내비친 적이 있기 때문이다. 이에 유성룡은 '이순신이 아니었다면 지금만큼의 상황도 유지할 수 없었을 것이며, 이순신은 수군과 육군을 합해 가장 우수한 장군이다'라고 변호했다. 유성룡의 변호로 무마되긴 했지만, 당시의 선조는 이순신의 가능성을 꿰뚫어 보고 품계를 건너뛰어 전라좌수사로 임명하던 때와는 참으로 다른 모습이었다. 선조의 마음은 이미 이순신에게서 멀어져갔다. 그리고 이순신과 갈등을 빚는 원균에게 마음이 기울어, 원균더러 용장이라고 치켜세우기 시작했다.

그러나 선조가 원균을 두둔하고 이순신을 폄하해도 비변사의 뜻은 변하지 않았다. 선조가 이순신의 허물을 지적하던 1594년 12월 1일, 비변사는 또 다른 방안을 제시했다. 경상우수사 원균과 충청병사 선거이의 자리를 맞바꾸자는 것이었다. 비변사의 주장에 따라 원균은 충청병사로 전출되었고, 이로써 문제는 일단락되는 듯했다. 하지만 원균의 소행을 감안할 때 이렇게 마무리해서는 안 될 사안이었다. 최소한 임진년 개전 초기에 경상우수영의 병력을 전투도 없이 해산시킨 죄와 상관 이순신에게 불응했던 죄로 귀양을 보내든가 파직을 시켜야 할 일이었다. 그러나 원균은 전출되던 순간에도 그리고 그 후에도 내내 왕의 비호를 받아, 죗값을 치르기는커녕 스스로 문제의식을 느낄 필요도 없었다. 그리고 훗날, 이순신이 억울하게 감옥살이를 하던 때에는 통제사의 자리까지 손에 넣고 말았다.

충청병사 원균

경상우수사에서 충청병사로 밀려난 후에도, 원균에 대한 선조의 각별한 총애는 변함없었다. 새로운 부임지에 도착한 원균이 전장에서 사용할 말을 얻고 싶다고 장계를 올리니, 임금이 거둥할 때에나 쓰는 내구마를 두 필이나 보내주었다. 그러고는 어명을 내려 한 필은 원균이 쓰고, 다른 한 필은 잘 길러서 전쟁에 쓰라고 하였다.

충청병사로서 원균은 절대 모범적인 장수가 아니었다. 아버지 원준량이 갖은 부정으로 실록에 이름 올린 것을 따르기라도 하려는지, 뇌물을 기준으로 군역을 면제해주거나 가혹한 형벌을 가하는 등 권력을 남용했다. 그리고 충청병사로 부임한 지 일 년도 못 되어 사헌부의 탄핵을 받기에 이르렀다.

> 충청병사 원균은 몹시 잔인하고 난폭하며 탐욕스러운 사람입니다. …… 그의 무리한 형벌과 잔혹한 행동으로 죽은 사람이 어찌나 많은지,

원균을 원망하며 울부짖는 소리가 도내에 그득합니다. 이 같은 죄는 엄중히 다스려야 마땅하니, 원균을 파직하고 재등용하지 마옵소서.

–《선조실록》 선조 28년(1595) 8월 15일

하지만 선조는 탄핵 사유가 이처럼 명백함에도 불구하고, '이런 시기에 명장을 파직할 수는 없다. 윤허하지 않는다'며 사헌부의 탄핵 요구를 거부했다. 그 다음 날도, 그 다음다음 날도 사헌부는 재차 원균을 탄핵했지만, 선조의 대답은 늘 같았다. 심지어 사헌부가 연이어 원균을 탄핵하던 나흘째 날에는 '원균은 오늘날 으뜸가는 장수이니, 설혹 정도에 지나친 일을 하더라도 가벼이 문책해서는 안 된다'라는 말까지 하여 탄핵을 윤허하지 않았다.(《선조실록》 선조 28년(1595) 8월 18일) 어느새 선조의 마음속에서는 원균이 조선 최고의 명장이 되어버린 것이다.

선조의 한결같은 총애를 믿고 기고만장해진 원균은 최덕순이란 자를 종사관으로 임명했다. 여기에서 두 가지 문제가 발생했는데, 하나는 종사관이라는 벼슬이었고 다른 하나는 최덕순이란 인물이었다. 원래 종사관은 각 군영의 주장主將을 보좌하는 자리로, 병사는 종사관을 둘 수가 없었다. 게다가 최덕순은 큰 하자가 있는 인물이었다. 최덕순은 임진왜란 개전 후에 가평군수로 있었는데, 이때 피난민을 죽여서 머리를 깍고 이마에 문신을 새겨 마치 일본인인 양 꾸민 후 행재소에 거짓으로 보고했다. 이를 목격한 이가 여럿 있어 진상이 밝혀졌지만, 그는 포상만 받지 못했을 뿐 별다른 벌도 받지 않다가 충청병사 원균의 종사관으로 자리한 것이었다. 원균 역시 경상우수사 시절에 조선 백성의 목을 베어 공을 꾸미려 한 전적이 있으니, '초록은 동색'이라 할 만했다. 사헌부는 '병사가 종사관을 두는 법도는 없다'는 이유로 원균을 탄핵했지만, 선조는 최덕순에게 부여된 종사관의 칭호만 박탈했을 뿐 원균을 추고하라는 요청은 기각했다.

그나마 원균도 전쟁 대비를 해야겠다는 생각은 들었던지 상당산성을 정비하기 시작했다. 때때로 원균의 상당산성 정비를 예로 들며 '원균도 방비를 했다'고 치켜세우는 경우도 있는데, 실상을 알고 보면 치켜세울 만한 것도 아니었다. 고을 사정을 헤아리지 않고 무조건 2백~3백 명씩 동원하라고 부역을 독촉했던 것이다. 원균의 처사가 어찌나 지독했던지, 백성들 가운데 주거지가 불확실한 사람은 죄다 도망치는 바람에 남아 있는 사람마저 보전하기 어려울 지경이었다. 오죽하면 조정에서도 이를 만류하기에 이르렀다.

> 아무리 튼튼한 산성을 쌓는다 한들, 백성이 원망하고 배반한다면 누가 그 산성을 지키겠습니까. 더구나 농사철에 공사를 시켜 농사짓지 못하는 백성들의 원망이 극도에 달했으니, 농한기까지 기다렸다가 하는 것이 어떨까 하옵니다. –《선조실록》 선조 29년(1596) 5월 7일

시국이 시국이니만큼 본인이 몸소 감독하며 산성을 쌓은 것이 타당한 노력이라 하더라도, 그 결과가 좋지 않다면 그것은 책임자의 실책일 수밖에 없다. 위 기사가 기록된 지 수개월 후 상당산성은 또다시 실록에 언급되었는데, 그 내용은 다음과 같았다.

상당산성은 역사役事되긴 하였으나, 도로 비에 무너져버렸습니다.

—《선조실록》 선조 30년(1597) 1월 27일

왜적의 공격도 아니고 비에 무너진 산성이라니 대체 어느 정도의 부실공사인지 짐작조차 어렵다. 이렇듯 허무하게 무너질 산성을 위해 백성들만 있는 고생 없는 고생 다한 것이니, 차라리 안 하느니만 못한 방비였다.

백성들이 죄다 도망칠 만큼 무리하게 쌓은 산성이 비에 무너져내려도 원균은 결코 벌을 받지 않았다. 오히려 조정에서 역사를 미룰 것을 권한 지 고작 두 달이 지난 1596년 7월에는 전라병사로 임명되어 근무지를 옮겼다. 그 후에도 선조는 원균에게 '경의 충성과 용맹함을 일찍이 아름답게 여겨왔다'며, 내구內廏의 양마良馬를 하사하는 등 각별한 애정을 과시했다.

선조가 이순신이나 다른 장수들에게 이처럼 무한한 총애와 신뢰를 보인 적이 어디 있던가? 원균은 전쟁 초반에 막대한 병력을 버리고도 분에 넘치는 대우를 받았는데, 정작 총애받고 인정받아야 할 장수는 위기를 맞이하고 있었다. 그리고 그 위기는 장수 하나에 끝나지 않고 조선 전체의 위기로 다가오게 된다. 애석하게도 이 사실을 깨닫게 된 시점은 이미 위기가 조선을 덮친 이후였다.

거짓 평화협상의 결과

전쟁 소강기가 도래하자, 명나라와 일본은 강화회담을 진행했다. 명나라는 심유경이, 일본은 고니시 유키나카가 각각 대표했다. 두 사람 다 종전을 바라는 입장이었다. 그러나 이들의 바람은 도요토미 히데요시의 터무니없는 조건 때문에 난관에 봉착하게 되었다.

〈도요토미 히데요시의 종전 조건〉

첫째, 명나라의 황녀를 일왕의 후비로 삼는다

둘째, 감합인(감합무역의 통행 허가증)을 복구한다

셋째, 일본과 명나라의 양국 대신이 각서를 교환한다

넷째, 조선의 8도 가운데 4도를 일본에 할양한다

다섯째, 조선의 왕자와 대신 12명을 인질로 보낸다

여섯째, 포로로 잡힌 조선의 두 왕자(임해군, 순화군)는 석방한다

일곱째, 조선의 권신은 일본을 배반하지 않겠다고 서약한다

〈명나라의 종전 조건〉

첫째, 일본은 조선에서 완전히 철수한다

둘째, 조선의 두 왕자를 송환한다

셋째, 도요토미 히데요시는 이번 전쟁을 공식적으로 사죄한다

임해군과 순화군의 석방을 제외한 양국의 조건은 완전히 상반되었

다. 그리고 심유경도 고니시도 상부에서 상대의 조건을 수락할 리 없다는 사실을 잘 알고 있었다. 서로의 조건을 그대로 보고하면 평화협상은 결렬될 것이 뻔했다. 심유경은 궁리 끝에 거짓 보고를 올렸다.

> 도요토미 히데요시는 일본의 국왕으로 책봉되기를 바라고 있으며, 그렇게 된다면 명나라의 신하로서 조공을 바치겠다고 하였습니다.

명나라 황제 만력제는 이를 수락하고, 도요토미를 일본 국왕으로 책봉한다는 문서를 사신과 함께 일본으로 보냈다. 조선은 화의를 원하지 않았지만, 명나라의 압력 때문에 황신을 통신사로 임명하여 일본에 보냈다.

하지만 거짓으로 진행한 협상이 잘 이루어질 리 만무했다. 조선 통신사보다 먼저 일본에 도착한 명나라의 사신단은 융숭히 대접받았다. 그러나 임해군과 순화군을 대신할 인질, 즉 조선의 왕자와 대신 및 통신사가 동행하지 않았다는 이유로 도요토미 히데요시와의 접견은 계속 지연되었다. 가까스로 접견이 성사된 자리에서 명나라의 사신이 책봉문을 읽었지만, 도요토미는 고니시의 방해로 내용을 정확히 알 수도 없었다. 또 도요토미는 만력제가 내린 책봉문에 절도 하지 않았는데, 명의 사신단이 이 점을 지적하자 일본 측은 무릎에 종기가 난 탓이라고 둘러대었다. 그러나 도요토미는 책봉문의 내용을 들으면서 속았다는 사실을 알게 되었고, 자신의 요구를 관철시키려면 전쟁 외에는 방법이 없음을 깨닫게 되었다.

평화협상이 파탄되자 명나라로 돌아간 심유경은 도요토미가 책봉을 받았다고 하며, 자신이 일본에서 구입한 물건을 진상품이라고 거짓말했다. 그러나 이제는 명나라도 속지 않았다. 거짓이 들통 난 심유경은 처형될 위기에서 구사일생으로 살아났으나, 훗날 체포당하여 참혹한 최후를 맞이하게 되었다. 일본의 고니시 역시 목숨을 잃을 뻔했지만, 겨우 용서받고 전쟁에 다시 동참하게 되었다.

더 이상 전쟁을 피할 길이 없었다. 일본의 대대적인 재침공은 가시화되었다. 이것은 그저 단순한 불안감이 아니었다. 황신이 비밀 서장을 통해 '일본에서는 다시 한 번 전쟁을 일으켜 승부를 결정하겠다는 말이 나왔다'라고 보고할 만큼 전쟁 분위기가 고조된 상태였던 것이다.(《선조실록》 선조 29년(1596) 11월 6일)

종전의 기회는 사라지고 또다시 전란이 발생하려는 이 중요한 시기에, 조선의 국왕 선조는 치명적인 실책을 범하고 말았다. 다름 아닌 삼도수군통제사 이순신의 파직과 하옥이었다.

파직의 원인

1597년 정유년, 삼도수군통제사 이순신은 파직과 동시에 하옥을 당했다. 정유년의 정월 초하루부터 3월 30일까지의 《난중일기》가 전하지 않아 당사자의 입장을 헤아리기는 어렵지만, 이 기간 동안 이순신은 원균의 모함으로 수군통제사에서 해임되고 한양으로 압송되어 생사의 기로에 놓이게 되었다. 원균 옹호론에서는 이런 사태가 발생한 것은 이순신이 저지른 네 가지 죄 때문이라고 주장한다.

첫째, 조정을 기망한 것은 임금을 무시한 죄이다
둘째, 적을 놓아주어 치지 않은 것은 나라를 저버린 죄이다
셋째, 남의 공을 가로채고 남을 무함한 죄이다
넷째, 임금이 불러도 나오지 않는 방자한 죄이다

이 중에서 셋째와 넷째는 한문 해석상의 오류이다. 《선조실록》의 선조 30년(1597) 3월 13일의 기사 가운데 나오는 '至於奪人之功, 陷人於罪, 無非縱恣無忌憚之罪也.'라는 문장을 잘못 이해한 것이다. 이 문장은 본래 한 문장으로 해석해야 하는 것인데, 이를 두 문장으로 나누니 오류가 발생할 수밖에 없다. 실제로 선조가 언급한 이순신의 죄는 세 가지였다. 《조선왕조실록》의 정식 국역에 따르자면 세 번째와 네 번째 죄는 '남의 공을 가로채 남을 무함하기까지 하며 방자하지 않음이 없는 것은 기탄함이 없는 죄'가 된다. 즉, '남의 공을 가로채고 무함한 한없이 방자한 죄'이다.

그렇다면 이순신은 정말로 선조가 말한 세 가지 죄를 지었던가? 하나하나 진상을 찾아가다 보면 이 죄목들이 얼마나 기가 차고 어이없는 누명인지 알 수 있게 된다. 우선 첫 번째 죄목부터 차례로 짚어보자.

첫째, 조정을 기망한 것은 임금을 무시한 죄: 부산왜영 방화사건과 거짓 장계

선조가 말한 이순신의 첫 번째 죄, '조정을 기망한 것은 임금을 무시한 죄'는 부산왜영 방화사건의 장계 문제를 뜻한다.

선조 30년(1597) 1월 1일, 조정으로 서장 한 통이 도착했다. 이는 전해 12월 27일에 삼도수군통제사 이순신이 성첩한 것으로, 부하인 안위 등이 점령지 부산에서 왜영을 방화했으니 그에 따른 포상을 청한다는 내용이었다.

4장에서 설명했듯이 부산은 임진왜란 발발 이후 일본의 주요 거점이나 다름없는 상태였다. 이순신은 부하 장수 가운데 재략과 용기가 뛰어난 사람을 골라 왜영의 동향을 정탐하라고 명령했다. 그러던 중 거제현령 안위와 김난서, 신명학 등이 부산의 왜영에 불을 지르자고 계획하고 은밀히 박의검을 불러들였다. 박의검 역시 매우 기꺼이 응하였기에, 이들은 죽음으로 결의를 맹세하고 실행에 옮겼다. 그리고 1596년 12월 12일, 김난서 등이 부산에서 약속 시간을 기다리고 있을 때 때마침 거센 서북풍이 불어왔다. 바람결에 맞춰 불을 붙이니 불길이 거세게 일어나 활활 타오르기 시작했다. 일본 가옥 1천여 채와 화약을 가득 쌓아둔 창고 2채, 군기軍器 · 잡동사니 · 군량 2만 6천여 섬을 쌓아둔 곳간, 일본 군선 20여 척 등이 잇달아 소실되었으며, 일본인 24명도 불길에 휩쓸려서 죽었다. 이순신은 '하늘이 도와준 일이었습니다. 그러나 이번 일은 김난서가 통신사 군관으로 자원하여 일본을 왕래하며 생사를 돌보지 않아 성공할 수 있었던 것입니다'라고 부연했다.

때마침 이 광경을 본 경상수영의 도훈도 김득은 2경(21~23시 사이) 즈음에 왜영 서북쪽에 불을 질러 일본 가옥 1천여 채와 군기, 기타 물건, 화포, 기구器具, 군량 곳간 등을 모조리 태워버렸다. 일본인들은 '본국(일본)에서도 지진 때문에 집이 무너지고 죽기 일쑤였는데, 이번에는 여기에서 재앙과 환난이 생겼으니 우리는 어디서 죽을지 모르겠구나'라고 울부짖었다. 이순신은 장계의 말미에 안위와 김난서, 신명학 등은 온 마음과 온 힘을 모아 이 일을 이루었으니 이들에게 상을 내려달라는 말을 덧붙였다.

장계의 내용대로라면 대규모 확전을 앞두고 적진에 큰 타격을 입힌 공으로 이순신 휘하의 안위, 김난서, 신명학 등은 크게 포상받아야 마땅하다. 그러나 이순신의 서장이 조정으로 도착한 그다음 날, 경상도로 파견된 이조좌랑 김신국의 보고서가 도착하며 상황은 꼬이기 시작했다.

> 부산의 왜영을 불태운 일은 통제사 이순신이 먼저 보고한 것으로 알고 있습니다. …… 사실을 모르는 채 조정에서 이순신의 장계에 따라 작상을 내린다면, 이 일을 도모한 허수석은 시기하게 될 터이며 …… 이원익이 임금께 아뢰달라고 신에게 부탁한 것입니다.
>
> -《선조실록》 선조 30년(1597) 1월 2일

김신국이 보고한 내용은 결과는 동일하나 사건의 주인공이나 과정은 완전히 다르다. 그 내용을 정리하자면 다음과 같다. 부산왜영의 방화사건을 지휘한 인물은 바로 도체찰사 이원익으로, 그의 군관 중에는 밀양 등지에 조방장으로 재직했던 정희현이란 자가 있었다. 정희현은 적진을 드나들 수 있는 심복을 많이 두었는데, 개중 부산수군의 허수석은 특히나 거리낌없이 왕래할 수 있는 사람이었다. 이에 정희현은 허수석과 비밀리에 계획을 짜고 거사 일자를 잡은 다음 이원익에게 보고했다. 이원익이 거사 실행을 기다릴 즈음 허수석이 급히 부산에서 와서 왜영을 불태웠다고 고했으며, 이 무렵 왜영 방화사건의 당보도 잇달아 도착했다. 그러나 이순신의 군관이 부사의 짐배를 운반하는 일로 부산에 도착했는데, 하필 그날에 부산왜영이 불타올랐다. 우연히 이 모습을 보게 된 군관은 이순신에게 자신의 공이라고 보고했고, 이순신은 사건의 전말도 모르는 상태로 포상해달라는 장계를 올렸다.

이조좌랑 김신국의 장계는 이순신을 허위 보고자로 만들었다. 하지만 이순신은 정녕 허위 사실을 보고한 것이었을까?

1. 거제현령 안위 등은 일찍이 계획을 세우고, 12월 12일 밤에 불을 지르려고 대기했다
2. 때마침 서북풍이 불어오자 바람결에 맞춰 계획을 실행했다
3. 경상수영의 도훈도 김득도 이 모습을 보고는 계획에도 없이 거사를 거들었으며, 왜인들은 이러다가 죽겠다고 울부짖었다
4. 안위 등의 방화와 김득의 방화에 따른 왜영의 피해 상황을 각각 자세히 언급했다

이순신의 장계 내용이다. 처음 계획을 세운 사람, 추가된 사람, 날짜, 풍향, 피해 상황, 추가 합류자와 합류 시각, 일본인이 했던 말 등 방화 사건의 전모가 꼼꼼하게 드러난다.

1. 이원익의 군관 정희현에게는 왜영을 자유로이 드나들 수 있는 심복 허수석이 있었다
2. 정희현은 허수석과 왜영 방화를 계획하고 이원익에게 보고했다
3. 이원익은 정희현과 허수석이 왜영을 불태웠다고 고한 뒤에야 허수석이 사건 주인공임을 알게 되었다
4. 지나가다 우연히 이를 목격한 이순신의 군관(김난서)이 자신이 세운 공이라고 거짓으로 보고했다

김신국의 장계 내용이다. 허수석이 정희현에게 알린 내용을 다시 정희현이 이원익에게 보고하고, 이에 이원익이 김신국에게 장계하라고 지시를 내린 것으로 되어 있다. 그러나 계획부터 실행까지의 과정은 물론, 피해 상황 등에 대해서도 일언반구 언급이 없다. 그뿐만 아니라 애초에 김신국은 이 사건을 파악하기도 힘든 처지였다. 왜냐하면 사건 발생 당시에 그는 경상도가 아닌 한양에 있었기 때문이다.

1596년 12월 25일, 조정은 도원수 권율과 적의 상황 등을 논하기 위해 김신국을 내려보내기로 결정했다. 그때까지 한양에 있던 김신국이 25일 당일에 출발했다손 치더라도 남쪽으로 내려가는 데는 수일이 걸린다. 또한 도착한 후에 이순신이 장계 올린 사실을 알게 되는 시간과

방화사건을 파악하는 시간 및 장계를 써서 다시 한양으로 보내는 시간 등을 감안한다면, 12월 25일에 파견이 결정된 그가 1월 2일에 사건의 진상을 보고하는 것은 물리적으로 불가능하다. 추정컨대, 김신국은 한양에 있을 때 이원익의 전갈을 받고 장계를 올렸을 것이다.

이원익 역시 조정에 보고할 때 방화사건을 언급한 적이 있었다. 《선조수정실록》 선조 30년(1597) 1월 1일 기사에는 도체찰사 이원익의 장계가 등장하는데, 여기서 확인할 수 있는 것은 '부산의 왜영이 불탔다' 정도뿐이다. 그 밖의 다른 사정은 모두 김신국이 보고할 것이라고 부연한 바 있으나, 같은 날의 김신국의 장계에도 앞서 설명한 《선조실록》 선조 30년(1597) 1월 2일의 기사 내용 이상은 나오지 않는다.

물론 이원익이 정희현을 통해 일을 도모하려던 것은 사실이고, 이는 이듬해인 선조 31년(1598) 2월 7일자의 《선조실록》 기사에서도 확인할 수 있다. 이에 따르면 부산왜영 방화사건을 주도했던 정희현의 주변에는 여전히 왜영을 드나드는 자가 많으므로 그를 통해 다른 일도 도모할 수 있다는 것이었다. 이원익은 명군과의 협의하에 진행했던 가토 기요마사의 암살을 정희현에게 맡겼으며, 그는 암살 기도를 위해 왜영 왕래가 자유로운 조선인들을 포섭했다. 허수석 또한 그런 인물 중 하나였다. 정희현은 1596년의 부산왜영 방화사건 이후에도 재차 왜영에 불을 지르려고 시도했으나 성사시키지는 못했다.(《선조실록》 선조 30년(1597) 6월 20일) 이상의 정황으로 미루어 정희현이 부산왜영 방화사건에 관여한 것은 확실한 일인 듯하다.

그러나 이순신이 공을 가로채려는 김난서의 보고만 믿고 조정에 보고했다고 결론을 내리기에는 이순신의 장계 내용이 지나치리만큼 자세하다. 이원익도 김신국도 이순신만큼 자세히 보고하지는 못했다.

또 하나의 의구심은 다름 아닌 '조정을 기망했다'는 점이다.

설령 이순신의 장계가 거짓이었다 하더라도, 그것은 이순신이 의도적으로 속인 것이 아니라 그 역시 부하에게 허위 보고를 받은 것이었다. 그러므로 이순신에게 '거짓된 내용을 검증도 안 하고 장계한 죄목'이 부여된다면, 상관을 속였던 안위 · 김난서 · 신명학도 함께 체포되어야 한다. 특히 안위는 무려 기축옥사를 도모했던 정여립의 친척으로, 기축옥사 당시의 분위기를 생각한다면 살아 있는 것 자체가 신기한 일이었다. 그 역적의 친척이 허위 보고를 올린 당사자였음에도 무사했다는 사실은, 안위 등이 정말로 허수석의 공을 가로채고 거짓으로 고했던 것인지 의심하게 만드는 부분이다. 이들에 대한 선조의 발언도 이런 의구심을 뒷받침해준다.

> 김난서와 안위가 몰래 약속하고 왜영을 불태웠다고 하는데, 이순신은 마치 자신이 계획을 세우고 행한 듯이 말하니, 옳다고 생각할 수가 없다.
>
> -《선조실록》 선조 30년(1597) 1월 27일

이순신의 장계 내용이 거짓이었다면, 그 죄는 당연히 정희현과 허수석의 공을 가로챈 것이 되어야 한다. 그러나 선조는 엉뚱하게도 이순신이 안위와 김난서의 공을 가로챈 것마냥 말해 그들이 공을 세웠다는 사실을 인정하고 있다. 김신국의 장계에 손을 들어준 것과 대치되는 상황이다. 대체 어떻게 된 일인가?

하필 이 시기의 《난중일기》는 전하지 않으므로 당시 이순신이 어떻게 생각하고 있었는지 알 길이 없다. 그러나 모든 정황을 종합적으로 바라볼 때 이순신도 이원익도 모두 자신의 부하를 믿었던 것으로 짐작된다. 그들은 서로의 공을 가로채거나 모함할 의사가 없었다. 이순신이 이원익을 모함한 적도 없거니와, 이순신을 변호해주었던 이원익이 이순신을 모함할 이유 또한 없었다. 단지 이원익은 정희현을 신뢰했으며, 그에게 전해 들은 바를 김신국에게 장계 올리도록 한 것이었다. 이에 대해서는 몇 가지 가능성을 타진해볼 수 있다.

1. 안위 등은 정희현의 공을 가로채기 위해 허위 보고를 올렸으나, 이 사실을 모르는 이순신은 부하를 믿고 장계했다
2. 정희현이 허위 보고를 했으나, 이 사실을 모르는 이원익은 부하를 믿고 김신국에게 장계를 올리도록 했다
3. 부산왜영이 불타오르는 모습을 본 허수석이 그 공을 가로채려고 허위 보고를 올렸다
4. 이순신의 부하와 이원익의 부하가 동시에 부산왜영 방화를 계획하고 실행했다

첫 번째 경우는 안위 등이 벌받지 않았고 선조마저 그들의 공을 인정하는 발언을 했다는 점을 감안하면 타당하지 않다.

두 번째 역시 가능성이 매우 낮다. 이원익은 이듬해에도 여전히 부산

왜영 방화사건의 주모자는 정희현이라고 믿었으며, 비록 미수에 그치긴 했으나 정희현은 1956년의 방화사건 이후에도 왜영을 불태우려고 시도했기 때문이다.

세 번째 경우는 명확한 근거가 부족하다. 김신국의 장계에 정희현은 불난 당일 부산에 있었던 것이 아니라, '날짜를 기다리는 즈음에' 허수석의 말을 듣게 된 것이라고 나와 있다. 정희현 역시 허수석의 말을 들은 것뿐이므로, 실제 허위 보고의 당사자는 허수석일 가능성도 배제할 수 없다. 그러나 설령 정희현이 속았다 해도 허수석에 대한 다른 기록이 없어 더 이상의 추적이 힘든 데다, 훗날까지 방화한 공을 인정받는 것을 볼 때 단언하기는 어렵다.

마지막으로 네 번째는 두 가지 상황으로 나누어 생각해볼 수 있다. 하나는 안위와 정희현이 함께 방화를 계획했을 가능성이고, 또 하나는 안위와 정희현이 서로의 생각을 모르는 채 방화를 계획했을 가능성이다. 전자라면 작전 성공 후에 이순신과 이원익이 각각 장계를 올리며 부하의 공을 내세웠으나, 이원익을 대신하여 보고한 김신국이 자세한 내막을 파악하지 못하는 상태로 장계를 올리는 바람에 이순신이 허위 장계를 올렸다고 판단한 것이 된다. 후자라면 서로의 계획을 모르는 상태에서 각각 방화를 추진한 덕분에 왜영의 피해 상황이 예상보다 커졌으나, 안위와 정희현 중 한쪽에서 상대가 한 일까지 자신이 한 일로 착각하여 본의 아닌 허위 보고를 올린 것이 된다. 물론 네 번째 역시 추측에 불과하다. 하지만 이후 안위도 정희현도 모두 벌을 받지 않고 오히려 방화에 따른 공을 인정받았다는 점을 고려한다면 가장 가능성이 높아 보인다.

네 가지 가능성 모두 추측에 불과하므로 이 중 첫 번째 경우가 사실일 수도 있다. 그러나 그렇다 하더라도, 거짓을 고한 자들은 아무런 벌도 받지 않는 상황에서 이순신은 부하에게 속았다는 이유 하나만으로 대역 죄인이 된 것이다.

둘째, 적을 놓아주어 치지 않은 것은 나라를 저버린 죄: 요시라의 반간계와 가토의 도해

둘째, 적을 놓아주어 치지 않은 것은 나라를 저버린 죄. 이는 가토 기요마사의 도해를 막지 않은 죄를 의미한다. 조정은 이순신에게 가토를 막으라고 명했지만 이순신은 함정이라 생각하여 출전하지 않았다. 그러나 결국 가토는 건너왔고 이순신은 그 죄로 파직당했다. 흔히 '고니시 유키나가의 반간계'로 알려진 이 사건의 실제 과정은 어떠했을까?

1596년 말, 조선 조정은 가토 기요마사가 이듬해인 1597년 2월에 일본에서 조선으로 건너올 것이라고 예상했다. 정보의 출처는 명확히 파악할 수 없지만, 경상우병사 김응서가 요시라에게서 건네 들었을 것이라고 추정된다. 요시라는 고니시 휘하의 승려로, 김응서와 고니시 사이를 왕래하며 조일 양국의 외교 창구와 같은 역할을 담당했다. 가토가 조선으로 다시 올 것이라는 소문만 나돌던 어느 날, 요시라는 김응서를 찾아가 은밀히 말했다.

우리 고니시 유키나가 장군께서는 '이번에 강화가 이뤄지지 못한 것은 가토 기요마사 때문이다. 그렇잖아도 미운 그자가 며칠 뒤에 반드시 바다를 건너올 예정인데, 제발 수전에 능한 조선군이 바다에서 기다리고 있다가 이 기회를 놓치지 말고 쳐부숴주면 좋으련만'이라고 말씀하셨습니다.

–《징비록》

김응서는 요시라의 말을 조정에 알렸다. 가토와 고니시의 불화는 조선에서도 유명했으므로 조정은 김응서의 보고를 믿었다. 그리고 수군에게 가토의 도해를 대비하여 정탐선을 보내 정찰할 것을 명하며, 정확한 날짜를 알 수 없기에 대비하는 데 어려움이 있다는 이야기를 더했다. 이해 12월, 김응서는 새로 입수한 정보를 조정에 보고했다. 조정에서 논의한 내용으로 추정해보면 김응서는 가토의 도해와 관련한 정보를 장계했던 것으로 추측되나, 그때까지는 정확한 도해 날짜가 전달되지 않은 듯싶다. 비변사는 고니시의 기만 공작일 가능성을 염려했지만, 조정은 가토와 고니시의 사이가 워낙 나쁘므로 믿어볼 만한 정보라고 판단했다.

그러나 조정은 정말 중요한 한 가지를 간과하고 있었다. 일찍이 무산된 바 있는 명나라와 일본의 평화협상 진행 시에 심유경과 함께 사기극을 주도했던 주인공이 바로 고니시 유키나가였다는 사실이다. 평화협상 사기극의 내막이 드러나자, 심유경은 물론 고니시 또한 죽을 뻔한 목숨을 가까스로 부지한 상태였다. 아무리 사이가 나쁘다고 해도, 도요토미 히데요시를 속인 죄로 생사의 기로에서 겨우 돌아온 고니시가 조선과 내통해 가토를 제거하려는 계략을 세울 리가 없었다. 만약 발각된다면 그때는 정말 목숨을 내놓아야 할 상황이었다. 그러므로 고니시가 이 같은 제안을 해왔을 때 조선은 먼저 교란 작전의 여부를 파악해야만 했다. 그러나 비변사 등의 우려에도 불구하고, 조정에서는 가토의 목을 벨 수 있는 기회라는 데 솔깃해서 일을 추진한 것이다.

1597년 1월 11일, 김응서는 요시라에게서 '본국(일본)에 있던 가토가 군사 7천 명을 이끌고 4일에 대마도에 도착했다. 만약 순풍이 분다면 곧장 바다를 건너서 조선으로 들어올 예정이다. 조선 측에서 전함 50척을 부산의 기장 근처에 정박해두고 경상좌수영과 합세한 다음 그중 5~6척으로 부산 앞바다를 오가게 한다면, 나는 가토에게 경솔하게 조선으로 건너와서는 안 된다고 통지하겠다. 가토는 관백(도요토미 히데요시)에게 조선 출전은 문제없다고 자신했으므로, 조선수군이 가로막아 바다를 건너지도 못한다면 큰 벌을 받을 것이다'라는 자세한 정보를 듣는다. 고니시가 요시라를 시켜 전하도록 한 것이었다.(《선조실록》 선조 30년(1597) 1월 19일)

이것이 만약 사실이라면 전황에 큰 영향을 미칠 정보였다. 그대로만 진행된다면 차도살인지계借刀殺人之計로 가토를 제거할 수 있었다. 이 내용은 즉각 도원수 권율에게 전달되었고, 권율은 이순신에게 직접 알리려고 나섰다. 19일에는 위 내용을 담은 장계가 조정에 도착했다.

그러나 이 정보엔 중대한 문제점이 있었다. 김응서의 장계대로라면 그가 요시라로부터 고니시의 전언을 들은 날은 1597년 1월 11일이다. 도원수 권율이 김응서에게 가서 정보를 파악한 것은 이튿날인 12일이므로, 김응서와 권율이 이순신에게 전달한 날짜는 아무리 빨라도 12일 이후일 것이다. 이때는 이미 시기적으로 늦어버린 후였다. 권율은 10~12일 사이에 고니시에게 선물을 전달하였는데, 가토의 군선 150여 척이 이미 12일에 바람을 타고 서생포로 건너왔으며 130척은 가덕도에서 하루를 보낸 뒤 14일에 다대포로 건너왔다는 보고를 듣게 되었다. 따라서 권율과 김응서가 고니시의 정보를 듣자마자 이순신에게 전했다 해도, 출전 준비와 이동 시간 등을 감안한다면 그때 얻은 정보로는 이미 도해를 막을 수가 없었다. 현장에서 바로 대응한다 해도 12일에 입수한 정보로는 14일에 다대포로 건너온 130여 척의 함대도 막아내기 힘들다. 더군다나 조정에서는 1월 23일에야 가토의 도해 사실을 알게 되었다.

그럼에도 고니시는 조선의 정탐꾼이었던 송충인에게 '조선이 하는 일은 번번이 이러하여 이 같은 호기를 놓치게 되었으니 실로 애석하다'고 말하며 모든 잘못을 조선에게 전가했다.(《선조실록》 선조 30년(1597) 1월 22일) 그것으로도 모자라 '가토가 이미 바다를 건너왔으니 혹시라도 내가 요시라를 통해 알려준 소식을 들킬까 걱정이므로, 이 모든 일은 비밀로 해야 한다'며 생색을 냈다. 하지만 고니시가 돌아가는 상황을 몰랐을 리는 없으므로, 이것은 아마 조선의 내분을 꾀하기 위해 의도된 행동이었을 것이다.

이 시기의 《난중일기》는 전하지 않지만, 조경남의 《난중잡록》으로 그의 행적을 쫓아가 볼 수 있다. 1월 6일, 이순신은 한산도에서 여수의 전라좌수영 본영으로 돌아왔다. 이날 경상도의 부체찰사 한효순이 전라좌수영으로 와서 이순신과 함께 적을 막기 위한 방법을 논의하고는 순천으로 떠났다. 이순신은 한산도로 가려 했으나 풍랑을 만나 남해현에서 머물렀다. 그리고 경상좌수영에서 올린 '요시라가 말하기를, 이달 10일에 가토 등이 비바람이 부는 가운데 군사를 이끌고 바다를 건너와 옛 병영으로 다시 들어갔다고 합니다'라는 보고를 듣게 되었다. 이날이 바로 1월 10일이었다.

이순신이 가토의 도해를 보고받은 것은 김응서가 장계한 것보다 이른 시점이었다. 게다가 순풍이 분다면 곧장 올 것이라는 말과 달리 비바람을 뚫고 왔으므로, 요시라의 정보도 정확하고 진실된 정보가 아니었다. 그리고 설혹《난중잡록》에 기록된 도해 시기가 틀렸다고 해도, 가토는 이미 12~14일 사이에 바다를 건너버렸으므로 조선수군은 출동하여 막을 틈이 없었다.《선조실록》과《난중잡록》모두 잘못된 정보를 기록한 것이 아니라면, 이는 정보에 혼선을 주려는 고니시의 의도였을 가능성이 높다. 또한 둘 중 어느 한쪽의 정보가 맞다 해도, 이순신이나 조정에서 그 소식을 접하고 파악한 시점에는 가토의 도해가 더 이상 유용한 정보가 될 수 없었다.

일본의 재침공이 확실시된 시점이라 해도, 이순신에게 가토를 막아내지 못한 책임을 묻는 것은 현실적으로 무리한 요구이다. 21세기인 오늘날에도 잠수함 외의 군함은 기상 상황에서 자유롭지 못하다. 하물며 16세기 말의 판옥선이 바다 한가운데에서 언제 들이닥칠지 모를 적을 늘상 차단할 수는 없는 노릇이다. 자칫 부산포의 적과 대마도에서 건너오는 적에게 양방향으로 포위당할 수도 있으므로, 정확한 작전을 실행하려면 적이 움직이는 시기를 알아야만 했다. 그리고 적의 움직임을 알아챘을 때에는 이미 조선의 영해로 건너온 후였기에 막을 도리가 없는 것은 당연했다.

또 한 가지, 흔히 이순신은 정유년(1597)에 부산 출전을 거부했다가 하옥된 것이라고들 하는데, 과연 사실일까?

당시 이순신은 파직당하고 옥에 갇히는 바람에 장계나 일기를 남길 만한 여유가 없었지만, 《선조실록》에 실린 장계와 훗날 이순신의 후임이 된 원균의 장계 등을 통해 이순신이 김응서와 함께 조정의 명령대로 수군을 이끌고 부산포로 진격했다는 사실을 확인할 수 있다.

선조 30년(1597) 3월 20일 기사에는 새로운 통제사 원균이 2월 28일에 올린 장계가 인용되어 있다. 장계는 '이순신이 부산포 앞바다로 가서 진퇴하며 조선수군의 위세를 과시한 것은 이미 전 통제사 이순신이 보고하였습니다'라는 글로 시작한다. 그러나 이어지는 내용은 사뭇 분위기가 다르다. 장계에 따르면, 이순신의 배는 곧 좌초하여 적에게 배를 빼앗길 상황에 빠졌다. 그러자 배의 군사들이 구해달라고 외치기 시작했고, 이 소리를 들은 안골포만호 우수가 빠르게 노를 저어 그리로 도달했다. 그러고는 이순신을 업어 자신의 배로 옮겼으며, 이순신의 배는 선미에 연결해서 간신히 안골포로 끌고 왔다. 원균은 이에 덧붙여 이 출전으로 조선군사가 바다 가득히 죽어 왜적의 비웃음만 사게 되었으니 관련한 장수들을 문책해야 한다고 건의했다. 또 나주판관 어운급이 기계와 군량을 한 번에 모두 태워버려 적의 코앞에서 참담한 화를 불러일으켰으므로 그 죄 역시 조정에서 벌해야 한다고 건의했다.

원균의 장계만 보자면 이순신의 부산포 진격은 완전한 실패다. 그러나 보고 당사자가 누구인지를 잊어서는 안 된다. 원균은 좌초에 대해서는 보고했으나, 함께 출전했던 김응서에 대해서는 전혀 언급하지 않았다. 또한 장계 첫머리에 이순신이 이미 보고했다고 나와 있지만, 이순신이 보고한 장계는 전하지 않는다. 그러므로 원균의 장계만으로 당시의 모든 정황을 판단하는 것은 무리라 할 수 있으며, 이와 관련한 다른 기록을 같이 볼 필요가 있다. 다행히 도원수 권율이 정탐꾼이나 김응서 등의 보고를 받고 조정에 올린 장계가 남아 있으므로, 이를 바탕으로 하여 이순신의 정유년 부산포 진격을 조금이나마 재구성하는 것이 가능하다.

김응서의 보고를 인용한 권율의 장계에 따르면, 김응서가 동승한 수군 함대가 부산포로 진격한 날짜는 1597년 2월 10일이었다. 정탐꾼들은 권율에게 조선수군의 배가 2백여 척이었다고 보고했지만, 김응서의 보고에는 63척이라고 되어 있다. 아마도 정탐꾼이 선박의 수를 과장했거나 판옥선 외의 배까지 셈하여 보고했던 듯하다. 조선수군이 부산포 앞바다에 정박하자, 일본은 군사 3백여 명을 보내 저항하려고 했다. 권율이 다른 장계에서 '왜장들은 각기 군장을 갖춘 뒤에 우리 수군을 향해 조총을 쏘고 창검을 휘둘렀으나, 조선군을 크게 해치지 말라는 고니시의 명령이 있었다'고 보고한 것을 보면, 일본의 저항은 있었으나 큰 전투가 벌어지지 않았음을 짐작할 수 있다. 날이 저물어 절영도로 후퇴하자, 요시라가 찾아와 고니시의 말을 전했다.

나는 우리 장수들에게 '조선의 전함은 무려 1천여 척이나 된다 하니, 각 진에서는 휘하의 왜인들을 엄히 단속하여 조선을 도발하지 말라'고 말해왔다. 그러나 작금의 조선수군을 보니 수도 적거니와 위용도 보이지 않아, 내 말은 모두 거짓이 되어버렸다. 일찍이 가토는 도요토미 히데요시에게 '나는 고니시와 달라서, 내가 군사를 거느리고 조선으로 간다면 조선 왕자의 사과를 받는 것은 물론이고 땅도 빼앗을 수 있다'고 큰소리를 쳤다. 도요토미는 가토의 말만 믿고 있으므로 나는 통분할 따름이다. 그러니 하루이틀 안에 많은 전함을 모아 조선수군의 위세를 떨친다면, 다른 장수들이 가토를 원망할 것이며 가토는 어쩔 수 없이 바다로 나올 것이다. 이때를 노려 가토를 공격하는 것이 어떻겠는가.

전언대로만 된다면 조선수군이 바다로 나와 버티기만 해도 가토가 나올 테지만, 그대로 따르자니 여러모로 무리였다. 조선의 수군이 모두 집결한 상태도 아니거니와 겨울 바다에서는 기상 상황도 좋지 않았다. 특히 가토가 있는 서생포는 파도가 험했다. 설령 가토가 진짜 바다로 나온다 해도 적지에 장기간 머무르는 것은 위험 부담이 컸다.

이틀이 지난 12일, 이순신과 김응서는 논의 끝에 배를 돌렸다. 그리고 잠시 가덕도에 정박했는데, 일본이 이곳으로 기습하여 초동(땔나무를 하는 아이)을 죽이고 조선인 5명을 잡아 갔다. 이에 이순신은 '우리 초동을 죽였으니 그 죄를 묻지 않을 수가 없다'며 적진으로 전진했다. 조선수군에 맞설 수 없었던 일본군은 험한 곳으로 숨어들어 가서 응사했다. 그러자 안골포만호 우수가 자신의 배에 김응서 휘하의 항왜 17명을 태워 돌진했다. 우수의 배에서는 연이어 대포를 발사했고, 눈앞에서 일본군 10여 명이 죽는 것을 확인할 수 있었다. 후에 요시라는 일본 군관 6명과 군사 8명이 즉사하고 17명이 중상을 입었다고 말했다. 가덕도에서 소규모 전투를 치른 조선수군은 영등포 앞바다로 옮겨 가서 이후의 사태를 방비했다.

14일에는 요시라가 조선의 진영으로 다시 찾아와, 일본 장수들이 안골포에 모여 회의한 내용을 고한 다음 서장 한 통을 요구했다.

"우리 장수들은 '공격할 수 있을 때만 공격하고 그 외에는 공격을 하지 말고, 명의 조정에서 명령을 내릴 때까지 더 이상 전쟁을 확대하지 말자'고 결정했습니다. 그러나 가토는 3월에 경상도와 전라도를 치면 조선도 쉽게 왕자를 볼모로 보낼 것이라 주장하였고, 고니시 장군을 제외한 다른 장수들 모두가 찬성했습니다. 그러므로 병사(김응서)께서 '일찍이 명나라의 사신들이 귀국길에 오를 때, 도요토미 히데요시는 왜의 장수들에게 천자의 조처가 내려올 때까지 전쟁하지 말고 기다리라는 문서를 보냈다. 그러나 왜의 많은 군사들이 우리 마을을 침략하고 부녀자를 겁탈하고 조선인을 죽이고 있다. 이것은 도요토미의 명령을 무시한 행동이다. 그러니 명나라에서 회답이 있을 때까지 이 같은 행위를 금지시키는 것은 어떻겠는가. 우리가 바다에 배를 거느리고 나온 것은 이 같은 연유를 묻는 것뿐이다'라고 서장을 쓴 후에 서명날인하여 고니시 장군에게 보내신다면 그것을 여러 장수들에게 돌려 보인 뒤에 도요토미에게도 전할 것이며, 이로써 가토의 계략도 막을 수 있을 것입니다."

김응서는 요시라가 원하는 대로 서장을 만들어주었다. 그리고 앞뒤 상황을 살펴본 결과, 당장은 가토도 출전하지 않을 터이므로 더 이상 부산 인근에서 거둘 수확이 없다고 생각하고 주둔지로 복귀할 것을 결정했다.

권율은 김응서의 보고를 장계로 올리면서 정탐꾼의 보고와는 크게 다르다는 말을 더했다. 그중에서도 안골포만호가 탔던 배가 실화한 이유와 사후선 2척을 빼앗기고 사람들이 잡혀간 사실은 아예 거론하지 않았으므로, 이 사실을 숨기는 듯하다고 덧붙였다. 이것으로 미루어 원균의 장계 가운데 나주판관 어운급의 실화 사건은 사실이 맞는 듯하다. 그러나 원균의 장계에 나온 이순신의 좌초 사건은 권율의 장계에 언급되지도 않았으며, 조선군사가 바다 가득히 죽었다는 내용 역시 부산포에서는 별다른 전투가 없었다는 권율 · 김응서의 보고와는 상충되는 부분이므로 둘 다 사실이 아니었던 것으로 추정된다. 조선수군을 이끌었던 이순신은 하옥 중이었으므로 장계나 일기를 쓸 수 없었으니 이보다 더 자세한 내막은 알 수가 없다.

모든 상황을 종합적으로 살펴보자. 우선 가토의 도해에 관련해서는, 그 정보를 접했을 때 이미 저지가 불가능한 상황이었다. 그리고 이순신은 조정의 명에 따라 수군을 출동시킨 것이었다. 이 시점에서 '적을 놓아주어 치지 않은 것은 나라를 저버린 죄'는 성립할 수가 없다.

정보를 흘렸던 고니시는 가토의 도해를 저지하는 것이 무리라는 것을 알면서도 조선 측의 실책으로 일을 망친 것처럼 책망하며, 서둘러 병력을 모아 조선수군의 위세를 과시하라고 요구했다. 그러나 실상 일본도 수년간의 전투를 통해 어느 정도 조선에 대한 정보를 쌓은 터였다. 조선수군을 모두 합친다 해도 1천 척이 될 수 없음은 조선도 일본도 모두 알고 있는 사실이었다. 그러나 이순신을 시기하고 있던 선조는 고니시의 교묘한 심리전에 너무나 쉽게 말려들었고, 이순신을 폄하하기 시작했다.

> 왜추(고니시 유키나가)가 손바닥을 보듯 가르쳐주었거늘, 이를 실패하고 말았다. 조선이 하는 일은 번번이 이렇다는 조롱까지 들었는데, 한산도의 장수(이순신)는 편히 누워 무얼 해야 하는지도 몰랐다.
>
> — 《선조실록》 선조 30년(1597) 1월 23일

이처럼 정황이 따라주지 않았음에도 선조는 이순신에게 모든 잘못을 덮어씌워 죄인으로 만들었던 것이다.

셋째, 남의 공을 가로채고 남을 무함한 한없이 방자한 죄: 모함한 자는 누구인가

'남의 공을 가로채고 남을 무함한 한없이 방자한 죄'란 이순신이 원균의 아들이 세운 공을 가로채고 모함한 죄를 말한다.

원균 옹호론에서는 이를 들어 '원균은 이순신을 모함한 적이 없다'며, 원균은 그저 이순신을 뒤이은 통제사였기 때문에 그 같은 오해를 산 것뿐이라고 한다. 심지어 모함한 쪽은 이순신이라고까지 한다. 그 증거로

제시하는 것은 이덕형이 이순신과 원균 사이의 불화를 조사하고 보고한 《선조실록》의 기사이다. '오성과 한음'으로 후대에도 명망 높은 명신 이덕형의 조사 결과이기 때문에 신뢰할 수 있다고 주장하는데, 그렇다면 이덕형의 조사 내용은 과연 무엇이었을까?

> 이순신은 '원균이 조정을 속이고 열두 살짜리 아들을 군공에 올렸습니다'라고 원균을 모함한 바 있습니다. 원균이 '내 아들은 이미 열여덟 살이나 되었으며, 활 쏘고 말 타는 데 능합니다'라고 대답하기에, 그들을 대질시켜보았더니 원균의 말은 옳은 데 비해 이순신의 말은 군색하였습니다.
>
> -《선조실록》 선조 29년(1596) 2월 4일

이 기사만으로는 정말로 이순신이 원균을 모함한 듯 보인다. 게다가 이덕형이 거짓을 고했다고 생각하기도 어렵다. 하지만 이덕형의 보고에는 중대한 허점이 하나 있는데, 그것은 이순신이 지적한 원균의 아들과 이덕형이 보고서에서 언급한 원균의 아들은 동일 인물이 아니라는 사실이다.

이보다 2년 앞선 1594년, 김수 역시 같은 문제로 선조에게 보고를 올린 적이 있다. 이때 김수는 이순신이 원균에게 불만을 가지게 된 이유는 원균이 열 살 난 첩의 아들을 군공에 올렸기 때문이라고 말했다.(《선조실록》 선조 27년(1594) 11월 12일) 그러나 이덕형이 보고한 원균의 아들은 정실부인의 아들이었던 원사웅이었다. 즉 이순신은 고작 열 살에 불과했던 서자를 문제 삼았으나, 원균은 나이가 더 많은 적자 원사웅을 내세우며 되려 이순신을 몰아붙인 것이었다.

또한 이덕형의 보고에는 일시와 장소가 없다. 이덕형 자신이 직접 대질했는지도 확실치 않다. 결정적으로 전쟁이 끝난 1598년 12월, 이덕형은 1596년에 했던 말을 자신의 입으로 부정했다.

> 신은 이순신과 한 차례 서신만 왕래했을 뿐 그의 사람됨을 직접 확인해본 적이 없습니다. 그리하여 그가 어떤 사람인지도 모르는 채 원균의 말만 믿고, 장수로서 능력은 출중할지 모르나 진실한 면모는 부족하다고 생각해왔습니다. 그러나 신이 내려가서 만난 주민들은 한결같이 이순신을 칭찬하며 추대하였습니다. …… 그제야 신은 이순신의 재능이 남들보다 뛰어나다는 것을 알게 됐습니다. …… 우리나라에는 이처럼 훌륭한 장수가 있으니 우려할 일이 없다고 생각하였습니다.
>
> –《선조실록》 선조 31년(1598) 12월 7일

이덕형은 이순신을 직접 만나본 적이 없으며, 대질 역시 직접 행한 것이 아님을 증명해주는 대목이다. 이덕형은 자신이 원균의 말만 듣고 이순신을 평가 절하했다고 솔직히 고백했다. 모함을 꾀했던 이는 이순신이 아니라 원균이었으며, 이덕형은 그 사실을 장계에서 밝힌 것이었다. 이순신의 진실과 원균의 거짓을 알게 된 이덕형은 나라를 위해 순직한 이순신에게 각별한 포상을 시행해달라고 건의했다.

이처럼 이덕형은 자신이 원균의 모함으로 이순신을 잘못 판단했다고 솔직히 인정했다. 그렇다면 이덕형 외의 사람들은 어땠을까? 원균은 이덕형 단 한 명에게만 이순신의 험담을 해댔을까? 물론 그럴 리는 없다. 《선조실록》에는 한날 한시에 이원익과 이덕열이 선조에게 원균과 이순신에 대해 보고하는 장면이 등장한다. 우선 이원익의 발언이다.

> 이순신은 스스로 변명하는 일이 그다지 없습니다. 그러나 원균은 언제나 발끈하였습니다. …… 원균은 이순신에 대해 분한 말을 자주 했다고 합니다. …… 원균은 '이순신은 뒤로 물러가서 돕지 않다가 천 번이고 만 번이고 불러야만 겨우 군대를 이끌고 나왔다'고 말했습니다.
>
> -《선조실록》 선조 29년(1596) 11월 7일

그리고 이덕열의 발언이다.

> 이순신은 열댓 번을 불러야 겨우 나왔으면서도, 자신이 맨 처음으로 쳐들어갔기 때문에 왜선을 60여 척이나 잡아들일 수 있었다고 고한 것이라 합니다.
>
> -《선조실록》 선조 29년(1596) 11월 7일

원균이 이순신의 험담을 해댄 대상은 이덕형 한 사람이 아니었음을 알려주는 기록으로, '원균은 이순신을 모함한 적이 없다'는 원균 옹호론자들의 주장이 옳지 않다는 것을 증명해준다. '남의 공을 가로채고 남을 무함한 죄'를 지은 사람은 이순신이 아니라 원균이다. 그러나 원균은 도리어 이순신을 모함하고 이순신에게 죄를 덮어씌웠다. 그로 인해 이순신이 파직당하고 하옥되었으니, 이것이야말로 군색한 죄목에 분하디분한 일이었다.

살펴본 바와 같이 이순신의 세 가지 죄는 모두 실체가 불분명한 죄목뿐이다. 그럼에도 불구하고 불패의 이순신을 시기하는 아군 속의 적들은 그를 모함하거나 죄주기 위해 갖은 애를 썼다. 일본의 재침략이 가시화된 시기는 그런 '이순신 죽이기'가 정점에 다다른 시점이었다.

이순신, 파직당하다

선조는 이순신과의 불화 때문에 원균을 육군으로 전출시키기는 했지만, 그 후에도 변함없이 원균을 총애했다. 이미 수군을 떠나버린 원균과 이순신을 종종 비교했으며, 그때마다 원균을 높이 사고 이순신을 폄하했다. 원균을 다시 수군으로 보내려는 내심도 종종 비추었다.

선조: 세간에서는 이순신을 무어라 평하던가?

김응남: 그는 쓸 만한 장수입니다. 원균은 문제가 있긴 하지만 힘이 좋아 선전할 때도 있습니다.

선조: 이순신은 본디 힘껏 싸우던 장수였으나, 언제부터인가 불성실해지고 적을 토벌하는 일이 없어져 의심이 생겼다. 또 세자가 남쪽으로 갔을 때, 세자는 이순신에게 수차례 사람을 보내 불러들였으나 한 번도 온 적이 없었다.

김응남: 원균이 이순신에게 군사를 요청하여 승리를 얻은 것임에도

이순신의 공이 더 크게 인정받아 둘의 사이가 벌어졌다고 합니다.

선조: 이순신의 인품은 어떠한가? 성공할 수 있는 자인지 모르겠다.

김응남: 장졸들의 말에 따르면 이순신은 수선스럽지 않고 중도를 지키는 자인 듯합니다. 그러나 지금 거제도를 지키기 위해서는 원균을 보내야 한다고 생각합니다.

–《선조실록》 1596년(선조 29년) 6월 26일

유성룡: 경상도의 수군 중에는 원균을 원망하는 자가 많으므로 그에게 맡길 수는 없습니다. 또 이순신과 사이가 나쁜 것은 조정에도 널리 알려졌기에 두 사람이 함께 의논하도록 시도했으나 원균이 발끈했습니다.

선조: 내가 들은 바에 따르면, 본디 군사를 청한 것은 원균이었으나 조정에서 원균보다 이순신의 공을 높이 샀기 때문에 원균이 노하게 된 것이며, 적을 사로잡을 때에도 원균이 선봉에 섰다고 한다.

유성룡: 원균은 가선대부가 되었을 뿐인데, 이순신은 정헌대부의 자리에 올라 원균이 노한 것입니다.

선조: 내가 들은 바로는 실상 공이 큰 이는 군사를 청했던 원균이고 이순신은 그저 뒤를 따라갔다고 한다. 이순신이 왜인을 많이 잡은 것은 맞지만, 실제로 전공을 세운 이는 원균이었다고 한다.

이원익: 전라도에 있는 적선이 뒤에서 돌진할 수도 있으므로 어쩔 수 없이 뒤에서 따라갔던 것입니다. 수급도 원균보다 이순신이 많습니다.

정탁: 두 장수 모두 허물이 있으며 이순신은 가벼이 대할 수 없는 장수이니, 그들에게 하교를 내려 화해시키는 것은 어떻겠습니까?

이원익: 원균은 첫 전투부터 패배가 잦았으나 이순신만은 패하지 않고 전공을 세웠으므로 그들이 다투게 된 계기는 여기서 비롯되었습니다.

–《선조실록》 선조 29년(1596) 11월 7일

누가 보아도 이순신을 의심하고 원균을 도와주려는 마음이 역력하다. 기회가 될 때마다 이순신을 깎아내리고 원균을 치켜세우는 데 여념없던 선조는 일본의 재침을 대비하는 논의를 할 때마저 편애를 멈출 줄 몰랐다. 심지어 그 전 달에는 뇌물수수로 사헌부의 탄핵을 받았던 원균을 비호하며, '얼마 전에 욕심 많은 사람이라 하여 원균에 대한 탄핵이 들어온 적 있었다. 그러나 원균은 지극히 청렴결백한 사람인데, 어찌하여 그에게 욕심이 많다고 하는 것인가?'라는 말까지 했다. 그러자 이원익이 그 자리에서 '어찌 원균이 지극히 청렴하기까지 하겠습니까' 하며 왕의 말을 받아쳤으니, 원균에 대한 선조의 편애가 어느 정도였는지 짐작할 만하다.(《선조실록》 선조 29년(1596) 10월 21일)

선조는 일본의 재침이 눈앞으로 다가와 이를 대비해도 부족할 판국에 불세출의 명장 이순신과 불세출의 겁장 원균을 저울질했다. 이것은 선조 개인의 감정 문제에 국한되지 않고 조선 전체의 위기를 불러왔다. 두 번째 왜란이 임박해오자 화친을 주장했던 온건파 유성룡은 입지가 약해지는 바람에 큰소리를 낼 수가 없었고, 그나마 이원익이 적극적으로 이순신을 변호했으나 이날의 논의는 여기서 중단되었다. 그러나 이는 시작에 불과했다. 이틀 후인 11월 9일에는 윤두수의 동생 윤근수가 원균을 다시 경상우수사로 임명하자고 말한 데 더해, 이순신과 원균의 불화가 문제시되지 않도록 경상도의 수군통제사를 겸하게 해 이순신과 원균의 직위를 대등하게 만들자는 의견까지 내놓았다. 선조는 '매우 아름답고 기쁘다'라고 답했다. 윤근수의 건의는 당장 반영되지는 못했지만, 얼마 후부터는 윤두수도 원균의 수군 복귀를 주장하여 이 안건은 점점 공론화되었다.

그리고 해가 바뀐 1597년, 가토의 도해와 고니시의 정보 공작이 한창 진행 중이던 때를 다시 살펴보자. 1월 22일 원균은 선조에게 다음과 같은 내용의 장계 한 통을 올렸다.

> 우리 수군을 이끌고 바다로 나가 위세를 과시해야 합니다. 일찍이 일본수군은 우리 수군에게 전패당하였습니다. 따라서 가토 기요마사는 해전이 불리하다는 사실에 겁을 먹고 있으며, 조선수군의 위세를 보게 된다면 군사를 거두고 돌아갈 것이 분명합니다. 신은 수군에 있었기 때문에 이런 사정을 아주 잘 알고 있습니다.
>
> —《선조실록》 선조 30년(1597) 1월 22일

가토의 도해와 부산포 진격을 한창 논의하던 시점에, 원균의 장계는 그를 이순신의 대항마로 격상시켜주는 역할을 했다. 그리고 이날 이후 이순신을 파멸시키려는 계략은 본격적으로 진행되었다.

이산해: 수군이 힘껏 싸워줘야만 합니다. 신이 전라도에서 원균을 만났을 때, 그가 왜적을 무서워할 이유가 대체 무엇이냐고 하기에 처음에

는 그저 망령된 말이라고 생각했습니다. 그러나 이는 우리 수군을 믿고 한 말이었습니다. 얼마 전에 김신국이 돌아와 하는 말이, 도체찰사(이원익)도 수군을 믿고 있다고 하였습니다.

선조: 왜추(고니시 유키나가)가 손바닥을 보듯 가르쳐주었거늘, 이를 실패하고 말았다. 조선이 하는 일은 번번이 이렇다는 조롱까지 들었는데, 한산도의 장수(이순신)는 편히 누워 무얼 해야 하는지도 몰랐다.

윤두수: 이순신은 왜구를 두려워하는 것이 아니라, 싸우는 데 싫증이 난 것입니다.

이산해: 이순신은 정운과 원균이 없어 그렇게 체류했던 것입니다.

김응남: 정운은 이순신을 억지로 나가 싸우게 하였고, 이순신이 해전에서 승리한 것도 대부분 정운의 격려로 가능했던 것입니다. 정언신은 늘 정운의 됨됨이를 칭찬하였습니다.

선조: 과인은 이순신이 가토의 목을 베어 오길 바란 것이 아니었다. 그저 배로써 위세를 떨치며 해상을 순회하라는 것이었는데, 끝까지 못하였으니 못내 한탄스러울 뿐이다.

– 《선조실록》 선조 30년(1597) 1월 23일

원균의 장계가 올라온 이튿날 선조와 조정 신료들이 논의한 내용이다. 그들은 한마음 한뜻으로 입을 모아 이순신을 매도했다. 그나마 이순신을 믿어주었던 이원익은 도체찰사를 겸하느라 하필 자리를 비운 상태였다.

이들이 비난한 내용은 한결같이 용렬하기 짝이 없다. 정운이 이순신의 등을 떠밀어 출전시켰다는 말은 근거 없는 낭설에 불과하다. 1592년 1차 출전 당시의 이순신은 관할 구역을 함부로 벗어날 수 없기 때문에 출전하지 못했던 것뿐이며, 어명을 받은 후에는 곧 출전 준비를 했다. 이때 원래 계획은 전라우수영과 합세하여 출격하는 것이었으나, 상황이 급하므로 단독 출전이라도 해야 한다는 정운의 의견을 받아들였던 것이었다. 당시 전라우수영과 합세하려고 했던 까닭은 원균이 경상우수영의 병력을 와해시켰기 때문이다. 이순신은 어명이 내려오자 당장이라도 나갈 수 있는 병력을 추려 한시라도 빨리 출격하려 했으나, 경상우수영이 사실상 와해됐다는 소식을 접하고는 조금이라도 더 병력을 모아 나가려고 했던 것이었다. 원균이 초기에 제대로 된 대응만 했어도 이순신은 굳이 전 병력이 모일 때까지 기다릴 필요가 없었고, 전라도수군은 경상도를 구원하는 것이 아니라 지원만 해도 되었을 것이다. 이와 같은 앞뒤 사정을 모두 무시한 채 이순신을 겁쟁이로 비하하면서, 정작 일이 지연되게 한 원흉인 원균의 수군 복귀를 논의한 것이다.

윤두수: 이순신은 조정의 명에 따르지 않고 출전하지 않아 이번 일을 성사시키지 못했으니 통분할 따름입니다.

정탁: 이순신은 실로 유죄합니다.

선조: 이순신의 사람됨을 알 수가 없다. 이순신이 부산왜영을 불태웠다고 조정에 속여 보고하였는데, 사실일 리도 없다. 이제는 가토의 목을 베어 오더라도 그의 죄를 용서할 수가 없다.

유성룡: 신과 이순신은 어린 시절부터 같은 동네에서 자랐기에 그를

잘 알고 있어 능히 직무를 수행할 인물이라고 여겼습니다. 성품이 강직하고 남에게 굽힐 줄 모르는데, 신이 천거하여 공을 세우고 정헌까지 되었으니 분수에 넘칩니다. 대체로 장수는 뜻을 이루고 기를 펴면 교만하고 게을러지게 마련입니다.

선조: 무장으로서 조정을 경멸한 이순신을 용서할 수가 없다. 우의정이 내려갈 때, '전시에는 원균을 장수로 삼아야 한다'고 말하였다.

김응남: 수군 장수로서는 원균만 한 인물이 없습니다.

선조: 수군의 선봉으로 원균을 세울 생각이다.

윤두수: 이순신을 전라충청통제사로, 원균을 경상통제사로 세우는 것은 어떻겠습니까?

이덕형: 원균은 임진년의 첫 수전에서부터 이순신과 의견이 달랐는데 결국 이처럼 되었습니다. 원균을 경상좌도로 보내는 것이 무방합니다.

선조: 원균을 좌도로 보낼 수는 없다.

– 《선조실록》 선조 30년(1597) 1월 27일

선조의 마음은 이순신에게서 완전히 떠나버렸다. 발언권이 약화된 유성룡은 이순신을 변호할 처지가 못되었다. 훗날 〈신구차伸救箚〉를 올려 이순신을 구하려 했던 정탁마저 이 순간에는 나설 엄두도 못 냈다. 더 이상 이순신을 지켜줄 사람도, 원균을 막을 사람도 없었다. 이덕형은 원균을 경상좌수사로 임명하자는 절충안을 내놓았는데, 이는 경상좌도가 일본의 주둔지에 가로막혀 다른 삼도수군과 분리되어 있기 때문이었다. 선조의 기분도 맞춰가며 이순신의 입지도 흔들지 않으려 했던 것이었으나, 선조는 일언지하에 거절했다. 그리고는 원균을 경상우도수군절도사 겸 경상도통제사로 임명했다.

2월 4일, 최악의 상황이 도래했다. '적을 토벌하지 않고 놓아두었으며, 나라를 배반한 죄가 크다'는 이유로 사헌부가 이순신을 탄핵한 것이었다. 원균이 탄핵받을 때에는 바로 거부했던 선조가 이순신의 탄핵에는 '천천히 결정하겠다'고 대답했다. 그리고 이틀 후에 곧바로 결정을 내렸다. '이순신을 잡아 오라.' 이순신은 곧 파직당했고 체포되었다. 그리고 그의 후임으로 선출된 원균은 경상도통제사를 거치지 않고 삼도수군통제사로 곧장 부임했다.

두 번째 백의종군

1597년 3월 4일, 부산포에서 돌아오자마자 체포된 이순신이 한양에 도착했다. 그리고 3월 13일, 선조는 이순신을 어떻게 처벌할 것인지 의논하라는 전교를 내렸다. 조정은 한산도의 사찰을 위해 성균관 사성 남이신을 어사로 파견했다. 남이신이 전라도에 들어서자 발걸음을 옮기는 곳곳마다 군사와 백성 들이 나와 길을 막고 이순신의 억울함을 호소하며 눈물을 흘렸다. 현장에서 상황을 알아본 남이신은 이순신이 뒤집어쓴 죄목이 얼마나 터무니없는지 알 수 있었지만, 이 같은 사실을 숨긴 채 전혀 다른 보고를 올렸다.

가토 기요마사가 섬에서 7일 동안이나 머물러 있었다고 하옵니다. 그러니 만약 우리 수군이 가서 지켰더라면 가토 기요마사를 반드시 잡을 수 있었는데 이순신이 주저하며 며칠을 보내는 바람에 그만 좋은 기회를 놓쳐버리고 말았사옵니다. –《징비록》

김명원은 임진왜란 초기의 도원수로, 임란 최초의 승리를 이끌었던 부원수 신각이 처형당하게 했던 당사자였다. 그러한 김명원도 선조에게 남이신의 보고가 사실이 아닌 듯하다고 고했으며 선조도 이에 동의했지만, 이순신에 대한 문초는 그대로 진행되었다. 이순신이 옥에 갇히자 많은 사람들이 탄식했고, 이를 안타까워하던 사람들은 서신을 보냈다. 임진년부터 이순신과 함께했던 전라우수사 이억기는 이순신에게 편지를 보내 이와 같이 이야기했다.

머지않아 우리 수군은 패할 것입니다. 이제는 우리도 어디서 죽을지 모르겠습니다.

그러나 이억기는 옥에 갇힌 이순신을 도울 길이 없었을 뿐만 아니라, 두 번 다시 살아서 만나지도 못했다.

시기심으로 가득한 왕과 이에 맞장구치는 간신배만 존재했더라면, 이순신은 살아남지 못했을 것이다. 하지만 그의 진면목을 아는 사람들이 구명 운동에 나선 덕에 이순신은 가까스로 목숨을 부지할 수 있었다.

이순신의 종사관으로 둔전을 관리했던 정경달은 이순신의 사면을 청했고, 이덕형 또한 구명에 나섰다. 함경도의 지방군사 몇 명은 과거에 응시하기 위해 한양에 올라왔다가 이순신의 하옥 소식을 접하고는 그를 석방하여 북병사로 임명해달라는 장계를 올리려 했다. 대신들 중에도 적극적으로 구명 활동을 펼쳤던 이가 있었으니, 바로 판중추부사 정탁이었다. 정탁은 이순신을 살리기 위해 죽음을 각오하고 장문의 상소를 올렸다. 무려 1,298자에 달하는 이 상소가 그 유명한 〈신구차〉이다.

정탁의 〈신구차〉는 선조의 마음을 움직이는 데 성공했다. 장문의 상소를 읽은 선조는 4월 1일, 이순신에게 사형 대신 백의종군을 명했다. 이순신이 옥에서 풀려나자 무의공 이순신, 유성룡, 정탁, 김명원 등이 직접 찾아오거나 사람을 보내 위로의 말을 전했다. 그러나 죽음만 면했을 뿐 선조의 마음은 완전히 바뀐 것이 아니었다. 그저 아직은 이순신을 죽일 때가 아니라는 사실을 인지한 것뿐이었다. 임진년의 공으로 정2품 정헌대부가 되었던 이순신은 통제사에서 파직당하고 품계도 삭탈당한 채 백의종군을 위해 길을 나선다.

목숨은 부지했지만 불행이 끝난 것은 아니었다. 여수에 있던 어머니 변씨가 아들의 하옥 소식을 듣고 부랴부랴 배를 타고 아산으로 올라오던 중 서해의 바다 위에서 숨을 거뒀다. 변씨는 자신의 죽음을 예견이라도 했던 것인지 여수를 떠날 때에 관 하나를 배에 실었다. 그리고 아들을 보려고 떠난 길에서, 끝내 얼굴 한 번 보지 못하고 세상을 하직했다. 1597년 4월 11일의 일이었다.

새벽에 꿈이 몹시 심란하여 이루 말할 수가 없었다. 마음이 매우 언짢

아서 취한 듯 미친 듯 마음을 종잡을 수가 없으니 이게 무슨 징조일까. 병드신 어머님을 생각하니 나도 모르게 눈물이 흘렀다. 종을 보내서 어머님의 안후를 알아 오도록 했다. －《난중일기》 정유년(1597) 4월 11일

이순신은 어머니의 변고를 직감적으로 느꼈는지, 4월 11일에 이와 같은 일기를 남겼다. 그리고 이틀 후 어머니의 부고를 전해 듣는다.

일찍 아침을 먹고 어머님을 마중하려고 바닷가로 가는 길에 홍 찰방 집에 잠깐 들러 이야기하는 동안 아들 울이 종 애수를 들여보내 '아직 배 오는 소식이 없다'고 했다. 조금 있다가 종 순화가 배에서 와서 어머님의 부고를 전한다. 뛰쳐나가 둥그러지니 하늘의 해조차 캄캄하다. 곧 해암으로 달려가니 배가 이미 와 있었다. 길에서 바라보는, 가슴이 미어지는 슬픔이야 이루 다 어찌 적으랴. －《난중일기》 정유년(1597) 4월 13일

변씨는 전라좌수영이 있는 여수에 머물렀으므로, 이순신은 종종 어머니를 찾아뵈었다. 먼저 낳은 아들들이 일찍 세상을 떠나 이순신에 대한 애정이 더욱 각별했을 터이지만, 변씨는 수군의 수장인 아들에게 심려를 끼칠까 봐 이순신이 하직 인사를 올릴 때에도 '잘 가거라, 나라의 치욕을 크게 씻어라' 하고 토닥일 뿐 헤어지는 슬픔을 입 밖으로 내뱉지 않는 강직한 어머니였다. 그런 어머니를 잃은 슬픔은 말로 표현할 수도 없었겠지만, 죄인의 신분이었기에 삼년상은커녕 백 일도 장례를 모실 수가 없었다. 아무것도 할 수 없던 이순신의 슬픔은 배가되었을 것이

다. 그러나 친한 벗 오종수 등이 발 벗고 나서서 도와준 덕에 이순신은 크게 위로받았다.

> 늦게 입관했다. 친한 벗 오종수가 진심으로 호상을 정성껏 해주니 뼈가 가루가 되어도 잊기 어렵다. 관에 대해서는 다른 유감이 없으니 이것만은 다행이다. 천안수령이 들어와서 행상을 준비하고, 전경복이 연일 진심으로 상복 만드는 일을 돌봐주니 슬프고 감사한 마음을 어찌 말로 다하랴.
>
> –《난중일기》 정유년(1597) 4월 15일

이순신은 어머니의 관을 빈소에 모신 뒤, 제대로 장례 치를 틈도 없이 도원수부로 향했다. 내려가던 길에는 옛 부하인 정사준 · 이기남 등이 찾아와 이순신을 만났고, 도원수 권율은 군관을 보내 문상을 했다. 그리고 6월 8일에는 드디어 도원수부에 도착하여 상복을 입은 모습으로 권율과 만나게 되었다. 파직과 하옥, 백의종군과 모친상 등 여러모로 어려움에 처한 이순신에게 위로 차 갖가지 선물이 들어왔지만, 이를 모두 거절했다가 결국에는 물건값을 치르고 사는 형식으로 받았다. 삭탈관직당하고 사형만 면한 채 백의종군하게 된 이순신이지만, 어머니를 닮은 강직함은 이때에도 여전했음을 보여준다.

| 제7장 |

조선수군 붕괴의 원흉

삼도수군통제사 원균

안방준의 문집 《은봉전서》에는 원균이 삼도수군통제사가 된 날 친척 어른께 문안한 일화가 나온다. 원균은 동암공 안중홍에게 인사를 올린 뒤 '나는 이 직책이 영광스러운 것보다는 이순신에게 치욕을 갚게 되어 통쾌합니다'라고 말했다. 이를 본 안중홍은 그가 돌아가자 이렇게 말하며 오랫동안 탄식했다.

"원균은 큰일을 할 수 없는 사람이다. 조괄이나 기겁 같은 인물도 필시 원균보다는 나을 터이다."

조괄은 중국 전국시대 조나라의 장군이었다. 진나라의 백기에게 패배하여 보급로를 차단당하는 바람에 40만 대군이 굶는 상황에 이르자, 진나라의 포위망을 뚫으려다 전사했다. 기겁은 중국 전국시대 연나라의 장군으로, 제나라의 장수 전단에게 속아 넘어가 전투에 패배하고 전사했다. 원균은 친척에게 이들보다도 못하다는 평가를 받은 것이다. 나라를 지키기 위해서가 아니라 오로지 이순신에게 치욕을 갚고 싶어 통제사가 됐다고 자랑하니 누가 봐도 기가 찰 법했다. 그런 마음가짐으로 통제사가 되었으니 하는 일도 변변치 않았다. 하지만 이순신을 몰아내고 차지한 자리니만큼 전투를 치르지 않을 수는 없었다.

1597년 3월 9일, 권율은 이억기의 보고를 바탕으로 새 통제사의 해전을 장계했다. 거제도 기문포에 일본의 대 · 중 · 소선 3척이 상륙했다는 소식에 조선수군이 출병하고 보니, 일본군은 밥을 짓는 중이었다. 원균은 조선수군의 위세에 눌려 그저 목숨만을 부지하기 바란 일본군을 잘 구슬린 뒤 장수 7명을 자신의 배에 태웠다. 그러고는 술을 주고 기문포에서 떠날 것을 요구했다. 일본 장수들은 기쁜 마음으로 배를 타고 출항했는데, 이때 원균은 떠나가는 왜선을 향해 화포를 쏘라고 명령했다. 이 전투에서 고성현령 조응도가 사망했고 다른 군사와 격군의 피해도 속출했으며, 조응도의 배는 일본수군에게 탈취당했다. 임진왜란 개전 최초로 해전에서 판옥선을 탈취당한 것이었다. 조선수군은 일본군이 앗아간 조응도의 배를 화포로 공격하여 불태우고 겨우 전투를 마무리했다. 권율의 보고를 들은 선조는 이렇게 전교했다.

> 통제사 원균은 임명받자마자 적선 3척을 포획하고 수급 47급을 바치는 무용을 떨쳤다. 즉시 원균 등 공을 세운 사람을 논상하고 격려하라.
>
> -《선조실록》 선조 30년(1597) 3월 25일

그러나 조선수군이 기문포로 출전했을 당시, 일본 군사들은 전쟁을 준비하기는커녕 밥을 짓고 있었다. 어렵지 않게 항복받을 수 있는 상황이었음에도 원균은 일부러 술을 먹여 상대를 방심시키고는 뒤에서 공격하는 비겁한 수를 사용한 것이었다. 그 때문에 아군 장수가 전사하고 판옥선까지 빼앗겼다. 게다가 일본 측에서 서로 합의하에 나무하러 간 인력들을 조선군이 죽였다고 항의하는 상황에 이른다. 일본의 항의 내용 또한 조선수군이 거뒀다는 전과와도 차이가 컸다. 조선수군은 적선 3척을 포획했다고 했지만 일본은 1척이라고 했으며, 조선수군은 일본군의 수가 80명이라고 했지만 일본은 32명이 있었다고 했다. 일본이 주장한 피해 규모는 조선에 보낸 공식 항의였기에 축소해야 할 이유가 없다. 일본의 항의대로라면 조선수군이 과장된 보고를 했다는 결론이 나온다. 수일간의 소규모 전투에서 죽인 적의 수를 모두 합치면 장계의 숫자가 나올 수도 있겠지만, 며칠 동안 치른 전투를 한날의 전투로 합쳐서 과장되게 보고했다는 사실은 달라지지 않는다.

결국 원균이 승전했다고는 하나 아군의 피해만 늘린 데다 적국의 항의까지 받게 되었으므로, 그에 대한 포상 논의도 없던 일이 되었다.

곤장 맞은 삼도수군통제사

이순신은 한산도에 운주당을 지어 거처하며 밤낮없이 장수들을 불러 모아 전쟁에 대해 의논했다. 그러나 원균은 운주당을 첩과 함께 술 마시는 장소로 삼았다. 운주당이 졸지에 음주당이 된 것이다. 또 이순신이 시행하던 법령을 바꾸고 이순신이 신임하던 장수도 박대했으니, 부하의 입장에서 새 삼도수군통제사를 존경하기도 어려웠을 것이다. 혹자는 이를 이순신의 부하들 책임으로 돌리기도 하지만, 애당초 이순신을 모함하여 몰아내고 온 데다 부임해서도 한심한 짓만 골라서 하니 따를 사람이 있을 리 만무했다. 장수들은 장수들대로 원균을 비난하고 비웃었으며 작전이나 군사에 대해 의논하지도 않았다.

그러나 오직 한 사람, 선조만은 충청병사였을 때에도 통제사가 됐을 때에도 원균에게는 아낌없는 총애를 주었다. 물론 한 가지 단서는 있었다. '나가서 싸워야 한다'는 것이다. 원균이 충청병사였을 때는 전쟁도 소강 상태였으므로 어물쩍거릴 수도 있었지만, 그가 삼도수군통제사로 부임한 시점에서의 상황은 완전히 달랐다. 일본군은 병력을 증강하고 다시 도해한 상태였다. 특히 제대로 싸우지 않는다는 이유로 이순신을 폄하하고 파직시켰으니, 원균이 나아가 싸우지 않는다면 왕으로서 체면이 설 수가 없었다.

그러나 막상 나가 싸우라는 압력을 받자 원균은 슬슬 입장을 바꾼다. 그러고는 장계를 올려 '육군이 안골포와 가덕도를 공격하면 수군이 장수포 등지에 진을 치겠습니다. 노쇠한 자를 제외하더라도 조선의 군사가 30여만 명은 될 것이기 때문에, 7~8월의 여름 장마가 오기 전인 지금, 즉 4~5월 사이에 대대적으로 수륙병진 하여 겨루어야 합니다'라고 주장했다.(《선조실록》 선조 30년(1597) 4월 19일)

혹자는 '원균이 현지 사정을 알고 수륙병진을 요청했지만 무시당했다'

라며 비호하기도 하지만 이는 변명에 불과하다. 안골포야 그렇다 쳐도 가덕도는 섬이다. 자신이 지휘하는 수군은 가만히 둔 채 육군에게 바다를 가르고 와서 섬을 공격해달라고 요구한 것이다. 또 조선군이 30여만 명이나 될 것이라고 주장했으나 이 역시 현실적으로 불가능한 수치였다. 전쟁 발발 이듬해였던 1593년까지 조선은 17만 명의 군사를 동원할 수 있었지만, 1597년에는 기근과 전염병 및 명나라 군대에 대한 보급 등의 이유로 병력 동원 능력이 현저히 떨어진 상태였다. 무리를 한다면야 어떻게든 30만 명을 모을 수는 있었겠지만, 30만을 갑자기 모집한다 하여 그들이 곧바로 훈련받은 정예군으로 바뀌는 것은 아니며 그 병력을 유지하는 것도 쉬운 일이 아니다. 또한 북방 여진족이 건재한 이상 남해안에만 모든 병력을 집중시킬 수도 없었다. 사실상 불가능한 요구를 늘어놓은 후 그다음에야 자신이 병력을 움직이겠다는 것은 전쟁에 임하기 싫다는 의사를 돌려서 표현한 것에 불과하다.

비변사는 선조의 총애를 고려하여 일단 '적을 치려는 의지가 매우 결연합니다'라고 치켜세운 뒤, '가덕도는 바다에 있으므로 수군이 아닌 이상 나아갈 수 없고, 30만 명의 군사는 4~5월 내에 모집하기 어렵습니다'라며 원균의 요구를 거절했다.

그러나 조정은 수군의 중요성을 인식하고 있었기에 이순신이 있을 때와는 달리 많은 지원을 해주었다. 이순신은 수군 관할 고을에서 육군 군사 징발하는 것을 장계로써 겨우 막아냈지만, 원균에게는 육군으로 가야 할 병력까지 먼저 지원해주었다. 당시 진주에서는 전쟁을 대비하여 제석산성을 쌓았는데, 이에 필요한 병력이 5천 명이었다. 그러나 조정에서는 이 병력을 수군으로 전출시켜주었다. 1597년 5월 13일에 보고된 삼도수군의 격군 수가 약 1만 3천 명이라는 점을 본다면 정말 파격적인 지원이 아닐 수가 없다. 원균이 통제사로 부임한 지 몇 달 만에 이순신이 갖은 애를 쓰며 모은 병력의 3분의 1 이상을 더 지원해준 것이다. 물론 조정에서 이 병력을 지원한 것은 거저 준 것이 아니라 일본과 싸우라고 준 것이었다. 제석산성으로 가야 할 병력을 수군으로 돌려준 도체찰사 겸 우의정 이원익은 원균이 전 병력을 이끌고 결전을 치르기보다는 병력을 나누어 교대로 출진해가며 위세를 과시해 적군을 견제하길 바랐다. 상황이 이쯤 되자 아무리 운주당을 음주당으로 만든 원균이라도 계속 술만 마시고 있을 수는 없었다.

1597년 6월 18일, 삼도수군통제사 원균은 수군을 거느리고 한산도에서 출발했다. 이번에는 이원익의 종사관인 남이공이 동승했다. 출진 첫날은 장문포에서 숙영하고, 다음 날에는 안골포의 적진으로 진격하여 전투를 치렀다. 조선수군을 당해낼 수 없던 일본은 해안 위로 도망갔고, 조선은 적선 2척을 빼앗았다. 그 후 가덕도로 이동했으나 그곳의 일본군은 안골포의 전투를 알고는 이미 섬으로 피신한 후였다. 별 수 없이 추적을 그만두고 빠져나오려는데 안골포에 남아 있던 일본군이 역습을 해왔다. 다시 벌어진 전투에서 평산만호 김축이 눈 밑에 탄환을 맞았고, 보성군수 안홍국이 전사했다. 결국 원균은 부산포까지 진출하지도 못한 채 한산도로 돌아오게 되었고, 또다시 출전하기가 싫은 듯 주저하는 모습을 보였다. 그러나 이원익은 이날의 전투를 장계하며 '6~7월은 일본이 동남풍을 타고 넘어오기 좋은 기간이므로 수군이 바다에서 왕래하며 적을 마주치거든 막아 죽이거나 적이 바다로 나오지 못하게 하는 편이 유익합니다'라는 말을 더하였다.

7월 4일, 원균은 다시 출전을 나섰다. 명색이 삼도수군통제사이므로 한산도에만 틀어박혀 있을 수는 없었던 것이다. 백의종군을 나섰던 이순신은 이때 알 수 없는 불길한 기운이라도 느낀 것인지, 7월 7일자 《난중일기》에 원균의 꿈을 꾼 이야기가 나온다.

> 꿈에 원공(원균)과 한자리에서 만났는데, 내가 원공 위에 앉아 음식상을 받자 원공이 즐거운 기색을 보이는 것 같았다. 무슨 징조인지 알 수 없다. 박영남이 한산도에서 와서 말하기를 '주장의 잘못으로 대신 죄책을 받기 위해 원수에게 붙들려 왔다'는 것이었다.
>
> – 《난중일기》 정유년(1597) 7월 7일

경상우수사 시절에 상관이었던 통제사 이순신을 무시하고 모함하던 원균이 비록 꿈이긴 하나 이순신이 상석에 앉아도 즐거워했다니, 미래에 대한 일종의 암시였던 것일까?

7월 8일 웅천에 이른 조선수군은 이곳에서 일본과 전투를 벌였다. 경상우수사 배설이 선봉으로 나서서 적선 10척을 격침시키고 군량 2백여 섬을 빼앗는 전과를 거두었다. 빼앗은 배와 군량을 불태웠지만 적세를 꺾는 데는 큰 도움이 되지 못했다. 게다가 대마도에서 부산으로 향하던 일본 함대 1천여 척까지 나타났다. 조선은 먼 바다로 향하면서 이들에게 공격을 시도했다. 일본은 수적으로는 우세였으나, 단 한 번도 해전에서 조선을 이겨보지 못했기 때문에 전투를 기피했다. 그러나 격군들이 장시간의 항해로 지친 상태에서 무작정 일본을 쫓아 먼 바다로 나갔던 조선수군은, 풍랑의 영향으로 배를 통제하기 어려운 상황에 처했다. 판옥선 5척이 기장현 두모포에 표류했고, 7척은 어디로 갔는지 알 수도 없을 만큼 떠내려갔다. 문제는 이 7척이 하필이면 가토군이 주둔한 울산 서생포에 표류했다는 사실이다. 서생포에서 뭍으로 내려온 조선수군은 일본군에게 섬멸당했고, 간신히 살아남은 종 세남만이 이 사실을 증언했다.

> 저녁때 영암 송진면에 사는 노비 세남이 서생포에서 발가벗은 몸으로 왔기에 그 까닭을 물으니 7월 4일에 전 군사의 우후가 타고 있던 배의 격군이 되어 5일에 칠천량에 이르러 자고, 6일에 옥포로 들어갔다가, 7일 새벽에 말곶을 거쳐서 다대포에 이르니 왜선 8척이 정박해 있었다고 한다. 이를 보고 여러 배들이 바로 돌격했더니 왜인들은 남김없이 육지로 올라가고 빈 배만 걸려 있었다. 우리 수군들은 그것을 끌어내어 불 지르고, 그길로 부산 절영도 바깥 바다로 향했다. 그때 적선 1천여 척이 대마도에서 건너오는데, 싸우려고 했더니 왜선들이 흩어져 회피하므로 끝내 잡아 초멸할 수도 없었다. 세남이 탄 배와 다른 배 6척은 배를 제어하지 못하고 서생포 앞바다까지 표류하였는데, 뭍으로 오르려고 할 때 거의 다 살육을 당하고 세남만 혼자서 수풀 속으로 들어가 목숨을 건져 간신히 여기까지 왔다고 한다. – 《난중일기》 정유년(1597) 7월 16일

결국 조선수군은 부산에 더 오래 머무르기는 무리라는 판단 아래 함대를 돌렸다. 이튿날인 7월 9일, 다시 부산포에서 해전을 벌였으나 원균의 지휘를 받던 조선수군은 전선 20여 척을 잃고 별다른 전과 없이 철수해야 했다. 훗날 조정 회의에서 이 전투에 대해 '7월 9일의 전투에서는 군졸들이 겁을 먹고 화살 하나를 못 쐈다고 합니다'라고 표현했을 정도로 무기력한 해전이었다. 이는 사실상 패배나 다름없었다.

이틀이 지난 7월 11일에 원균은 도원수 권율이 있는 곤양으로 소환되어 그곳에서 곤장을 맞았다. 이 일이 있기 바로 며칠 전인 7월 7일에도 군관 박영남이 원균을 대신하여 곤장을 맞았지만, 권율은 그것만으로는 부족하다고 깨닫고 급기야 삼도수군통제사 본인에게 곤장을 치기에 이른 것이었다. 권율이 곤장을 친 것은 원균의 기를 죽이려는 것이 아니라, 자신만만하게 큰소리를 쳤으니 나가서 제대로 싸우라는 뜻이었다. 물론 아무리 도원수라 하더라도 삼도수군의 최고 책임자에게 장형을 집행한 것은 지나친 일일지도 모른다. 하지만 통제사가 되면 부산으로 진격하겠다던 원균은 출전을 거부했을 뿐 아니라 겨우 떠밀려서 출전한 때에도 이렇다 할 전과를 거두지 못했다. 겨울이라 기상 상태가 좋지 않은 2월에도 부산포로 진격했던 이순신과는 너무나도 비교되는 모습이었다. 더군다나 원균에게 요구했던 것은 조선수군을 모두 이끌고 나가 일본군을 섬멸하라는 것도 아니었고, 부대를 나누어 번갈아 출진하며 조선수군의 위세를 과시하고 일본군을 견제하라는 것 정도였다. 이것이 우의정 겸 도체찰사 이원익과 비변사의 뜻이었으며 원균의 임무였다. 이를 위해 육군 병력까지도 지원받았다. 그러나 원균은 핑계를 대며 출전을 미루다가, 울며 겨자 먹기로 겨우 출전해서는 전공을 세우기는커녕 판옥선마저 잃고 돌아왔다. 그것도 일본이 해전에 능했기 때문이 아니라 경계 소홀, 격군의 무리한 노동 등 지휘관의 능력 부재 때문에 벌어진 사태였다. 실상 원균에게 출전을 요구했던 이는 권율이 아니라 선조였으므로, 급기야 원균에게 이 같은 전언을 내리기도 했다.

> 이전처럼 후퇴하고 적을 놓아준다면 나라의 법에 따를 것이며 나 역시 사사로이 용서하지 않겠다.

선조가 원균에게 했던 말 중 전에 없이 강경한 어조였다. 선조도 원균을 마냥 총애할 수는 없었다. 원균의 실패는 이순신을 끌어내린 자신의 실패를 의미하는 것이었기 때문이다. 따라서 선조와 원균 사이에 낀 중간 관리자인 권율 역시 수군의 출전을 독려할 수밖에 없었으며, 원균이 계속 지지부진한 모습만 보이자 결국 곤장이라는 극약 처방을 내리게 된 것이었다. 결국 삼도수군통제사 원균에게 내린 장형의 원인 제공자는 원균 자신이었다.

칠천량해전

곤장까지 맞은 원균은 아픈 엉덩이를 어루만지면서 7월 14일 다시 부산을 향하여 출전했다. 조정은 부대를 나누어 교대로 적을 견제하길 바랐지만, 원균은 전 병력을 이끌고 나갔다. 당대에는 '한산의 무너짐', 근대 이후에는 '칠천량해전'이라고 부르는 전투가 본격적으로 시작된 것이었다.

당시 육지를 장악한 일본이 조선수군을 관측하며 곧바로 정보를 전달하여 일본수군이 회심의 역습을 가했다는 식으로 이 전투를 묘사하는 경우가 많다. 하지만 일본수군은 이때에도 여전히 조선수군과의 해전을 회피했고, 조선수군 역시 압도적인 수적 열세에 눌려 별다른 전투를 벌이지도 못하고 물러났다.

아무 성과도 없이 부산포에서 물러난 조선수군은 가덕도에 이르러서 잠시 휴식을 취했다. 군사들이 물을 마시기 위해서 땅에 내렸을 때, 매복해 있던 왜적들이 뛰어나와 덮쳤다. 그래서 장수와 군사 4백여 명을 잃게 되었다. 가덕도는 적지인 만큼 물을 마시더라도 경계를 철저히 해야 했고, 일단 공격을 받았으면 당연히 군사들을 구하기 위한 조치를 취해야 했다. 그러나 원균은 그와 같은 지시를 내릴 생각조차 하지 못했다. 게다가 이순신이 가덕도에서 공격받은 후 강력한 보복 작전을 실시하여 끌려간 군사들을 돌려받은 것과는 대조적으로, 원균은 별다른 대응도 못 한 채 급히 가덕도를 떠나버렸다.

《난중잡록》에는 앞서 설명한 바와 같이 7월 11일에 원균이 곤장을 맞았다고 기록되어 있지만, 《징비록》 등에는 이 가덕도 사건 후에 곤장을 맞은 것으로 나와 있다.

고성에 있던 권율은 원균이 아무런 전과도 올리지 못했다면서 급히 여러 사람에게 알리는 글을 띄웠다. 그러고는 원균을 불러다가 곤장으로 죄를 다스린 뒤 다시 전투에 임하라고 엄명을 내렸다. –《징비록》

《난중잡록》이나《징비록》중에 한쪽이 잘못된 기록일 수도 있고, 혹은 원균이 곤장을 두 번 맞은 것일 수도 있다. 한 차례든 두 차례든 원균이 곤장을 맞은 것은 계속해서 한심한 전투만 치렀기 때문일 것이다. 그러나 원균은 장형을 받고도 여전히 통제사로서 각성하지 못하고 출전 중에도 술을 마셔댔다. 조선수군의 최고 지휘관이라는 사람은 전장에서 술을 마시고 경상우수사 배설은 뱃멀미 때문에 제대로 지휘할 형편이 아니었으니 수군 지휘부가 제 기능을 수행할 리 없었다. 그뿐만 아니라 원균은 배설 등 부하 장수들이 적의 습격을 받을 수 있다는 이유로 함대 이동을 권해도 모두 무시하고, 조선수군을 칠천도 앞바다에 정박시켰다. 그러고는 야간에 아무런 경계도 하지 않았다.

7월 15일 밤, 일본은 조선의 군량선에 불을 지르고 달아났다. 해안 가까이 접근한 배에 불을 던진 적은 있었지만, 감히 조선수군의 정박지까지 접근해서 불을 지르고 달아난 것은 전무후무한 사건이었다. 당장에라도 뭔가 조치를 취해야만 하는 상황이었으나 원균은 여전했다. 정유재란 때 포로로 잡혀갔다가 돌아온 강항이 쓴《간양록》과 정희득이 쓴《해상록》에는 임진왜란 때 포로가 되어 일본 군선을 타고 칠천량해전을 본 조선인들의 증언이 실려 있는데, 그 내용만 봐도 조선수군의 대응이 얼마나 취약했는지 적나라하게 드러난다.

정유년(1597) 7월 15일에 왜장이 날쌘 군졸들을 이끌고 우리 진영의 동정을 살피러 다녔다. 우리 병선의 군사들은 깊은 잠에 빠져 코까지 골고 있었다. 이 모습을 본 왜적은 화포 두 발을 쏘았고, 우리 군사들이 당황해하자 우리 진영으로 일시에 진격하여 한산도를 무너뜨렸다.

전장의 기본인 야간 경계마저 없이 태평하게 자다가 적의 대포 두 발에 우왕좌왕한 것이다. 연전연승의 조선수군이 졸지에 오합지졸로 전락하는 순간이었다. 조선수군의 상태를 파악한 일본수군은 대대적인 공격을 가했다. 다음 날에는 이른 아침부터 일본이 복병선에 불을 붙이고 격파했다. 깜짝 놀란 원균이 북을 치고 화전을 쏘아 변고를 알렸으나 때는 늦었다. 갑자기 각 배의 옆에서 적선이 충돌해왔고 총탄 터지는 소리가 들려왔다. 그나마 날쌘 배 몇 척은 칠천도 앞바다를 빠져나올 수 있었지만, 다른 배들은 모두 포위당하고 말았다. 전라좌수영의 군량은 모두 왜적에게 넘어갔으며, 조선수군은 대혼란에 빠졌다. 원균은 이 상황을 수습할 능력도 의지도 없었다. 임진왜란 초기부터 수군에서 활약하며 정유재란 때 조방장으로 참전했던 김완은 싸울 의지를 내보였지만 남도포만호 강응표, 회령포만호 민정붕, 조라포만호 정공청, 해남대장, 강진대장 등은 도망쳐버렸다. 다른 배들이 도망치는 와중에도 홀로 맞서 싸우는 김완에게 도망치던 원균이 이렇게 외쳤다.

"두려움 없이 죽을 각오로 싸우는 모습을 보니, 가히 충성을 다하는 임금의 신하라고 할 만하다!"

그러자 김완이 대답했다.

"이처럼 급한 상황에 다른 진의 장수들은 어물쩍거리며 달아나기만 합니다. 빨리 장수 하나를 참하여 위엄을 보이십시오!"

그러나 원균은 김완더러 용맹하다는 말만 반복할 뿐 싸우려 들지는 않았다. 김완의 배에서 사상자가 늘어나는 상황에서도 원균은 돕기는커녕 슬금슬금 도망갈 뿐이었다. 결국 김완은 일본에 포로로 잡혀가게 되었고, 이듬해에 간신히 탈출하여 조선으로 돌아왔다. 그 외에도 전라우수사 이억기와 충청수사 최호가 마지막까지 싸웠지만, 조선수군 대부분이 도망친 데다 적진에 고립되었기 때문에 서로가 있는 곳을 알 수도 없고 연계도 불가능해 결국 이 전투에서 전사하고 말았다.

만약 원균이 도망칠 장소를 한산도로 선택하기만 했어도 수군 병력의 보존은 가능했을 것이다. 한산도에서 견내량을 봉쇄하면, 수적으로는 불리한 상황이라도 지형을 이용하여 맞서 싸우거나 전라도로 퇴각하여 후일을 도모할 수 있었다. 그러나 원균이 선택한 퇴로는 한산도가 아닌 춘원포였다. 이곳은 서쪽으로의 뱃길이 막힌 육지였으니 이는 곧 수군 군선을 포기하는 것과 마찬가지였다.

혹시 이미 적에게 포위당해 한산도로 물러날 길도 막혔던 것은 아닐까? 그러나 김완은 《해소실기》에서 '반수는 진해에서 패했고, 반수는 거제에서 달아났다'고 증언했다. 조선수군의 절반 정도는 달아날 여유가 있었다는 뜻이다. 칠천량해전에서 퇴각한 장수들이 격렬한 전투를 벌였다는 기록도 없다. 또한 배를 끌고 탈출한 수군의 수에 대해 일반적으로는 '경상우수사 배설만이 판옥선 12척을 끌고 도망칠 수 있었다'고 알려져 있지만, 실제로는 이보다 많은 배가 도망쳤다. 정확한 수는 알 수 없으나 《선조실록》을 보면 누군가 군관 최영길에게 '사량에 도착한 대선 18척과 전라선 20척은 본도에 산재해 있다'고 말했다는 권율의 보고 내용이 나온다.(《선조실록》 선조 30년(1597) 7월 6일)

훗날 이순신이 수군을 빠르게 재건할 수 있던 이유 중 하나도, 상당한 손실에도 불구하고 군선이 어느 정도는 남아 있었기 때문이다. 이 모든 정황을 미루어볼 때, 전투 초기까지는 한산도 방면의 퇴로가 완전히 막힌 것은 아님을 알 수 있다.

그러나 원균은 한산도 방면으로 도망친 일부 군선을 제외한 나머지 함대와 함께 춘원포로 이동했다. 스스로 바닷길이 막힌 곳으로 들어간 것이었다. 원균이 아무런 명령도 내리지 않았다면 아마 다른 배들은 본거지인 한산도로 가거나 혹은 두서없이 흩어졌을 것이다. 함대 전체가 일제히 춘원포로 향했던 것은 우연이라고 볼 수 없다. 상부의 누군가가 그렇게 명령을 내렸거나, 혹은 누군가가 춘원포로 앞장서 가는 것을 보고 일제히 따라간 것이다. 당시 이억기와 최호는 전사했고 배설은 한산도로 간 터이니, 이 같은 명령을 내리거나 먼저 이동하여 나머지 장수들을 일제히 따르게 할 만큼의 직위에 있는 사람은 오직 한 명, 삼도수군통제사 원균뿐이다. 조선수군을 막다른 곳으로 몰아넣은 장본인은 바로 원균이었다. 원균은 춘원포로 함대를 이동시킨 뒤 배를 버리고 육지로 도망갔다. 최고 지휘관이 싸울 생각은 전혀 않고 먼저 도망가니 휘하의 군사들도 바다 위에 판옥선을 버려둔 채 따라서 도망쳐버렸다. 치열한 전투는 없었다.

'수적으로 열세였기 때문에 바다에서 싸우는 데 한계에 부딪혀 육지에서 싸우려 했다. 그러나 이순신과의 관계로 원균에게 불만이 많았던 군사들이 이를 오해하고 도망쳤다'는 것이 원균 옹호론자들의 주장이다. 그러나 수적 열세 이전에 '조선수군은 경계도 안 하다가 겨우 정찰 부대가 조총 두 발 쏜 것에도 놀라서 우왕좌왕했다'는 것이 포로들의 증언이었다. 정상적인 군대의 모습이 아니다. 더군다나 조선수군은 당시 최강의 전력을 보유한 상태였다.

임진왜란 발발 이후 조선의 육군은 진주성전투나 행주대첩 같은 수성전에서는 대승해도 야전에서 승리한 경우는 드물었다. 그만큼 야전에서의 작전 능력은 일본에 비해 떨어졌던 것이다. 육군도 그럴진대 수군을 이끌고 진지 구축도 안 된 곳에서 소수로 다수를 상대하여 지상전을 펼친다는 것은 어불성설이다. 수적으로 열세라면, 화포도 있고 배도 더 튼실한 판옥선에서 싸우는 편이 훨씬 유리하다. 그럼에도 바다에서는 싸우지도 않고 지상으로 달아났다는 것은 지휘관으로서 정상적인 판단을 내리지 못했음을 뜻한다. 이에 대해 이순신까지 들먹이며 원균을 옹호하는 것은 이순신을 폄하하려는 의도로 보일 뿐이다. 간혹 '원래 원균은 육군에 적합한 장수였는데 수군으로 임명한 것이 잘못이다'라고 주장하기도 하지만, 앞서 말했듯이 '수군을 잘 안다'고 상소를 올렸던 사람은 원균 자신이었다.

조정은 판옥선에 원균과 동승했던 선전관 김식이나 진주목사 나정언 등이 칠천량해전 직후에 올렸던 보고를 통해 원균 이하의 장수 대부분이 전사한 것으로 판단했다. 그러나 이는 잘못된 보고를 바탕으로 한 잘못된 판단이었다. 김식은 도망가느라 상황을 제대로 파악도 못한 채 보고했고, 나정언도 마찬가지였다. 조정은 시간이 흐른 뒤에야 제대로 된 보고를 접하고 상황을 파악하게 되었다. 다음 달이 되어서야 이원익은 죽은 줄 알았던 수군 장수들이 대부분 살아 있다는 장계를 올렸다.(《선조실록》 선조 30년(1597) 8월 5일) 전사한 것으로 알려졌던 배흥립 등이 하나둘씩 살아서 나타나 명량대첩 전후에 수군으로 복귀했다. 이원익이 전사했다고 보고한 김완도 사실은 포로로 잡혀갔던 것이었고 훗날 탈출하여 돌아왔다. 결국 실제로 전사한 장수는 이억기와 최호, 두 수사 정도였다. 훗날 이순신이 단기간에 수군을 재건할 수 있었던 데에는 이들 수군 장수들이 칠천량해전에서 죽지 않고 복귀했던 영향도 크다. 그리고 대부분의 조선수군이 바다에서 도망쳤기 때문에, 일본수군은 판옥선을 태우는 것 이상의 전과를 올릴 수도 없었다.

육지에서도 일본은 큰 전과를 거두지 못했다. 다들 도망가버리는 통에 베어 죽일 적도 별로 없었다. 오죽하면 전쟁이 끝난 후 이덕형이 칠천량해전에 대하여 말하기를 '싸우지도 못하고 물이 마르듯이 모두 도망쳐버려 전사자가 한 명도 없다고 합니다'라고 할 정도였다. 전사자가 한 명도 없다는 말은 과장되긴 했지만, 이렇게 말하는 것이 무리가 아닐 정도의 상황이었다.

한산도로 도망친 경상우수사 배설은 이미 전력이 붕괴된 이상 오래 버티긴 힘들다고 생각하고, 막사와 양곡 및 병기를 모두 불태웠다. 성안의 백성들은 왜적이 침입하지 않을 만한 곳으로 피난시켰다. 그의 배 외에도 남은 배들이 더 있긴 했지만, 전라도는 배설의 관할도 아닌 데다가 남은 전력을 보존하기도 어려웠다. 그나마 남아 있던 배도 지휘관이 없어 움직일 수 없게 되면서 사실상 전력에 포함할 수 있는 군선은 10여 척 남짓 남게 되었다.

조선수군은 유례없이 참담하게 패전했다. 아무리 수적으로 불리하더라도 잘만 대처했더라면 최소한 완패는 피했을 것이다. 경계만 정상적으로 했어도 그만큼의 참패는 당하지 않을 수 있었다. 하다못해 한산도로 퇴각하기만 했어도 지형의 이점을 살려 일본수군의 서진을 차단할 수도 있었을 것이다. 결국 칠천량해전은 부하의 신망도 못 얻고 기본적인 전술도 실행 못하는 지휘관 때문에 패전한 것이었다. '칠천량해전'보다는 차라리 '칠천량해산'이라고 부르는 게 더 어울릴 듯한 전투였다.

원균은 전사하였는가?

일반적으로 원균은 칠천량해전에서 아들 원사웅과 함께 전사했다고 알려져 있다. 그러나 원균은 정말 아들과 함께 전사한 것일까?

우선 원균의 전사에 대한 기록부터 알아보자. 문제의 기록은 《선조실록》에 실린 선전관 김식의 장계이다. 김식은 칠천량해전에 원균과 동승해 참관했다.

> 원균은 늙어서 움직일 수 없었습니다. 신이 달아나면서 뒤를 돌아보니 왜적이 원균에게 칼을 휘두르며 달려들고 있었습니다. 그리고 이후의 생사는 자세히 알 수가 없습니다. －《선조실록》 선조 30년(1597) 7월 22일

김식의 장계는 조정에서 칠천량해전에 대해 가장 먼저 접했던 보고로, 패전의 양상과 원균의 전사에 대한 소식도 이에 근거한다. 김식은 원균이 움직이지 못한 것은 늙어서라고 하였는데, 과연 그 이유만이었을까? 《난중잡록》에는 '원균은 체구가 비대하고 건장하였다. 한 끼에 밥 한 말과 생선 50마리, 닭과 꿩을 서너 마리나 먹는 바람에 평상시에도 배가 무거워 잘 움직이지 못했다'고 기록되어 있다. 워낙 몸이 무거워 평소에도 제대로 거동하지 못했던 것이다. 전라도 곡성의 생원 오천뢰는 칠천량해전 후, '애초에 원균이 나라를 버린 것이 아니라 원균의 배[腹]가 원균을 버렸도다'라는 내용의 시를 지어 원균을 조롱했다.

한편, 김식 또한 달아나는 데 급급했으므로 그의 보고는 전투 양상을 제대로 담지도 못한 데다 잘못된 내용도 많았다. 제대로 된 보고서가 올라와 상황을 파악하게 되자 김식은 곧 파직당했다. 그와 같은 보고이니 원균의 죽음도 명확할 수 없었다. '이후의 생사는 자세히 알 수가 없습니다'라고 했을 뿐, 사망을 직접 확인한 것은 아니었다.

결정적으로, 살아 있는 원균을 목격한 기록이 확실히 남아 있다. 그것도 정사인 《조선왕조실록》에 실린 도원수 권율의 편지에 말이다.

> 이제야 한산도에서 나온 군관 최영길이 이렇게 말했습니다.
>
> "사지를 벗어난 원균이 진주 방면으로 떠나며 '사량에 도착한 대선 18척과 전라선 20척은 본도에 산재해 있고, 한산도에 있던 백성과 군기와 잡선 등을 모두 창선도로 옮겼으며, 군량 1만여 석은 덜어내서 불태웠

고, 도망친 배들은 격군들이 모두 육지 가까이로 정박시켜 사망자가 많지 않다'고 하였습니다." —《선조실록》 선조 30년(1597) 7월 26일

앞서 최영길에게 남아 있는 조선 군선에 대해 말해준 '누군가'는 바로 원균이었다. 그렇다면 이 기록은 다음의 세 가지 중 하나로 해석이 가능하다.

1. 최영길은 거짓말을 했다
2. 최영길은 의도적으로 거짓말을 한 것이 아니라, 사람을 잘못 보고 착각하여 보고했다
3. 원균은 그때까지 죽지 않았고, 그래서 최영길과 만났다

첫 번째 경우라면, 나중에라도 들켜서 처벌받아야 하지만 이에 대한 별다른 기록은 남아 있지 않다. 두 번째 경우를 보자. 최영길은 칠천량해전에는 참전하지 않았지만, 이전의 출전에는 권율의 명령으로 원균과 동승하여 전투를 참관했으므로 원균의 얼굴을 알고 있었다. 따라서 다른 사람을 원균으로 착각했을 리가 없다. 마지막으로 남은 것은 세 번째 가능성이다. 최영길의 보고 이후 조정은 칠천량해전에 대해 재조사를 했다. 이 과정에서 원균은 살아 있는 것으로 보고되었고, 조정도 이를 받아들였다.

이원익: 모든 장수들을 군법대로 처단할 수는 없으나, 원균은 주장이

었기 때문에 군사를 잃어버린 군율로 처단해야 합니다.

선조: 윤허하겠다. 다만 원균을 죽이려 한다면 그가 전심으로 복종하지 않을 수 있으므로, 이 점을 헤아리라.

비변사: 군사를 잃은 죄는 용서할 수 없습니다. 하지만 그동안의 모든 죄를 원균 한 사람에게만 지울 수는 없습니다. 그러므로 원균이 나타날 때까지 기다린 다음에 다시 의논하는 것이 어떨까 하옵니다.

–《선조실록》 선조 30년(1597) 8월 5일

이원익은 원균에 대해 '군율로 처단해야 합니다'라고 강경하게 주장했다. 전사한 장수를 부관참시하지는 않으므로, 이는 원균이 살아 있음을 뜻한다. 또한 비변사도 '원균이 나타날 때까지 기다린 다음에'라는 말을 한 것으로 보아, 원균이 잠적했다고 판단할 뿐 죽었다고 판단하지는 않았다.

이듬해인 1598년, 패전한 수군 장수에 대한 징계를 논의할 때에도 또다시 원균의 문제가 언급되었다.

비변사: 수군의 주장이었던 원균은 절제를 못하고 왜적이 불의에 기습하도록 만들어 전군을 함몰시켰습니다. 모든 것은 원균의 책임입니다.

선조: 원균 한 사람에게 모든 죄를 떠넘기면 안 된다.

〈**사론**史論〉 원균은 한산도의 패배로 책형을 받아야 한다. 다른 장졸들에게는 죄가 없다. 왜냐하면 원균은 본래 거칠고 사납고 무지한 사람으로, 이순신을 백방으로 모함하여 몰아내고 그 자리를 차지했기 때문이다. …… 그때의 그 죄를 책임질 사람은 누구인가.

— 《선조실록》 선조 31년(1598) 4월 2일

여전히 원균에 대한 변치 않는 사랑을 보이는 임금을 비롯하여, 비변사나 사론의 발언자인 사관까지 모두가 여전히 '원균은 살아 있다'는 가정하에 말을 하고 있다. 이상의 기록을 통해 전쟁이 끝날 때까지 조정에서는 원균이 살아 있다고 믿었음을 알 수가 있다. 또한 유성룡도 《징비록》에서 '누구의 말에 따르면 원균이 그곳에서 왜적에게 살해되었다 하고 또 누구는 달아났다고 하지만 확실하게 그 사실을 아는 사람은 아무도 없었다'라고 기록하여 원균의 죽음을 단정 짓지 않았다.

원균의 전사를 공식적으로 인정한 시점은 임진왜란이 끝난 후인 1601년 1월 17일이었다. 여전히 원균을 위한 변명을 멈추지 않던 선조는 이덕형과 국방을 논의하다가 원균 얘기를 꺼내면서 '《진서》에는 대장이 죽으면 차장을 참수한다고 나와 있다. 원균은 이미 싸움에 패하고 죽었으니, 그 휘하의 장수들을 다 죽이지는 못할지라도 사실을 밝히고 군율에 따라 처리해야 옳다. 원균의 후인後人 중에 고관대작이 된 자가 많음에도 불구하고 패전의 잘못을 모두 원균에게만 돌린다면 어찌 그의 본심이 후세에 전해지겠는가. 구천에 있는 원균의 넋도 어찌 자기 죄를 승복하고 억울해하지 않겠는가'라고 말했다. 《선조실록》 최초로 원균의 전사를 공식 인정한 발언이었다.

이전 연도의 사론에 원균이 전사했다는 말이 나오지만, 이것은 사초를 기록할 당시에 쓴 것이 아니라 《선조실록》 편찬 과정에서 덧붙인 것으로 보인다. 이외에는 《선조실록》 선조 34년(1601) 1월 17일의 기사가 원균의 전사를 처음으로 인정한 기록이었다. 그러나 여전히 원균의 시체를 봤다거나 원균의 죽음을 목격했다는 증인은 나오지 않았다. 어느 순간부터 원균은 전사자라고 공식적으로 인정되었다. 《연려실기술》과 같은 후대 사료야 그렇다 하더라도 《난중잡록》 등 당대의 기록에서도 원균은 전사했다고 나온다. 1600년에 나온 소설 《달천몽유록》에 원균이 귀신으로 등장한 것으로 미루어 민간에서는 그보다 일찍 원균이 전사했다고 알았을 수도 있다. 만일 최영길과 만난 후 얼마 가지 않아 죽었는데 확인이 늦어진 것이라면 그의 생존과 사망에 대한 기록이 크게 상충되지는 않으나, 그 여부는 정확히 고증하기 어렵다.

한편 원균의 아들 원사웅도 칠천량해전에서 원균과 함께 전사했다고 알려져 있다. 2010년에는 이를 소재로 하여 원사웅을 주인공으로 만든 동화도 나왔는데, 사실 원사웅은 그때 전사하지 않았다. 원사웅의 경우 칠천량해전이 끝나고도 한참 후까지 살아 있다는 기록이 존재하며, 그 중의 하나가 바로 조선의 국가공식기록인 《승정원일기》다. 《승정원일기》의 인조 6년(1628) 9월 26일 기사에는 원사웅元士雄에게 가의대부를 가자하였다는 내용이, 같은 해 12월 7일의 기사에는 원사웅元士雄을 가선대부로 낮췄다는 내용이 나온다. 이것은 인조 대에 공신과 공신의 적장자에게 가자를 하였다가 너무 높게 가자했다는 이유로 한 등급 낮춘 기록이다.

혹시 《승정원일기》에 등장한 원사웅元士雄과 원균의 아들 원사웅元士雄은 동명이인이 아니었을까? 당시 가자 명단의 대상은 임진왜란과 관련된 선무공신 · 호성공신, 종계변무(명나라의 《태조실록》과 《대명회전》에 잘못 오른 이성계의 세계世系를 고쳐달라고 청했던 문제)를 해결한 광국공신, 기축옥사와 관련된 평난공신, 인조반정에 공을 세운 정사공신, 이괄의 난 등 반란을 진압한 공신이 있었으며, 광해군 때의 공신은 인조반정 후에 삭제되어 해당되지 않았다. 그리고 이들 중에는 '원사웅'이란 이름을 가진 이도 없었다. 인조반정 이후 공신으로 책봉된 원씨는 있었지만 그의 이름도, 아들 이름도 원사웅이 아니었다. 또한 반정 이후의 공신들은 대부분 1628년에도 생존하여 본인이 직접 가자를 받았으므로 적장자가 대신 가자 받을 일도 없었다. 따라서 1628년의 《승정원일기》에 나온 원사웅은 원균의 적장자 자격으로 나온 원사웅이 확실하다. 《승정원일기》 외에 인조 대의 《공신회맹록》이나 1700년대의 원주 원씨 족보에서도 원사웅의 생존을 확인할 수 있다. 그러나 후대의 족보에는 원사웅이 전사했다는 조작이 이루어졌다. 그간 원주 원씨 측은 원균과 원사웅이 모두 칠천량해전에서 전사했다고 주장했지만, 이처럼 두 사람 다 이후에도 생존했다는 사실이 불확실한 구전이나 민간 기록도 아닌 국가공식기록에 남아 있다.

현재 학계에서는 '원균은 전사했다'라는 것이 정설이다. 그러나 비교적 널리 알려진 '이순신 자살설'이나 '이순신 생존설'의 근거가 정황과 추측뿐인 데에 반해, '원균 생존설'은 보다 신빙성 높은 사료를 근거로 하니 이순신에 대한 주장과는 차원이 다르다. 원균의 경우에는 잘못된 보고와 칠천량해전 직후의 혼란 때문에 착각했을 가능성이 있다 하더라도, 원사웅의 경우에는 후대의 국가기록에서 생존을 확인할 수 있으므로 그가 칠천량해전에서 전사했다는 사실만큼은 필히 수정되어야 한다.

전사건 잠적이건 원균은 칠천량해전을 마지막으로 역사에서 사라졌다. 그리고 칠천량해전은 일본의 대대적인 재침, 즉 정유재란의 본격적인 기점이 되었다. 조선으로 온 명나라 지원군은 제대로 싸우는 일이 드물었고, 이들을 뒷바라지하느라 조선은 병력까지 부족해졌다. 불패의 조선수군도 일본에게 대패했으니, 이제 일본에게는 두려울 것이 없었다.

그러나 아직 조선의 국운은 다하지 않았다. 조선에는 이순신이 있었다.

| 제8장 |

이순신의 귀환

이순신, 돌아오다

한산도로 돌아온 경상우수사 배설은 한산도를 불태우고 서쪽으로 물러났다. 조선수군은 무력화되었다. 칠천량해전의 결과를 보고받은 도원수 권율은 백의종군 중인 이순신에게 급하게 찾아왔다.

> 원수가 와서 말하기를 '일이 이미 여기까지 이르렀으니 어떻게 할 수가 없다'고 하면서 오전 10시경까지 이야기했으나 어떻게 뜻을 정할 수가 없었다. 내가 '직접 해안 지방으로 가서 듣고 본 뒤에 방책을 정하겠다'고 말했더니 원수가 그 이상 더 좋아할 수 없었다.
>
> –《난중일기》 정유년(1597) 7월 18일

권율이 이순신을 찾은 이유는 명백했다. 이런 상황에서 수군의 궤멸이라는 초유의 사태를 수습할 적임자는 이순신뿐이었던 것이다. 아직 조정에서 정식 명령을 받지 못했기에 당장 관직을 줄 수는 없었지만, 자신이 줄 수 있는 권한은 모두 주어 이순신을 보낼 수밖에 없었다. 이순신이 이를 받아들이니 권율이 매우 기뻐했다. 이순신은 사태 수습을 위해 송대립, 유황, 윤선각, 방응원, 현응진, 임영립, 이원룡, 이희남, 홍우공을 데리고 길을 떠났다.

조정은 7월 22일에야 패전을 보고받고 논의를 시작했다. 그러나 이때는 아직 자세한 전말을 보고받지 못해 상당수의 수군이 살았음에도 모두 죽은 줄로 알고 고심만 할 뿐 제대로 된 대책은 세우지도 못했다. 이런 상황에서도 선조는 책임을 회피할 뿐이었다.

> 방어하기 좋은 한산도로 후퇴했다면 좋았을 텐데, 이런 요새를 버리다니 실로 잘못된 방법이었다. 원균이 절영도 앞바다로 나가는 것은 힘들다고 하였는데 그대로 되었구나. 왜선의 크기가 전체적으로 예전보다 훨씬 커졌다는 말이 사실인가? —《선조실록》 선조 30년(1597) 7월 22일

요새와도 같은 한산도를 굳건히 지키던 이순신을 비난하고, 원균에게 '전일과 같이 후퇴하여 적을 놓아준다면 나라에는 법이 있고 나 역시 사사로이 용서하지 않을 것이다'라고 말했던 장본인이 이제 와서 이런 말을 한다는 건 어불성설이다. 그러나 원균을 변명해주는 말임에도, 실상은 원균의 실책이 무엇인지 보여주는 말이기도 하다. 원균은 형세가

극히 좋아 방비하기 수월한 한산도가 아닌 춘원포로 후퇴하여 패배를 자초했다. 조선수군이 무너진 이상 그 대책 마련이 시급했으나 가장 중요한 말은 선조의 입에서 쉽게 나오지 않았다. 하지만 결국 피할 수 없는 일이었다.

> 임금께서 비변사의 신하들을 불러 앞으로의 대책을 물었다. 놀라고 당황스러워 할 뿐 아무도 의견을 내놓지 못했다. 그때 경림군 김명원과 병조판서 이항복이 나직이 아뢰었다.
>
> "이번 패전은 원균 탓이오니 마땅히 이순신을 다시 기용해 통제사로 임명하는 길뿐이옵니다."
>
> 임금께서 그 말에 따랐다. -《징비록》

조정은 이순신을 다시 전라좌수사 겸 삼도수군통제사로 임명하고, 전사한 충청수사 최호의 후임으로 임진년에 전라좌수영 휘하였던 순천부사 권준을 임명해 이순신과 합류하도록 했다. 하지만 정작 충청수군은 한동안 이순신과 합류할 수 없었다.

이순신을 다시 삼도통제사로 임명할 것을 결정한 날은 7월 22일이지만, 이순신이 그 명령을 수령한 것은 8월 3일이었다. 그 전날인 8월 2일의 일기에서는 이순신이 임금의 명령을 받을 징조의 꿈을 꾸었다고 적고 있으니, 하루 뒤의 일을 예감한 것일까? 선조는 다음과 같은 교서를 내리면서 이순신을 통제사로 재임명했다.

이제 특별히 상중인 그대를 예전처럼 전라좌수사 겸 삼도수군통제사로 임명하니 그대는 부임하는 날 먼저 부하들을 다독이고 뿔뿔이 흩어진 자들을 찾아내 단결시키도록 하라. 수군 진영을 복구하고 요충지를 지켜 군대의 위엄을 다시 한 번 내보인다면, 이미 흉흉해진 인심도 수습할 수 있고 적들 또한 아군이 방비하고 있음을 알고 감히 맞서지 못할 것이니 그대는 힘쓰도록 하라.

원균의 실책으로 인해 조선수군은 더없이 위태로운 상황에 처해 있었다. 통제사로 복직하기는 했지만, 필요한 자원이 턱없이 모자랐다. 하지만 어명을 받은 이상 고지식하게 그 어명을 수행하는 이순신이었다. 돌아온 통제사 이순신은 수군 수습의 길에 나섰다. 그러나 쉬울 리가 없었다. 칠천량해전 이후로 일본이 전라도로 진격하기 시작하여 흩어진 배들과 군사들을 모으는 데 어려움이 컸다. 휘하 군사도 얼마 없으니 이들을 잘 피해서 다녀야 했다. 때로는 겨우 하루 차이로 일본군과 어긋나 길을 지나기도 했으니 참으로 위험한 시기였다. 조정의 지원도 없었다. 모든 것을 이순신 혼자 해결해야 했다.

이순신은 부지런히 전라도 일대를 돌아다니며 병장기 등을 수습하고, 순천부사 우치적 등의 수군 장수들과 군사들을 다시 모았다. 군사나 군관을 보내 사라진 관리들도 찾아보았다. 회령포에 이르러서는 경상우수사 배설의 판옥선들도 수습했다. 하지만 여전히 모든 게 부족했다. 수습한 판옥선은 겨우 12척이었다. 이순신이 떠나갈 땐 130척 이상의 판옥선이 있었으나 돌아와보니 10분의 1 이하로 줄어들었다. 사실

배설이 이끌었던 판옥선 외에 따로 도망쳐 포구에 방치된 판옥선들도 있었기에 12척보다는 더 많아야 했지만, 배를 움직일 사람이 부족하거나 그 배들을 끌고 와야 할 책임자가 격군 부족을 핑계로 회피하여 배가 있어도 전투에 투입하기가 힘들었다. 한 예로 명량대첩 다음 날의《난중일기》에는 '임치첨사 홍견은 배에 격군이 없어서 나오지 못한다고 했다'는 내용이 기록되어 있다. 한 척이 아쉬운 마당에 그나마 있는 배도 다 동원할 수 없는 열악하기 짝이 없는 상황이었다.

8월 19일에 회령포의 전선을 수습할 때 다른 모든 장수들은 임금의 교서에 숙배를 하였으나 배설만은 숙배하지 않았다. 이순신은 그 벌로 배설 대신 그 밑의 영리를 잡아다 곤장을 때렸다. 이날은 배설의 영리 외에도 회령포만호 민정붕이 곤장 20대를 맞았는데, 그 이유는 전선에서 받은 물건을 사사로이 피란인 위덕의 등에서 준 까닭이었다. 본래도 군기를 중요시하는 이순신이지만 극한 상황에서는 더욱 엄중했다.

이순신이 수군을 수습하기 위하여 노력하는 동안, 일본군은 전라도를 침탈해갔다. 일본군은 수군까지 동원하여 남원성에 대한 대대적인 공격을 감행했다.

정유재란이 임박하면서 명나라는 경략 형개를 총독으로, 총병관 마귀를 제독으로, 부총병 양호를 경리조선군무로 삼는 등 지원군을 구성하고 다시 대군을 파병했다. 1597년 8월 당시 명나라 군대는 남원, 전주, 충주 등지에 분산 배치되어 있었다.

8월 13일부터 시작된 전투에서 사흘에 걸쳐 저항이 이어졌지만 전라병사 이복남을 비롯한 대부분의 장수와 군사, 백성들이 죽고 만다. 남원성의 명군 지휘관 양원은 이곳에서 달아났다가 나중에 참수형에 처해졌다. 남원성의 함락 이후 전주성을 비롯한 전라도 전역이 일본군에게 짓밟혔다. 조선육군은 명군에 대한 보급 부담과 전쟁 소강기 중 발생한 전염병 · 기근으로 병력 동원력이 전쟁 초기에 비하여 크게 떨어졌고, 명군은 분산되어 있다 보니 일본군에게 각개격파되어 큰 힘을 쓰지 못했다. 그나마 9월 7일 일어난 직산전투에서 명군이 일본군의 진격을 어느 정도 저지하는 효과를 거두었으나, 전세를 바꿀 정도는 아니었다. 그러나 수군까지 여기에 동원되어 서해 진출이 지연되는 바람에 이순신은 조금이나마 시간을 벌 수 있었으니 새옹지마라고 해야 할지, 전화위복이라고 해야 할지.

열악한 상황에서 지원도 없이 수군을 수습하고 재건하는 이순신이니 과로로 병이 날 만도 했다. 실제로 이순신은 곽란 증세로 며칠 자리보전까지 했다.

8월 25일에는 칠천량해전에서 전사한 전라우수사 이억기의 후임인 김억추가 왔다. 한산도도 불탄 시기이니 남은 수군이 주둔하는 지역을 관할하는 전라우수사라도 좀 믿음직한 사람이어야 하건만, 김억추는 이순신이 그다지 신뢰하지 않는 인물이었다. 이순신은 그의 자질을 의심하여 '겨우 만호의 직책이나 맡을 정도'라고 평했다.

28일에는 적선 8척이 나타났다. 적의 출현에 조선수군은 당황하고 겁을 먹었으나 뒤를 쫓아가니 적들은 도망갔다. 그 후 수군은 벽파진으로 주둔지를 옮겼지만 사정이 나아진 건 없었다.

9월 2일 새벽에는 경상우수사 배설이 도망쳤다. 이후 조정에서는 전쟁이 끝난 후에도 수차례에 걸쳐 배설을 잡아야 한다는 논의만 오갔을 뿐 적극적인 움직임은 보이지 않았다. 배설은 1599년에야 도원수 권율의 군사들에게 붙잡혀서 처형되었다. 배설의 처형 이유는 흔히 탈영으로 알려져 있지만, 《선조실록》 선조 31년(1598) 12월 23일의 기사에 실린 '배설이 지난 가을에 나주에서 도망하여 지금은 충청도에 와 있는데, 현몽과 합세하여 무뢰배들을 많이 모으고 있다. 그의 행적이 이미 드러났지만 사람들이 화를 당할까 두려워하여 감히 지적하여 말하지 못하고 있다'라는 소문에 대한 보고를 보면, 역모에 가까웠을지도 모른다.

정작 그 누구보다도 역심을 품을 만한 이순신은 묵묵히 자기 일에 몰두할 뿐이었다. 하지만 배도 부족한 데다, 그나마 있는 배도 움직일 사람이 없고 지원도 기대할 수 없어 그야말로 설상가상이었다. 지원은커녕, 선조는 오히려 수군을 해체하고 육군으로 편입하여 싸우라는 어명을 내린다. 물론 객관적으로 보자면 수군은 이미 전력이 있으나 마나한 형국이었다. 하지만 바다를 포기하는 것은 적에게 날개를 달아주는 일이기에 이순신은 포기할 수 없었다. 그리하여 이순신은 그 유명한 '아직 신에게는 12척의 배가 남아 있사옵니다'라는 말이 담긴 장계를 올리면서 수군 철폐령을 거부한다. 이는 오로지 나라를 위한 결단이었다.

그동안 전라도를 점령한 일본은 충청도까지 북상했다. 세자와 내명부가 먼저 피난을 갔고, 조정에서도 피난 여부를 논의했다. 한양의 백성들도 줄줄이 피난을 떠났다. 조선은 임진년 이후 최대의 위기 상황에 봉착했다. 이순신과 조선수군에게도 큰 고비가 다가오고 있었다. 남원성전투에 참가한 일본수군이 임진년에 이루지 못한 서해 진출을 성공시키기 위하여 다시 바다로 돌아왔던 것이다. 일본수군의 목적은 서해로 북상하여 충청도에 있는 육군에게 보급을 하고 서해안에 추가적으로 육군을 상륙시키는 것이었다. 이 계획이 달성되면 일본은 무리 없이 북상이 가능했다. 하지만 일본에게는 그 전에 넘어야 할 산이 있었으니 그야말로 조선의 운명을 좌우할 전투가 시작될 참이었다.

대역전을 이루다: 명량대첩

조선수군이 벽파진으로 이동한 후에도 일본 함대는 시시각각 다가오고 있었다. 1597년 9월 7일, 탐망군관 임중형이 일본 군선을 발견했다.

> 탐방군관 임중형이 와서 '적선 55척 중에 13척이 이미 어란포 앞바다에 와서 닿았는데, 아마도 그 목적이 우리 수군에 있는 것 같다'고 보고하였다. 여러 장수들에게 군령을 내려 재삼 단단히 타이르고 경계했다. 오후 4시경에 적선 12척이 과연 싸움을 걸어왔다. 우리 배들이 닻을 올리고 바다로 나가서 적선을 추격하자 적선은 뱃머리를 돌려 도망쳐버렸다. 먼바다 밖까지 쫓아가다가 바람과 조수가 모두 역류이고, 또 복병선이 있을지도 몰라 더는 뒤쫓아가지 않았다.
>
> – 《난중일기》 정유년(1597) 9월 7일

그 후 이순신은 '오늘 밤에는 반드시 적의 야습이 있을 것이니 모든 장수들은 미리 알아서 준비하고, 조금이라도 군령을 어기는 일이 있으면 군법대로 시행하라'며 재차 경계하도록 했다. 과연 예상대로 일본수군은 밤중에 기습을 감행했다. 이미 야습에 대비하라는 지시가 있었음에도 조선수군은 겁을 먹은 기색이었다. 이를 본 이순신은 다시 엄명을 내리면서 직접 배를 이끌고 지자포를 쏘면서 공격하니, 적선들은 네 번이나 나왔다 물러났다를 반복하면서 공격을 하다가 새벽에 물러갔다.

이틀 후인 9월 9일은 중양절이라 군사들에게 고기를 먹였는데, 그날 저녁 적선 두 척이 조선수군의 형세를 탐색하다가 영등포만호 조계종의 추격을 받고 싣고 있던 물건까지 버려가며 달아났다.

9월 13일 이순신은 꿈을 꾸었는데, 그 내용은 자세히 전하지 않지만 임진년 승전할 때의 꿈과 대략 같은 꿈이었다고 《난중일기》에 기록되어 있다.

다음 날, 척후군관 임준영이 왜적의 동향에 대해 보고했다.

벽파정 맞은편에서 연기가 오르기에 배를 보내서 싣고 오니 바로 임준영이었다. 그가 정탐한 결과를 보고하였다.

"적선 200여 척 가운데 55척이 먼저 어란으로 들어왔습니다. 포로로 잡혔다가 도망 온 김중걸이 전하기를, 이달 6일 달마산達磨山으로 피란 갔다가 왜적에게 붙잡혀 왜선에 실렸는데, 다행히 임진년에 포로가 된 김해 사람을 만나 왜장에게 빌어서 결박을 풀고 같은 배에서 지낼 수 있었다고 합니다. 한밤중에 왜적들이 깊이 잠들었을 때 그 김해 사람이 김중걸의 귀에다 대고 은밀히 이야기해준 바에 따르면, 왜적들이 모여서

'조선수군 10여 척이 우리 배를 추격해서 쏘아 죽이고 또 배를 불태웠으니 극히 통분한 일이다. 각처의 배를 불러 모아 합세해서 조선수군을 섬멸해야 한다. 그런 뒤에 곧바로 한양으로 올라가자'고 의논하였다고 합니다."

이 말을 모두 믿을 수는 없으나, 그러지 않을 수도 없어 곧 전령선을 보내 피난민들을 타일러 육지로 올라가도록 했다.

-《난중일기》 정유년(1597) 9월 14일

9월 15일, 진을 전라우수영 앞바다로 옮겼다. 벽파정 뒤에는 명량이 있어 소수의 수군으로 명량을 등지고 싸우기는 어려웠기 때문이다. 진을 옮긴 이후 이순신은 여러 장수들을 불러 모아서 외쳤다.

"병법에 이르기를 '죽으려고 하면 살고 살려고 하면 죽는다' 하였고, 또 이르되 '한 사람이 길목을 지키면 천 명도 두렵게 할 수 있다'라 하였다. 이는 모두 오늘의 우리를 두고 이른 말이다. 너희 여러 장수들이 조금이라도 명령을 어긴다면 군율대로 시행해서 작은 일일지라도 용서치 않겠다."

그날 밤에는 신인神人이 이순신의 꿈에 나타나 '이렇게 하면 크게 이기고, 이렇게 하면 진다'고 일러주었다고 전한다.

1597년 9월 16일, 드디어 결전의 날이 밝았다. 이른 아침에 망군이 '수효를 알 수 없을 정도로 많은 적선이 명량을 거쳐 곧장 우리가 진 치고 있는 곳을 향해 들어온다'고 보고했다. 이 보고를 접한 이순신은 즉시 수군을 이끌고 출전했다. 그때의 조류는 북서류로, 일본수군이 전진하기에 좋은 방향으로 흐르고 있었다. 이전의 해전들에서는 대부분 조선수군이 공세적인 입장에 있었지만, 이번만큼은 일본수군의 대규모 공세에 의한 해전이었다. 조선군의 전력은 고작 13척의 판옥선뿐이었다. 뒤에 백여 척의 피난선과 어선 등이 있었지만 전투에 크게 보탬이 될 수는 없었다. 일본수군의 총대장은 옥포에서 이순신에게 패배한 도도 다카도라가 맡은 듯했고, 당포에서 죽은 구루지마 미치유키의 동생 구루지마 미치후사 등이 참전했다.

조선수군이 바다로 나가자 적선 133척이 주위를 에워싸면서 본격적인 전투가 시작되었다. 배 위에 있는 장수들은 적은 군사로 많은 적을 대적해야 하는 상황에 낙심하여 도망갈 궁리를 하기 시작했다. 전라우수사 김억추가 탄 배는 이미 2마장(4~8킬로미터)이나 물러나서 어렴풋이나 보일 지경이었다. 이순신이 이끄는 좌선 홀로 수백 척의 적함에 맞서는 것이나 다름없었다. 이순신의 좌선이 앞으로 돌진하며 지자총통과 현자총통 등의 각종 화포를 쏘아대니 적선들은 감히 접근하지 못하고 우왕좌왕했다. 단 한 척으로 수많은 적들을 막아내는 기염을 토했으나 적은 너무나 많았다. 겹겹이 포위되어 형세를 알 수 없게 되자 배 위의 군사들은 서로 돌아보며 겁에 질렸다. 이때 이순신이 군사들을 독려했다.

"적이 1천 척이라도 감히 곧바로 우리 배에는 덤벼들지 못할 것이니 조금도 동요하지 말고 사력을 다해 적을 쏘아라."

그리고 여러 배를 돌아다보니 여전히 멀리 떨어져 있었다. 휘하 장수들을 벌하기 위해 뱃머리를 돌릴 수도 없는 긴박한 상황이니, 이순신은 호각을 불어 중군 영하기(군령을 내리는 기)와 초요기(전장의 신호용 군기)를 세우도록 했다. 그러자 중군장 미조항첨사 김응함의 배와 거제현령 안위의 배가 다가왔다. 이순신은 뱃전에 서서 안위에게 호통을 쳤다.

"안위야, 군법에 죽으려느냐? 물러가면 살 듯싶으냐?"

이순신의 호통에 안위는 용감히 적진 속으로 돌진했다. 안위를 비겁하게만 보는 일부 시각과 달리 안위는 명량대첩에서 이순신 다음으로 적에게 당당히 맞선 인물로 그 후에도 이순신의 큰 신임을 받았다. 안위를 꾸짖은 이순신은 김응함에게도 다음과 같이 호통쳤다.

"너는 중군이면서도 멀리 도망치고 대장을 구하려 들지 않으니 그 죄를 어찌 면하려는 것이냐? 당장 처형해야 마땅하겠으나 지금은 적세가 긴박하니 우선 공을 세우게 하겠다."

그러자 김응함 역시 안위와 함께 용감히 전진했다. 적군의 입장에서는 상대할 적이 3배로 늘어난 셈이었다. 겨우 3척으로 늘어난 것이 대수랴 싶을 수도 있지만, 한 척조차 격침시키지 못하고 쩔쩔매던 와중에 2척이 전투에 가담한 것은 적에게 '다른 배들도 더 가담할 수 있다'는 심리적 압박을 줄 법한 일이었다. 그리하여 적장은 휘하의 배 2척을 보내 안위의 배를 포위하고 대대적인 공격을 가하게 했다. 안위의 배가 위기에 빠진 것을 본 이순신은 뱃머리를 돌려 바로 쫓아 들어가서 빗발치듯 화포와 화살을 쏘았다. 적선 3척이 거의 제압당했을 때, 녹도만호 송여종과 평산포대장 정응두의 배가 뒤쫓아와서 협력하여 적은 꼼짝달싹할 수 없게 되었다.

이때 안골포에서 투항한 항왜 준사가 바다의 시체를 보며 '무늬 있는 붉은 비단 옷을 입은 자가 바로 안골에 있던 적장 마다시입니다'라고 말했다. 이 마다시는 바로 적군의 선봉장인 구루지마 미치후사였다. 이순신은 그의 시체를 건져 올리게 하여 목을 베었다. 형의 복수를 하기 위해 나선 구루지마 미치후사는 형보다도 더 비참한 최후를 맞이하게 되었다.

이렇게 선봉장의 목을 베어 효수하는 사이, 조류는 조선수군에 유리한 남동류로 바뀌었다. 전투가 벌어진 진도 울돌목은 하루에도 몇 번씩 조류의 방향이 바뀌는 곳이었으니, 이순신은 이 점을 염두에 두고 불리함 속에서도 유리한 전장을 선택한 것이었다. 이쯤 되니 일본수군의 기세가 꺾이는 것이야 당연했다. 뒤에서 구경만 하던 조선 전선들도 하나 둘씩 전투에 참가하여 적선을 격파했다. 승기를 탄 조선수군이 적의 진격을 막는 정도를 넘어 아예 추격전까지 펼치니 일본수군은 감히 조선수군에 대항하지 못하고 결국 퇴각하고 말았다. 승리를 거둔 이순신은 싸우던 곳에 그대로 정박하며 방비하기를 원했지만, 풍랑이 심하고 탄약 소모량도 많아서 북쪽 당사도로 진을 이동할 수밖에 없었다.

다음 날인 9월 17일, 어외도에 이르니 300여 척의 피난선이 먼저 와 있었다. 나주진사 임선, 임환, 임업 등이 방문하여 크게 승전한 것을 서로 다투어 치하하고 양식들을 가지고 와서 군사들에게 나눠주었다.

이순신은 19일에는 법성포를 거쳐서 홍농 앞바다로, 20일에는 위도로, 21일에는 고군산도로 이동했다. 그 후 10월 3일에 법성포를 거쳐서 9일에 전라우수영으로 돌아왔다. 비록 명량대첩으로 일본에 압승을 거두기는 했지만 그만큼 화약 등의 소모도 많았기에 물자와 전열을 재정비할 필요가 있었던 것이다. 이 상황에서 일본수군이 한 번 더 대규모로 몰아쳤다면 이순신이라도 난처한 지경에 빠졌겠지만, 막대한 타격을 입은 일본수군은 그럴 만한 여력이 없었다.

명량대첩 이후 조선수군이 북쪽으로 물러난 사이, 일본수군은 결국 서해로 진입하는 데 성공했다. 하지만 그저 진입한 것이 다였다. 더 북상해서 충청도의 일본육군에게 보급을 해주어야 의미가 있는 것인데, 전라도를 벗어나지 못했으니 보급을 해줄 방도가 없었다. 수군의 보급이 불가능해지고 겨울도 다가오면서 일본육군은 결국 남하하여 남해안 일대에 머무를 수밖에 없었다. 일본의 유학에 큰 영향을 끼친 강항을 포로로 잡아갈 수 있었다는 것 외에 일본이 전투로 인해 얻은 실질적인 성과는 아무것도 없었다.

명량대첩의 결과

이 전투에서 순천감목관 김탁과 영노 계생이 탄환에 맞아 전사했다. 박영남과 봉학, 강진현감 이극신도 탄환에 맞았지만 중상은 아니었다. 일반적으로 이것이 명량대첩에서의 조선군 피해 집계이다. 그러나 《난중일기》의 초서본에는 안위의 배에서 바다로 뛰어든 격군이 7~8명 정도 있다고 적혀 있는데, 격류에 빠진 이들이 살아 남았으리라고 생각하기는 어렵다. 나중에 이순신이 해당 시기의 일기를 수정하면서 바다에 뛰어든 격군에 대한 내용은 삭제되었는데, 처음 기록을 기준으로 한다면 실제 전사자는 일반적인 집계보다는 조금 더 많다고 보는 게 옳다. 그럼에도 소수의 인원으로 다수의 적을 상대한 전투로는 피해가 적었으니 대승인 것은 분명했다.

그렇다면 일본은 얼마나 참전했으며, 피해는 어느 정도였을까?

먼저 일본수군에서는 몇 척이나 참전했는지를 살펴보자. 그 수는 기록마다 다른데 크게 다음과 같이 정리할 수 있다.

1. 《난중일기》 초서본, 《선조실록》: 133척
2. 《충무공이순신전서》에 수록된 《난중일기》: 333척
3. 《행록》: 3백 척 이상(3백 척 이후론 헤아릴 수 없었다고 기록)
4. 《재조번방지》《연려실기술》: 5백~6백 척

차이가 꽤 큰데 어느 기록이 옳을까? 보기에 따라서 '모두 다 틀리지 않았다'라는 결론도 내릴 수 있다. 먼저 133척이라고 나온 《난중일기》 초서본의 해당 부분을 살펴보자.

> 이른 아침에 망군이 와서 '무려 200여 척이나 되는 적선이 명량을 거쳐 곧바로 진 치고 있는 곳으로 온다'고 보고했다. 여러 장수를 불러 명령을 내린 다음 닻을 올리고 바다로 나가니 133척이 우리 배를 에워쌌다.
>
> – 《난중일기》 정유년(1597) 9월 16일

이 내용을 토대로 보자면, 전투 초반에 133척이 조선수군을 포위한

것으로 보인다. 하지만 이 부분에서나 이후 부분에서나 적선이 총 133척이라고 단정하지는 않는다. 즉 전투 초반에 133척이 들어온 이후 추가로 전투선이 온 것을 생략했을 수도 있는 것이다. 실제로 전투에 참가한 일본수군 무장들이 전사한 구루지마 외에도 도도 다카도라, 와키자카 야스하루 등 상당한 전선 동원 능력을 가진 자들인 것을 볼 때, 전투선이 133척보다 더 많이 동원되었다고 봐야 한다.

그럼 왜 실록에는 133척이라 기록되었는가? 《선조실록》에서도 《난중일기》 초서본처럼 적선의 총수를 확정한 게 아니라 '적의 전선 130여 척이 이진포 앞바다로 들어오기에'라고 기록되어 있어, 역시 전투 초반에 진입한 선박만 130여 척인지 전투에 참가한 총 선박이 130여 척인지가 애매하다. 결국 이런저런 상황을 고려해볼 때 133척은 전투 초반에 해협에 진입한 수가 아닐까 생각된다. 《난중일기》 전서본의 333척이라는 기록은 이러한 오류를 바로잡은 내용일 수 있다.

그럼 5백~6백 척이라는 기록은 어떻게 나온 것일까? 이렇게 적은 《재조번방지》나 《연려실기술》은 전투를 바라보던 백성의 입장에서 기록한 책이다. 인근에서 보는 사람들은 조선수군의 시야에는 들어오지 않는 배까지 볼 수 있으니 더 많은 배를 확인하는 것도 가능하다.

결국 명량대첩의 초반에 진입한 일본 선박은 133척이며, 전투에 가담한 선박 수는 총 330여 척이라고 추정할 수 있다. 만일 해협에 진입하지 않고 인근까지만 접근한 비전투선까지 포함하면 5백~6백 척에 달했을 것으로 보인다.

그럼 일본의 피해는 얼마나 될까?

일반적으로 일본수군의 피해는 31척으로 알려져 있다. 실록에도 '적선 31척을 격침하고 수급 8개를 취하였다'고 기록되어 있다. 하지만 이것은 명확하게 확인된 전과만 적은 것이고 실제 전과는 더 크다. 조경남의 《난중잡록》에서는 '패배하여 도망치는 적병의 뒤를 쫓아 목을 베어 죽인 것이 수백여 급이며, 무사히 탈출한 적선은 겨우 10여 척뿐이었고, 아군의 배는 모두 무사하였다'라고 적고 있다. 《연려실기술》에서도 '적의 배는 겨우 10여 척 도망갔을 뿐이고 우리 배는 모두 무탈하였다'라고 기록했다. 10여 척만이 도망갔다는 건 과장된 표현이라 하더라도 그만큼 일본의 피해가 컸다는 것으로 보인다.

일본의 피해 상황은 일본군에게 사로잡혔던 조선인 포로의 증언을 통해서도 드러난다. 《선조실록》 선조 31년(1598) 2월 11일의 기사에는 정유년에 일본 포로가 되었다가 이듬해 탈출한 전풍상의 증언이 실려 있다. 이 증언에 의하면 전풍상은 산도라는 일본 무장의 부장인 우다능기의 종으로 생활했는데, 산도는 정유년 6월에 전선 120여 척을 이끌고 부산에 상륙하여 칠천량해전과 남원성전투에 참가했고, 9월에는 휘하 전선들을 이끌고 명량대첩에 참가했다. 여기서 전풍상은 '거기서 통제사와 접전을 하여 왜적의 반이 죽거나 부상당했습니다'라고 말한다. 여기에서의 반이 산도라는 무장의 부하 중 반인지, 전체 일본군의 반인지는 불확실하다. 산도의 배가 120척이라고 해도 이것은 전투선만이 아니라 비전투선까지 모두 합한 수치일수도 있다. 산도가 누구를 의미하는 것인지 실록만으로는 정확히 알 수 없지만, 명량대첩에서 죽지 않았으니 구루지마 미치후사일 리 없고, 일본의 한 지방을 다스리는 영주로

120척의 선단을 이끌었으니 구루지마 미치후사의 휘하 장수일 리도 없다. 이는 구루지마 이외의 영주들도 막대한 피해를 입었음을 뜻한다.

강항의 《간양록》에도 칠천량해전과 명량대첩을 직접 본 조선인 포로에 대한 기록이 나온다. 그 포로가 증언하기를 '왜장 여럿이 서해를 따라 올라가 전라우수영에 도착했는데, 이순신이 전선 10여 척을 이끌고 용맹하게 싸워 승리했다. 왜장 내도수(구루지마 미치후사를 가리킨다)가 죽고, 민부대부는 바다에 떨어져 간신히 목숨을 구했으며, 그 나머지 휘하 장수도 죽은 사람이 여럿이었다'라고 하였다. 강항은 정유년에 쳐들어온 왜장들의 명단을 보면 진도까지 왔다가 배에서 사망한 자가 있다고 했으니, 그의 증언으로도 구루지마 미치후사 휘하 병력 이외에도 일본군이 상당한 피해를 입었음을 알 수 있다. 일본 측 기록에도 수군의 총대장이었던 도도 다카도라가 부상을 당했다고 나온다. 도요토미 히데요시를 대리하는 것이나 다름없는 군감 모리 다카마사도 물에 빠졌다. 가장 안전한 곳에서 보호받아야 할 중요한 인물들이 다치거나 물에 빠졌다는 것은 본진까지 큰 피해를 입었음을 의미한다.

결국 격침을 확인한 선박 수만 31척이고, 명량대첩 패배로 인한 일본 수군의 전체 손실은 그 이상이었다고 보아야 한다. 완침은 면했다 하더라도 승선 인원이 대거 몰살당하여 전투력을 상실한 선박도 많았을 것이다. 명량대첩 이후 조선수군이 전력을 재건하는 동안 일본수군이 조선수군에게 도전할 엄두도 내지 못했단 사실을 생각해보면, 명량대첩에서 일본은 엄청난 피해를 입은 게 분명하다.

명량대첩은 절대적으로 불리한 여건 속에서 이룬 승리였기에 더 값

진 것이었고 단순히 소수로 다수의 적을 물리친 것이 아니라 전쟁의 방향을 완전히 뒤집은 전투였다.

이에 대해 마땅한 포상이 있어야 했지만 선조는 평가에 인색했다. 오히려 조선 국왕인 선조보다 명나라 장수들이 이순신을 인정하여 나름의 포상을 해주었다. 명나라 경리 양호는 명량대첩이 끝난 후 이순신에게 은단을 하사했는데 선조는 그 일에 대해 이렇게 말했다.

"통제사인 이순신이 사소한 왜적을 물리친 것은 마땅히 그가 해야 할 일이니 큰 공이라 할 수도 없는데, 대인이 은단을 내리고 표창하여 기특하게 여기시니 과인의 마음이 편치 않습니다."

선조는 못해도 130척, 많게는 5백~6백 척에 달하는 대선단을 두고 '사소한 왜적'이라 하고 대적을 물리친 것이 '큰 공이 아니다'라며 폄하했으나, 양호는 생각이 달랐다.

"이순신은 훌륭한 사람입니다. 이미 흩어졌던 전선을 수습하였고, 패배한 후에 큰 공을 세웠으니 매우 기특합니다. 그러므로 소량의 은단을 내려서 나의 기꺼운 마음을 나타낸 것입니다."

타국에서 온 장수가 공로를 인정하고 치하할 정도로 대단한 전공을 세웠음에도 선조는 여전히 제 나라 장수를 깎아내렸다.

"대인은 그리 생각하지만 과인은 참으로 미안합니다."

용맹하게 싸워 위기에서 나라를 구해낸 이순신이건만 선조는 좀처럼 인정하지 않았다. 그러나 선조가 그의 공을 아무리 부정해도 사람들은 이순신의 능력을 인정할 수밖에 없었다. 조선의 배가 많건 적건, 바다에서는 이순신을 절대 이길 수 없다는 사실을 깨달았던 것이다.

명량대첩에 얽힌 잘못된 속설

명량대첩에 대한 몇 가지 속설이 사실처럼 받아들여지고 있다. 하나는 조선군이 철쇄를 사용해 승리했다는 것이고, 또 하나는 강강술래가 명량대첩에서 사용한 전술로부터 시작됐다는 것이다. 몇 년 전의 사극에서도 이런 속설을 바탕으로 명량대첩을 묘사한 바 있으며, 심지어 철쇄 사용설은 KBS역사 다큐멘터리인 〈역사스페셜〉에서도 신빙성 있는 내용처럼 다뤄진 적이 있다.

철쇄 사용설에서는 흔히 미리 설치한 철쇄에 일본 배들이 걸린 틈을 타서 조선군이 맹공격을 했다고 주장한다. 그리고 판옥선은 평저선이지만 일본 배들은 침저선이라, 조선 배는 철쇄에 걸리지 않지만 일본 배는 걸린다는 친절한 설명도 덧붙인다. 그러나 이것이 사실일까?

오늘날의 해군은 기뢰 부설함이 있고 잠수함으로도 기뢰 부설이 가능하기에, 철쇄 같은 도구를 쓸 필요 없이 기뢰를 이용하여 적을 차단할 수 있다. 그러나 조선시대라면 거의 모든 것을 인력으로 해결해야 했을 것이다. 아무리 좁은 수로라지만 강한 조류가 흐르는 바다를 가로지르면서 길게 철쇄를 거는 것이 과연 사람의 힘으로 가능했을까? 설사 가능하다 하더라도 몇 척의 배가 걸리고 나면 설치해놓은 것이 끊어지거나 풀리지는 않았을까? 이런 점을 생각해볼 때 철쇄를 사용했다는 것은 상식적으로도 불가능한 일이거니와 그 가설을 뒷받침하는 기록도 없다. 《난중일기》나 《선조실록》《징비록》 등 신빙성이 높은 사료에는 철쇄에 대한 아무런 언급이 없다.

철쇄 사용설의 근거가 되는 기록은 이중환의 《택리지》나 《호남절의록》, 김억추의 후손들이 20세기 초에 기록한 《현무공실기》 등이다. 하지만 《택리지》는 기본적으로 역사서가 아닌 지리지로, 철쇄에 관한 내용도 지방의 설화를 기록한 것에 불과하며 실질적인 근거가 있는 것은 아니다. 김억추가 뛰어난 용력으로 철쇄를 가설했다는 《호남절의록》의 기록도 현실성이 없다. 《현무공실기》는 여타의 행장류가 그러하듯이 조상을 칭송하는 기록에 불과하다. 그나마 당대도 아닌 후대의 기록이다. 《현무공실기》에는 김억추가 칼을 한 번 휘둘러서 적선 수백 척을 격침시켰다는 터무니없는 이야기도 나오는데, 이 부분만 보아도 사료로서의 정확성이 떨어지는 기록임을 알 수 있다.

전라좌수영에서 발견된 수중 장애물의 흔적을 근거로 철쇄설을 주장하기도 하지만, 이는 수중에 숨겨놓은 장애물이 아니라 접근 자체를 차단할 목적으로 설치한 것으로 육안으로도 식별 가능했다.

당시 급하게 진지를 이동한 조선수군에게 철쇄를 만들고 설치할 만한 여유가 있었을 리 없다. 더군다나 모든 자원이 부족한 조선수군의 입장에서는 철쇄를 만들 철로 화포나 여타의 무기를 만드는 게 더 효율적이었을 것이다.

그럼 강강술래는 어떨까? 강강술래의 유래는 무엇인지 정확하지가 않은데, 이순신과 관련하여 다음과 같은 속설이 전해온다. 명량대첩 시 병력이 부족하자, 이순신이 아낙네들을 동원하여 강강술래를 추게 함으로써 아군 병력이 많은 것처럼 위장했다는 것이다.

결론부터 말하자면 이는 속설일 뿐이다. 우선 《난중일기》 어디에도 강강술래에 관한 기록이 없다. 게다가 명량대첩처럼 아군의 수는 적고 적군의 수는 현저히 많은 전투에서 여자들을 군사로 위장시키는 작전은 매우 위험하다. 일본육군은 공성전이나 수성전에서는 종종 패했지만, 단병접전에 강해 야전에서는 대부분 승리했다. 충분한 병력을 보유한 일본군이 육지의 군사들을 보고 가만둘 리가 없다. 후방 함대의 병력을 상륙시켜 조선군을 공격하려 들 것인데, 그렇게 되면 변변한 훈련도 받지 못한 여자들은 비참하게 도륙당할 뿐이다. 그리고 설령 처음에는 일본군이 속는다고 치더라도, 조금만 자세히 관찰하면 단순히 손을 잡고 도는 것이라는 걸 알아보지 못할 리가 없다. 이것이 실제 작전이었다면 《난중일기》나 《징비록》, 이순신의 조카 이분이 기술한 《행록》에 기록되어야 할 텐데 그런 내용은 전혀 없다. 당시 수군 장수들의 가문에서 쓴 행장에서도 강강술래를 작전으로 이용했다는 내용은 찾을 수 없다.

그럼 강강술래의 유래는 무엇인가? 서두에 언급한 바와 같이 정확히 알 수는 없다. 그러나 추석의 유래가 신라까지 거슬러 올라가고, 고구려 · 부여 · 백제 등 다른 고대 국가들 역시 여러 사람이 어울리는 제천행사를 행했던 것으로 미루어보아, 수많은 사람들이 어울려서 함께 손잡고 빙빙 돌며 춤을 추는 행동은 고대인들에게도 자연스러운 일이었을 것이다. 《삼국지》의 〈위지 동이전〉에 실린 마한에 대한 기록에서 이를 엿볼 수 있다.

> 5월에 씨를 뿌리고 제사를 지내는데, 남녀가 모두 모여 노래하고 춤추고 술을 마신다. 수십 명이 한데 모여 밤낮을 쉬지 않고 춤을 추는데

다 같이 일어나 서로의 뒤를 따르며 손발로 가락을 맞추고 허리를 구부렸다 폈다 하며 땅을 밟는다. –《삼국지》,〈위지 동이전〉

이를 보면 강강술래처럼 단체로 추는 춤의 원형은 고대로 거슬러 올라감을 알 수 있다. 마한은 경기도와 충청도, 전라도에 걸쳐 있었으므로 지역도 일치한다. 물론 형태가 똑같지는 않겠지만 '수확을 하고 다 함께 모여 어울려서 춤을 춘다'는 발상이 아주 오래전부터 시작되었다는 것은 분명하다. 결국 강강술래는 전라도에서 오래도록 전해지다가 이곳이 이순신의 주 활동무대와 겹치면서 그러한 속설이 퍼지게 된 것으로 볼 수 있다.

결국 이순신은 철쇄로 적을 저지하는 전술도, 강강술래로 적을 속이는 전술도 구사하지 않았다. 명량대첩은 오로지 13척의 판옥선만으로 5백~6백 척의 적선을, 후방에 있는 수송선들을 제외하고라도 3백 척 이상을 상대해야 했던 전투였다. 칠천량해전의 여파로 사기는 바닥을 치고 있었고, 조정은 아무것도 지원해주지 않았다. 부하 장수들도 모두 겁먹은지라 통제사 이순신이 믿을 건 자기 자신밖에 없었다. 그야말로 최악의 조건에서, 누가 봐도 절대 이기지 못할 듯한 싸움 앞에 홀로 당당히 맞선 것이다.

아들을 가슴에 묻고

수군 재건의 박차를 가하던 10월 14일, 이순신은 아들 면의 꿈을 꾸었다. 그리고 그날 저녁에 천안에서 온 사람이 집안에서 보낸 편지를 전달했다.

> 새벽 2시쯤 꿈을 꾸었는데 내가 말을 타고 언덕 위를 가다가 말이 발을 헛디뎌 냇물 가운데 떨어지긴 했으나 거꾸러지지 않았는데, 끝에 아들 면이 엎드려 나를 감싸 안는 것 같은 형상을 보고 깨었다. 무슨 조짐인지 모르겠다. …… 저녁때 천안에서 온 어떤 사람이 편지를 전하는데 미처 봉함을 뜯기도 전에 뼈와 살이 먼저 떨리고 정신이 혼미해졌다. 겉봉을 대강 뜯고 둘째 아들 열의 글씨를 보니 겉면에 '통곡' 두 글자가 써 있어 아들 면의 전사를 알고 간담이 떨어져 목 놓아 통곡했다.
>
> –《난중일기》 정유년(1597) 10월 14일

이면은 충청도 아산의 본가에 머물고 있었는데, 일본군이 아산을 급습하자 다른 가족들을 피신시키고 맞서 싸우다가 숨을 거둔 것이다. 드라마나 소설에서는 이순신에 대한 보복 작전으로 많이 묘사되는 사건이지만 실제로 보복성 공격이었다는 입증 자료는 없다. 아끼던 아들의 사망 소식을 들은 이순신은 그 심정을 이렇게 토로했다.

> 하늘이 어찌 이다지도 인자하지 못하신고. 간담이 타고 찢어지는 듯

하다. 내가 죽고 네가 사는 것이 이치에 마땅하거늘, 네가 죽고 내가 살았으니 이런 어긋난 일이 어디 있을 것이냐. 천지가 캄캄하고 해조차도 그 빛이 변했구나. 슬프고 슬프다. 내 아들아, 나를 버리고 너는 어디로 갔느냐. 남달리 영특하기에 하늘이 이 세상에 머물러두지 않는 것이냐. 내가 지은 죄 때문에 앙화가 네 몸에 미친 것이냐. 내 이제 세상에 목숨을 부지한들 누구에게 의지할 것이냐. 너를 따라 함께 죽어 지하에서 같이 지내고 같이 울고 싶건만 네 형, 네 누이, 네 어미가 의지할 곳 없으니 아직은 참고 연명이야 한다마는 내 마음은 이미 죽고 형상만 남아 있어 울부짖을 뿐이다. 하룻밤을 지내기가 길고 길어 1년 같구나.

– 《난중일기》 정유년(1597) 10월 14일

아직 어머니의 상중인 데다가 아들까지 잃었으니 그 슬픔이 더할 수 밖에 없었다. 《난중일기》에는 당시 이순신의 절절한 심정이 고스란히 기록되어 있다. 한 척의 배로 수백 척의 적선에 당당히 맞서는 용장도 아버지로서는 여느 사람과 다를 게 없었다.

아들의 죽음은 가슴 아프지만, 이순신은 수군을 재건해야 하는 통제사이기에 마냥 애통해하고 있을 수만은 없었다. 적이 두려워 숨어 있다가 명량대첩 후에야 나타난 장수들이 괘씸하기는 했지만 전력 증강을 위해 그들을 받아들였고 해남에서는 일본군이 두고 간 군량을 가져왔다. 이처럼 물자와 인원을 정비하면서 10월 29일에는 나주의 고하도로 진을 이동했다. 고하도는 지형이 서북풍을 막을 만하고 배를 감추기 좋았기에 이순신이 수군 진영으로 선택한 것이다. 이동 후 섬의 나무를 베면서 필요한 건물의 건축과 배의 건조를 하는 등 이순신은 수군 재건에 박차를 가한다. 사랑하는 어머니와 아들을 가슴에 묻은 채 슬픔을 삭이면서.

부활하는 조선수군

배도 중요하지만 사람이 먹을 식량도 중요하다. 하지만 여전히 조정은 수군을 위해 지원을 해줄 여력이 없었다. 그래서 이순신은 나주 등지에서 주인이 없는 곡물을 거두게 하였는데, 이를 방해하는 일이 생기자 그들을 잡아들여 주모자를 사형에 처하기도 했다. 그리고 각지의 사족들이 바치는 의곡을 모집하거나 휘하의 관리들을 파견하여 군량을 확보하게끔 지시를 내리기도 했다. 또한 해로통행첩을 발행하여 식량을 충당했다. 해로통행첩은 배에 많은 피난 물자를 싣고 있는 피난선들을 상대로 곡물을 받고 발행해주는 통행증이었는데, 이는 백성의 재물을 빼앗는 행위가 아니라 일종의 정당한 거래였다. 피난선들은 곡물을 내는 대신 조선수군의 보호 아래 안전을 보장받았으므로 서로에게 이득이 되는 일이었다.

11월 17일에는 초유문(적이나 적에게 협조했던 사람들을 용서하는 문서)과 면사첩(사형을 면해주는 문서)이 도착했다. 면사첩은 흔히 이순신의 죽음을 면해준다는 내용의 사면 조치로 알려져 있는데, 실은 그게 아니라 적이나 부역자들을 죽이지 않겠다는 내용의 증서이다. 즉 면사첩의 내용을 현대식으로 표현하자면 '이 증서를 가지고 항복하시면 제네바협정에 의거한 포로 대우를 해드릴 것임을 약속합니다' 정도가 되는 것이다. 결국 면사첩은 이순신을 사면시키기 위해 내린 것이 아니라 적에게 배포하기 위해 전달한 것이었다. 당시에는 사람이 잠입하여 뿌리는 수밖에 없었으므로 면사첩 배포는 재건에 매진 중인 수군에게 또다른 부담을 주는 일이었다.

그나마 다행스럽게도 조정에서 오랜만에 이순신에게 도움이 되는 결정을 내렸다. 명량대첩 직전 탈영한 경상우수사 배설의 후임으로 무의공 이순신을 임명한 것이다. 무의공 이순신은 임진년부터 충무공 이순신과 함께한 무장으로, 칠천량해전과 명량대첩 때는 육군으로 전출되어 참가하지 않았지만 이렇게 다시 돌아와 충무공 이순신에게 큰 힘이 되었다. 명량대첩 때 제일 뒤로 물러나 있던 전라우수사 김억추는 전출되었고, 이순신을 제외하고는 제일 먼저 진격했던 거제현령 안위가 전라우수사로 승진했다. 안위는 부산왜영 방화사건에 대한 이순신의 장계에서도 알 수 있듯이 줄곧 이순신의 두터운 신임을 받았던 인물이다.

1598년 2월 27일에는 수군 진영을 다시 이동했는데, 당시 수군이 주둔한 고하도는 서해로 올라온 지점이기에 남해안에 있는 일본수군을 견제하기가 어려웠기 때문이다. 새로이 옮긴 곳은 장보고의 청해진이 있던 완도의 오른쪽에 있는 고금도였다.

고금도는 우리나라에서 일곱 번째로 큰 섬으로, 이 섬의 곡물 생산만으로도 완도군 전체가 자급할 수 있다고 할 정도로 농경지가 발달된 섬이다. 섬의 서쪽에는 지남산, 북쪽에는 봉황산, 남쪽에는 망덕산이 있기에 방어에 유리하며, 주위에 다른 높은 산이 없어서 주변을 살피기에 좋다. 기후도 온난한 편으로 살기에도 좋은 여건을 갖추고 있다. 이순신이 고금도를 선택한 이유는 이러한 지형적 이점 외에도 고니시 유키나가가 주둔한 순천에 가까워서 적의 준동을 막기에 좋으며, 섬의 크기가 수군이 주둔하기에 적당한 크기였기 때문이다. 또한 고금도 주변의 흥양과 광양은 예전부터 둔전을 경영하던 곳이라 식량을 확보하기에도 유리했다.

고금도로 이동한 후에도 수군 정비는 계속되었다. 특히 명나라수군이 합류할 것이 예정되면서 조선수군은 명나라수군의 군량까지도 확보해야 했다. 이순신은 예전처럼 둔전을 경영하고, 소금을 생산하고 판매하여 이를 확보했다. 고금도로 모여든 백성들도 많았기에 인력 확보 문제는 쉽게 해결될 수 있었다. 해로통행첩 역시 이 시기부터 본격적으로 발행된 것으로 보인다.

이순신이 고금도에서 어떻게 수군을 증강했는지는 1598년 1월 5일부터 9월 14일까지의 일기가 전하지 않기에 자세한 내용을 알기 어렵다. 당시 수군 규모에 대해 《징비록》에서는 8천 명이라 하고, 1598년 4월 선조가 명나라 장수 마귀에게 하는 말에서는 2천 명이라 하는데, 그 차이가 너무 크다. 선조의 말은 명량대첩 직후의 보고 내용일 가능성도 있다. 《행록》에는 이렇게 재건된 수군의 규모가 한산도 시절의 10배에 이른다고 기록되어 있다. 10배라는 것은 과장일 수도 있지만, 칠천량해전으로 어이없이 사라진 조선수군이 단기간에 놀라울 정도로 재건된 것은 분명한 사실이다. 명량대첩 당시 13척에 불과하던 판옥선은 고금도로 진을 이동할 때는 약 40여 척, 노량해전 당시에는 80여 척가량으로 늘어난 것으로 추정된다. 칠천량해전 직전의 판옥선 수에는 못 미치지만, 아무것도 없다시피 한 상황에서 이 정도로 수군을 정비한 것은 분명 뛰어난 업적이다. 전쟁은 물론 행정에도 뛰어난 능력을 가진 지휘자여야 가능한 일이다. 그 모든 게 가능했던 이가 바로 이순신이다.

그러나 선조는 이순신이 와해된 수군을 재건하고 대승을 거두어도 포상에 인색했다. 이 시대의 포상이라면 대개 관직이나 가자를 내리는 것이었는데 이순신이 통제사에 머물러야만 하는 상황이라 관직을 내릴 수는 없다 해도 대신 가자를 내릴 수는 있었다. 통제사로 복직한 이순신의 품계는 정3품인 절충장군으로 파직 전 정2품 정헌대부보다 낮았다. 이제는 원래 품계를 돌려줄 법도 했지만 선조는 여전히 부정적이었다. 4월 28일에는 승정원에서 이순신을 정헌대부보다 낮은 종2품 가선대부로 올릴 것을 건의했지만 선조는 이마저도 말을 돌리며 외면했다. 후에 이순신을 가자하긴 했으나 그것은 선조 자신의 본의가 아니라 명나라 장수의 압력으로 한 것이었다. 위급한 상황에서 어쩔 수 없이 이순신을 기용하기는 했으나 이순신에 대한 선조의 미움은 결코 사라진 것이 아니었다.

| 제9장 |

신화의 끝

조명 연합함대의 구성

정유재란이 일어나면서 명나라는 육군은 물론 수군까지 파병했다. 먼저 도착한 것은 계금이 거느린 수군 선발대 3천2백 명이었다. 이들은 순천 예교성의 고니시 유키나가가 다른 일본군을 구원하지 못하도록 견제하는 역할을 맡았다. 이어서 도독첨사 진린이 이끄는 명나라절강수군이 1598년 6월 무렵 조선에 도착했다. 도독은 정1품, 도독첨사는 정2품의 명나라 벼슬인데 조선에서는 진린을 도독으로 높여 불렀다.

그렇다면 명나라수군이 전력에 도움이 되었을까? 명나라는 해금 정책을 취하기는 했지만 대형 선박을 건조하는 조선술을 보유하고 있었다. 15세기 초 환관 정화가 황실의 명을 받고 항로 개척을 위한 대원정을 수행했는데, 임무를 성공하기 위해서는 원양 항해에 적합한 대형 선박이 필수적이었던 것이다. 그러나 명나라의 대형 선박은 수송선에 한정되어 있었다. 수군 전선인 사선이나 호선은 조선 판옥선에 비해 턱없이 작은 크기라 불랑기 같은 명나라 화포도 싣지 못할 정도였으므로, 실제 전력에 보탬이 되기 어려웠다. 명나라의 왜구 토벌은 주로 육지에서 이루어졌기에 전투선에 중점을 둘 필요가 없었던 것이다. 이처럼 별 도움이 안 되는 데다가 명색이 상국 군대인지라 군량미도 보급해주어야 하니 이순신으로서는 골치 아픈 일만 늘어난 셈이다.

명 수군을 지휘하는 진린은 명 세종 말년(1566)에 지휘첨사가 되었고, 신종이 즉위한 만력 초기에는 부총병서동안참장으로 있다가 탄핵을 당했다. 임진왜란 때 부총병으로 발탁되었다가 병부상서 석성의 탄핵으로 다시 파직된 후, 정유재란 때 재기용되었다. 조선으로 온 진린은 조정에서 마련한 환영식에서 행패를 부렸다.

> 임금께서 청파 들녘까지 나오셔서 진린을 전송했다. 진린의 군사는 함부로 수령에게 욕설과 구타를 했다. 한번은 찰방 이상규의 목에 새끼줄을 걸어 끌고 다녔기 때문에 얼굴이 피투성이인 것을 본 나는 역관을 시켜 말렸다. 그러나 듣지 않았다. 나는 자리를 같이하던 재신들에게 말했다.
>
> "잘못하면 애석하게도 이순신의 군사가 앞으로 벌어지는 해전에서 패전할지도 모르겠군! 진린과 함께 있으면 그 행동에 제약을 받게 되고 또 의견이 상충하여 장수로서의 권한을 빼앗기게 될지도 모르겠소. 또 우리 수군들이 부당하게 학대받을 수도 있을 텐데, 그렇게 된다면 이순신의

군사가 어찌 패전치 않으리라 보장할 수가 있겠는가?"

내 말에 재신들도 '그렇다'며 서로 탄식을 했다. ─《징비록》

진린은 고금도로 떠나기 전에 전별하는 선조에게 말했다.

"신하들 가운데 명을 어기는 자가 있으면 절대 용서치 않고 군법으로 엄히 다스릴 것입니다."

지휘권을 강력히 행사하겠다는 뜻을 내보인 것이다. 이에 선조는 다음과 같이 지시했다.

"이 말은 매우 중요하니 비변사로 하여금 의논하여 대처하게 하라."

비변사는 어렵게 재건된 수군이 명군 때문에 붕괴되거나 진린의 지휘권 행사로 이순신이 군사 없는 장수가 될 지도 모른다고 우려하여, 이순신에게 진린의 성품을 알리고 그의 지시대로 따를 것과 잘 대접할 것 등을 당부했다.

이순신은 수군을 재건하고 적들과 소규모의 해전도 벌이면서 바쁜 나날을 보내고 있었다. 그러던 차에 도움이 안 되는 명나라수군 선발대 계금에 이어 본진을 이끄는 진린까지 오게 되었으니, 이는 일본수군 함대 5백 척이 접근하는 것보다 더 큰 위기였다. 일본수군이야 적이니 싸워서 물리치면 되지만, 아군으로 온 명나라 군사들이 육지에서처럼 행패를 부린다면 간신히 안정시켜놓은 상황이 무너져버릴 수도 있었다. 안 그래도 계금의 존재만으로도 비변사에서 그 문제를 논할 만큼 곤란한 상황이었다. 진린의 군대도 마찬가지라면, 수군은 붕괴의 위험에 처할 것이었다.

진린이 고금도로 도착한 것은 7월 16일이었다. 진린의 배가 들어오자 이순신은 의식을 갖추고 멀리까지 나가 영접했다. 그리고 진린을 비롯한 명나라 군사들을 풍성하게 대접해 여러 장수는 물론 병졸에 이르기까지 흠뻑 취하지 않은 자가 없었다. 그들은 입을 모아 이순신을 훌륭한 장수라 했고 진린도 매우 흡족해했다. 이런 융숭한 대접 덕분에 진린은 이순신에 대해 매우 좋은 인상을 가지게 되었다.

진린이 고금도에 도착한 직후, 환영 연회를 여는 도중에 일본의 전선들이 접근하고 있다는 보고가 들어왔다. 이순신은 바로 연회를 중단하고, 휘하 장수들에게 적의 동정을 살피는 동시에 단단히 방비하라고 지시하며 전투에 대비했다.

7월 18일, 적선들이 등장하며 본격적인 전투가 시작되자 조명 연합함대가 적에 맞서 출동했다. 물론 주력은 조선군이었고 명군은 그저 수를 채우는 정도였다. 진린은 직접 배에 승선하지 않고 높은 언덕에서 전투를 참관했다. 전투 결과는 당연히 조선수군의 승리였다. 조선군은 이 전투에서 적의 수급 71개를 취했다. 명군은 아무것도 한 것이 없었으니 당연히 얻은 수급도 없었다. 하지만 명의 지휘관들이 공을 탐내자 이순신으로서는 양보할 수밖에 없었다. 그리하여 수급 71개 중 40개는 진린에게, 5개는 계금에게 양보했다.

그런데 문제가 생겼다. 진린이 조선군의 전과를 가로채서 보고했다는 사실이 명나라에도 알려진 것이다. 명 조정은 확실한 증거를 얻기 위해 진상을 조사할 관리를 보냈다. 명에서 사실을 확인하면 진린이 처벌을 받을 뿐 아니라 조명 관계 역시 영향을 받을 수 있는 상황이었다.

그러나 이순신은 이런 일을 예견이라도 한 듯 전투를 보고할 때 내용을 달리하여 두 통의 장계를 올렸다. 한 통은 진린이 적 40명의 머리를 베었다는 장계였고, 다른 하나는 진린에게 공을 양보한 일을 사실대로 적은 장계였다. 조선 조정은 명의 사신이 이순신의 장계를 요구하자 전자의 장계를 보여주면서 일을 무마했다. 결국 이순신은 공을 진린에게 양보하면서도 자신의 공이 묻히지 않게 하는 동시에 미묘한 외교 문제까지 해결할 방책을 마련한 셈이었다. 이렇게 공까지 양보받자 진린은 이순신에게 큰 호감을 품게 되었고, 덕분에 명의 수군은 조선수군에게 비교적 협조적인 태도를 보였다.

이에 대해서는 명량대첩의 공으로 이순신이 명나라 황제 신종으로부터 도독 관직을 제수받았기 때문에 진린이 함부로 대할 수 없었다고 주장하는 이들도 있다. 실제로 통영 충렬사에는 이순신이 받은 도독인이 남아 있는데 도독인은 곧 도독을 상징하는 것이다. 《정조실록》의 정조 16년(1792) 7월 25일 기사에도 정조가 '더군다나 충무공은 명나라 조정으로부터 도독인을 하사받았으니 말할 필요가 있겠는가'라고 말한 것이 기록되어 있다. 하지만 《명사》나 《명 실록》 등에서는 이에 대한 기록이 나오지 않는다는 점에서 실제 이순신이 생전에 도독 벼슬을 받았는지에 대해 의문을 제기하기도 한다. 실제 벼슬을 받은 시점은 사후였거나, 생전에 받았다 해도 명예직에 지나지 않았을 거라는 주장도 있다.

어쨌거나 다른 곳에서와는 달리 협조적으로 나오던 명나라수군이지만, 《행록》에 따르면 시일이 지나자 이들도 마찬가지로 행패를 부렸다고 한다. 결국 이순신은 어느 날 명군 진영과 가까운 민가와 시설에 대해 철거령을 내리며 진영을 이동할 준비를 한다. 진린이 갑작스런 일에 사람을 보내 이유를 물어보자 이순신은 이와 같이 대답했다.

"조선의 군사와 백성들은 명나라의 지휘관이 온다는 이야기를 듣고 마치 부모가 찾아온 듯이 우러러보았다. 그런데 이제 명의 군사들이 행패를 부리고 약탈하기 일쑤이니 백성들이 견딜 수가 없어서 모두 다른 곳으로 피하려고 한다. 나도 대장으로서 혼자만 여기에 있을 수 없기 때문에 함께 배를 타고 이동하려 한다. 그렇게 말씀드려라."

이 말을 듣고 놀란 진린이 이순신을 찾아와서 만류했고, 이순신은 진린에게 명나라와 조선의 군사를 차별하지 않겠다는 약속을 받아냈다. 이것으로 명군의 범죄를 조선군이 처벌할 수 있게 되어 수군 진영에서는 명군의 행패가 사라졌다. 또 섬의 백성들에게서 아주 사소한 물건 하나라도 빼앗는 자가 있으면 즉시 잡아다 매로 다스렸기 때문에 군령을 어기는 자는 하나도 없었다.

진린은 훗날 선조에게 올리는 글에서 이순신을 가리켜 '경천위지지재 보천욕일지공經天緯地之才 補天浴日之功'이라고 극찬했다. '경천위지지재'란 하늘을 날로 삼고 땅을 씨로 삼아 베를 짜는 재주, 즉 천하를 경륜할 재능이 있다는 말이고, '보천욕일지공'은 중국 신화에서 여와가 하늘의 뚫어진 곳을 메우고 희화가 해 10개를 낳아 감천에서 목욕시켰다는 이야기를 의미하니, 이순신의 공이 무너진 하늘을 메울 만큼 크다는 뜻이다. 또한 진린은 '통제사 이순신은 천하를 다스릴 수 있는 지략이 있으며 위태로운 국운을 일으킬, 그러한 큰 공을 세울 것입니다'라는 구절도 덧붙였다. 처음엔 수급을 양보한 일로 인해 이순신에게 호감을 품었지만 점차 이순신의 인품에 탄복하여 진심으로 그를 인정한 것으로 보인다. 덕분에 조선수군은 명군과의 관계에서도 별다른 문제없이 순조롭게 전투를 준비할 수 있었다.

순천 예교성전투

1598년 2월에는 도요토미가 죽었다는 첩보가 조정에 도착했다. 그러나 선조는 도요토미가 정말 죽었다면 적들은 이를 숨기려 할 것인데 그렇지 않았다는 점을 보고 이는 적들의 계책일 것으로 판단했다. 선조의 판단은 정확했다. 그러나 이런 소문이 도는 것도 무리가 아닌 것이 도요토미는 이미 병들어 죽음을 앞두고 있었다. 결국 그해에 도요토미 히데요시는 세상을 떠났다.

강항의 《간양록》에는 도요토미가 7월에 죽었다는 내용이 있다. 또한 8월 5일자의 《선조실록》에 실린 전라병사 이광악의 장계에는 도요토미가 이미 죽었다는 포로의 증언을 전달한 의병장 임환의 보고가 첨부되어 있다. 이외에도 무의공 이순신이 도요토미가 7월 초에 죽었다고 보고하는 등 여기저기서 도요토미의 사망에 대한 정보가 입수되었다. 다만 정설에 따르면 도요토미의 사망 일자는 8월 18일이니, 포로들의 증언과는 어긋난다.

도요토미가 사망함에 따라 일본군은 철수를 결정했다. 하지만 조명연합군은 도요토미의 죽음을 인지하고 대대적인 반격 작전을 계획했다.

그것은 1차 울산성전투 직후 경리 양호가 입안한 사로병진이었다. 이 작전은 조선의 지형적 조건상 군사들을 한곳에 모으기는 어려우니 군사들을 나누어 각 지역을 맡도록 하자는 것이었다. 본래는 육군을 동로군, 중로군, 서로군으로 나누고 수군은 각 육군에 배속하는 형태였다. 하지만 1차 울산성전투 이후부터는 수군을 수로군으로 독립시켜 사로군을 구성했다. 당시 조선군과 연합한 명군이 오랜만에 제대로 싸워 가토군을 궁지로 몰아넣었으면서도 결국 섬멸하는 데 실패한 후, 수군의 지원 필요성을 느꼈던 것이다. 각군의 대장은 모두 명나라 장수가 맡았다. 동로군의 대장은 마귀, 중로군은 이여송의 동생 이여매, 서로군은 유정이었으며, 수로군 대장은 진린이었다. 후에 이여송이 여진족과의 전투에서 전사한 후 이여매가 형을 대신하게 되면서, 후임으로 동일원이 중로군의 대장이 된다. 이 사로군이 각지의 일본군을 공격하는 것이 사로병진이다.

사로군의 대장 중 진린이 가장 먼저 내려가 이순신의 조선수군과 합류했고, 8월 18일에는 육군의 대장들이 한양을 출발했다. 마귀의 동로군은 경상좌병사 김응서와 함께 9월 중순 가토 기요마사가 있는 울산의 도산성을 포위했다. 9월 하순부터 본격적인 전투가 시작되었지만, 울산성의 가토군은 동로군의 유인 작전에도 넘어가지 않고 성곽에 의지하며 수성전을 지속했다. 일본이 해안가에 축조한 왜성은 종전 후 조선 조정에서도 그 양식을 본받아 축성을 하자고 건의할 정도로 견고하고 수성에 효율적이라 함락은 쉽지 않았다. 더구나 부산에서 일본 구원군이 올 것이라는 소문이 돌자 마귀는 동로군을 이끌고 경주로 철수했다. 1차 울산성전투가 가토군을 죽음의 위기로 몰아붙인 것과는 다르게 2차 울산성전투는 이렇게 맥없이 막을 내리고 말았다.

동일원의 중로군은 경상우도 지역으로 진출하여 사천 등지의 일본군을 공격했다. 사천성의 일본군을 지휘하는 무장은 시마즈 요시히로였다. 중로군은 초반에는 승전보를 올리며 진격했다. 성주와 고령을 거쳐서 9월 18일에는 진주로 진격했고, 20일에는 남강을 넘어서 일본 진영을 점령했다. 9월 28일에는 조선의 정기룡을 선봉으로 삼아 시마즈군이 주둔한 사천성을 포위했다. 시마즈는 적들의 병력 규모가 큰 것을 보고 자신의 휘하 병력들을 사천 신선으로 후퇴시켰다. 여기서 동일원은 작은 승리에 취하여 시미즈군에 대해 공격을 감행했지만, 이는 시마즈의 유인에 넘어간 것이었다. 결국 중로군은 시마즈군의 반격에 큰 피해를 입고 대패하고 말았다. 이 전투에서 중로군의 피해는 일본 기록에 따르면 3만 8천여 명, 명나라 기록에 따르면 3천~4천 명, 《선조실록》에 따르면 7천~8천 명이다. 사천성전투에서 시마즈 요시히로는 무장으로서의 위엄을 떨쳤지만, 명나라는 막대한 피해를 입고 체면도 구기고 말았다.

유정의 서로군은 순천 예교성의 고니시군을 치기 위하여 9월 중순 전주에서 군대를 정비하고 남하했다. 서로군에는 2만의 명군과 6천의 도원수 권율 휘하 조선군이 포함되었다. 또한 동로군, 중로군의 경우와는 달리 조명 연합함대로 구성된 수로군이 예교성 앞바다에 있는 유도에 주둔하면서 대기하고 있었다. 전쟁 기간 중 처음이자 마지막으로 조명 연합 수륙 합동 작전이 실시되는 것이었다. 9월 20일 조명 연합함대가 유도에 이르렀을 때, 유정의 서로군은 이미 도착해 있었다. 당시 진린 때문에 이순신이 작전을 실행하는 데 어려움이 있다고 하자 조정에서는 유정에게 지휘권을 줄 것을 계획했으나, 진린 측이 눈치채면서 무산되었다.

유정은 전투를 시작하기 전에 강화 회담을 미끼로 고니시 유키나가를 유인하여 생포할 계획을 세웠다. 그래서 명나라 중군 한 명을 유정으로, 군관 한 명을 권율로 꾸며서 군사 수백을 거느리게 하고, 적군과 안면이 있는 전라순찰사 황신을 내세워 고니시를 맞이하게 했다. 그리고 비둘기 20마리를 숨겨두었다가 고니시가 막사로 들어오면 날려 보내는 것을 신호로 하여 적을 공격하고 고니시를 생포하기로 계획했다. 그러나 고니시는 멀리서 군사의 형세가 강한 것을 보고 의심하여 쉽게 접근하지 않았다. 잠시 후 비둘기가 당초 계획보다 일찍 날아가는 바람에 명나라 군대가 실수로 포를 쏘자, 고니시가 함정임을 눈치채고 달아나면서 이 계획은 실패했다. 유정은 곧 서로군을 움직여 적들을 추적했으나 고니시는 잡지 못하고 미처 성에 들어가지 못한 적군의 목을 베었을 뿐이었다. 그렇게 거둔 수급이 98개였으나, 명군의 피해도 많았다. 육지에서 서로군이 순천 예교성을 포위하자 수군도 움직여서 바다에서 성을 봉쇄했다.

다음 날인 21일에 서로군은 목책을 설치하고 해자를 파려 했으나 적이 막아 싸워서 성에 접근하지는 못했다. 수군은 아침부터 진격해서 활과 화포를 쏘며 종일 싸웠지만 물이 얕아 진격할 수 없었다. 남해의 적이 경쾌선을 타고 들어와서 정탐하려 하므로 허사인 등이 추격했더니,

적들은 육지에 내려 산으로 올라갔다. 그래서 그 배와 배에 실린 물품을 빼앗아서 진린에게 바쳤다. 이날 밤, 유정은 횃불을 들고 공격할 듯 진격하다가 불을 끄고 다시 진으로 돌아오는 비효율적인 행동을 반복했다. 적은 여기에 연달아 포를 쏘아 불이 성 밖으로 번졌다가 한참 후에 꺼졌다.

이튿날 수군이 다시 진격하여 예교성을 공격했다. 일본군은 죽기를 각오하면서 물 가운데로 나아가 수군을 포위했으나, 수군은 맹렬히 싸워 많은 수급을 거두고 조수에 맞추어 물러났다. 이날의 전투에서는 명나라 군인 11명이 탄환에 맞아 죽었고, 명나라의 유격 계금이 왼편 어깨에 탄환을 맞았으나 다행히 중상은 아니었다. 지세포만호와 옥포만호도 탄환에 맞았지만 생명에는 지장이 없었다. 다음 날인 23일, 진린은 명군의 전사와 부상에 화를 내며 서천만호와 홍주대장, 한산대장에게 각각 곤장 7대를 때렸다. 금갑도만호, 제포만호, 회령포만호 등에게도 모두 곤장을 15대씩 때렸다. 진린의 이런 행동에는 명군의 피해에 대한 분풀이 외에도, 유정에게 수군 지휘권을 넘기려고 했던 일을 염두에 두고 지휘권을 확립하려는 목적도 있었던 듯하다.

그 후 며칠 동안 유정이 공성 무기를 준비한다며 전투를 중지했기에, 수군도 유도에서 대기했다. 늦가을로 접어들자 강한 바람이 불어와 며칠간 배를 움직이기도 힘든 날씨가 이어졌지만, 수군은 묵묵히 다음 전투를 대비했다. 10월 1일, 유정은 여러 장수들과 의논하여 다음 날 전투를 재개하기로 했다. 《난중일기》에 이날 '새벽에 진린이 유정에게로 가서 잠깐 서로 이야기했다'는 내용이 있는 것으로 미루어 진린과도 협의가 된 것으로 보인다.

다음 날인 10월 2일, 육지에서는 유정이 동틀 무렵부터 서로군을 지휘하여 진격했고 수군 역시 병력을 출동시켰다. 그러나 서로군의 공격은 그다지 신통치가 않았다. 성안에 진입을 하기는커녕 오히려 일본의 공격으로 전사하거나 성안으로 끌려가는 명나라 군사들이 속출했고, 밤에 제대로 자지 못한 군사들이 졸다가 습격을 받기도 했다. 이날 죽은 명군이 8백 명이나 되었다. 수군은 적극적으로 공격하여 많은 적을 죽였지만, 사도첨사 황세득과 이청일 등이 탄환에 맞아 전사했고 제포만호 주의수 · 사량만호 김성옥 · 해남현감 유형 · 진도군수 선의문 · 강진현감 송상보 등이 부상당하는 피해를 입었다.

3일에는 유정이 진린에게 비밀 서신을 보내어 조수를 틈타 수륙 협공을 할 것을 계획했다. 초저녁에 출동한 수군이 조수를 타고 적군의 수채에 육박하여 포탄으로 막사를 맞추기까지 하자, 일본이 당황하여 동쪽으로 몰리니 서쪽은 자연히 비게 되었다. 그러나 좋은 기회가 왔음에도 육지의 서로군은 별다른 공격을 취하지 않아 성을 함락시키지 못했다. 그러는 동안 명나라수군은 해안 가까이 접근했으나 곧 바닷물이 빠지면서 갯벌에 갇히게 되었다. 일본군이 이 배들을 공격하여 불을 지르니 사선 19척과 호선 20여 척이 불타게 되었다. 명나라수군은 꼼짝도 못하고 적군에게 살려달라고 애원했다. 조선 지형에 어두운 명나라수군이 본인들의 실책으로 위기에 빠진 것이지만, 이순신은 명군만 피해를 입으면 나중에 문제가 될 것이라 생각하고 조선 판옥선 7척을 일부러 갯벌에 갇히게 했다. 판옥선은 배가 높고 견고하여, 활과 포를 쏘며 대항하니 적군이 접근하지 못했다. 그 덕분에 조선 판옥선은 무사히 다음 조수를 타고 빠져나올 수 있었다.

다음 날인 4일, 분노한 진린은 수군을 다시 출동시켰으나 서로군의 협공이 없어서 별다른 성과를 거두지 못했다. 진린은 전투에 제대로 임하지 않는 서로군에 대한 분노를 표하며, 육지에 올라 유정을 책망하고 이러한 상황을 급히 군문에 알렸다. 이에 유정은 몹시 억울한 기색으로 '장관 중에 유능한 이가 없는데 나 혼자서 무얼 할 수 있겠소'라고 변명했다. 이후 두 명나라 장수들은 깊은 불화에 빠지게 되었다.

6일에는 권율에게 서신 한 통이 도착했다. '유 제독(유정)이 달아나려 한다'는 내용이었다. 그리고 다음 날 서로군은 유정의 명에 따라 군량과 병장기를 내버려둔 채 물러났다. 군량을 불태우라는 지시가 있기는 했지만 미처 타지 못한 것은 고스란히 일본군에게 넘어가게 되니, 이는 몹시 무책임한 행동이었다.

이렇게 하여 7년간의 전쟁 중 처음으로 이루어진 대규모 수륙 협공 작전은 육군의 무성의로 별 효과 없이 끝나고 말았다. 수군은 해안에서 싸우느라 육지의 포와 조총 사거리에 노출되면서도 적군을 크게 압박하며 용감히 싸웠지만, 서로군이 대응을 하지 않으니 바닷가에서 위협을 하는 정도밖에 할 수 없었다. 수군이 선전하는 틈을 타서 육군인 서로군이 적극적으로 공격했다면 성을 점령할 수도 있었겠지만, 서로군은 대응은 지나치게 소극적이었다. 이처럼 이순신의 발목을 잡는 건 대개 적군이 아니라 아군이었다.

이순신 최후의 전투: 노량해전

서로군과 수로군의 합동 작전은 서로군의 무능력과 무의지로 실패했지만, 고니시 유키나가는 여전히 속이 탔다. 일본으로의 철군 명령은 떨어졌고, 본국으로 돌아가려면 일단 순천을 떠나야 했다. 하지만 아무리 무능한 서로군이라 해도 그 병세를 무시할 수는 없으므로 수많은 병력이 육지로 이동한다는 것은 무리였다. 남은 방법은 배를 타고 바다를 건너는 것뿐이었다. 그러나 바다에는 무시무시한 이순신의 수로군이 버티고 있었다. 조선수군은 이순신이 지휘할 때는 한 번도 패한 적이 없었고, 명의 수군은 전력에 보탬은 안 될지라도 그 규모로는 일본군을 압박하는 효과가 있었다. 이런 바다로 무턱대고 나간다는 것은 자살행위였다.

고니시에게 한 가지 희망적인 점은 명군이 싸울 의지가 없다는 것이었다. 더군다나 전쟁이 끝나가는 상황이니 명군이 적극적으로 나설 이유가 없었다. 그래서 일본군은 명군과 화의를 추진해가면서 철군을 준비하고 있었다. 고니시 역시 예외는 아니었다. 고니시는 이를 위해 서로군의 유정과 협상을 꾀했다. 협상 결과 유정은 고니시의 철수를 묵인하는 대신 예교성을 넘겨받기로 하고, 고니시 진영에 인질 40여 명을 보내기까지 했다.

그러나 문제는 육군이 아니라 수군이었다. 조명 연합수군은 순천 예교성전투 후 전열을 재정비하여 고니시군을 강하게 압박하고 있었다. 유정은 진린에게 '고니시가 군사를 거두어 본국으로 돌아가려 하니 놓아 보내는 것이 좋겠다'고 제안하지만, 진린은 '수군과 육군의 책임이 다르니 각자 행동하는 것이 옳다'고 말하면서 거부했다. 진린은 이전의 전투에서 유정의 소극적인 대응에 대해 불만을 가진 터라, 명나라 장수답지 않게 전투에 적극적으로 임할 의사를 보였다. 심지어 11월 8일에는 이순신에게 '적들이 11월 10일 사이에 철수하여 도망한다는 기별이 육지로부터 왔으니 급히 진격해 돌아가는 길을 끊자'는 제안까지 했다.

11월 10일, 조명 연합함대는 출동하여 순천 앞의 유도에 정박했다. 이틀 후인 11월 12일, 고니시가 선발대 10척을 내보내지만 조명 연합함대에 의해 여지없이 궤멸당했다. 그러자 고니시는 몹시 노하여 유정이 보낸 명군 인질 중 두 명의 팔을 잘라 유정에게 보내면서 말했다.

"제독이 이처럼 나를 속이니 나는 떠나지 않을 것이오."

그러나 말은 그렇게 해도 순천에 영원히 있을 수도 없는 일이다. 결국 수군의 위협을 어떻게든 처리하는 것이 중요하다고 판단한 고니시는 유정에게 사람을 보내어 전했다.

"수군은 화해할 생각이 없는 듯하니 어서 약속을 정합시다."

유정이 수군을 설득해주기를 바라고 한 말이었지만, 진린과 사이가 좋지 않은 유정은 다음과 같이 대답했다.

"화해하기를 청하면 진린 장군도 이해할 것이오."

진린에게 알아서 뇌물을 바치라는 뜻이었다. 고니시는 그 말을 듣고 진린에게 은 1백 냥과 보검 50구를 보내며 길을 열어줄 것을 요청했다. 또한 고니시는 유정과 진린에게 수급을 바치겠다고 제안했다. 진린은 결국 뇌물에 매수당하여 수급 2천을 주면 고니시의 요청을 받아들이겠다고 대답했다. 그러자 고니시는 계속 뇌물을 바치며 이와 같이 부탁했다.

"남해에 있는 사위와 상의해야 하므로 그를 불러오려고 합니다. 그러니 배를 내보낼 수 있도록 해주십시오."

하지만 이순신은 이에 반대했다.

"이는 속임수이니 넘어가서는 안 됩니다. 사위를 부른다는 것은 핑계일 뿐 실은 구원병을 부르려는 것이니 요청에 응해서는 안 됩니다."

그러나 진린은 이순신의 반대에도 불구하고 14일 일본군 8명이 탄 배가 통과하는 것을 허락했다. 이에 대한 보답으로 고니시는 14일 저녁에는 돼지 2마리와 술 2통을 진린에게 바쳤고, 15일과 16일에도 꾸준히 진린의 진영을 오가며 뇌물을 바쳤다.

16일에는 고니시의 중선 1척이 군량을 가득 싣고 남해에서 바다를 건너는 것을 보고 발포만호 소계남과 당진포만호 조효열 등이 한산도 앞바다까지 추격했다. 일본군이 기슭을 타고 육지로 올라가 달아나자 그들이 남긴 배와 군량을 확보했으나, 모두 명나라군사에게 빼앗기고 빈손으로 돌아와 이순신에게 상황을 보고했다. 고니시는 진린에게 강화를 약속해놓고 왜 공격하냐며 항의했지만, 진린은 그 공격은 자신이 아니라 이순신이 한 것이기에 자신은 알 바 아니라고 대답했다.

하지만 14일에 이미 왜선 한 척을 내보냈으니, 구원 병력이 곧 도착할 것이었다. 이순신은 휘하 장수들과 논의한 끝에 고니시를 구원하러 올 일본군을 먼저 공격하기로 결정했다. 순천 앞바다에서 머물 경우 순천의 고니시군과 후방에서 오는 구원군에게 앞뒤로 포위당할 수도 있기에 수군은 노량해협 인근으로 함대를 이동시키기로 했다. 이 작전은 진린에게도 통보되었다. 진린은 고니시에게 소소한 뇌물을 받은 것 외에는 협상에서 별 진전도 없는 상황인지라 이순신을 따라 출전할 것을 결정했다.

당시 진린은 불길한 징조를 느꼈던 것인지 이순신에게 '《삼국지》에서는 제갈량이 자신의 수명이 다했음을 알고 하늘에 기도하여 이를 연장했다'는 내용의 편지를 보내며 이를 따르라고 제안했다. 이에 이순신은 '나는 충성도 덕망도 재주도 제갈량보다 못하므로, 제갈량처럼 기도한다 한들 하늘이 들어줄 리 없다'며 정중히 거절했다. 그러나 이순신이 제갈량보다 모자란 점은 충성이나 덕망, 재주가 아니라 자신을 인정하고 신임하는 군주를 만나지 못했다는 것뿐이었다.

조선의 판옥선 80여 척과 명나라 전선 3백여 척이 전투에 투입되었다. 하지만 크기가 작은 명나라 군선은 사실상 수적인 압박을 가하는 게 전부였고 주력은 조선의 판옥선이었다. 진린과 그의 부장 등자룡은 조선수군으로부터 판옥선을 각각 한 척씩 받아서 이것을 타고 전투에 참가했다.

고니시의 구원 요청을 받고 사천성에 있던 시마즈 요시히로, 고니시의 사위인 대마도주 소 요시토시, 그와 함께 남해에 있던 다치바나 무네시게, 부산에 있던 데리자와 마사나리와 다카하시 무네마스 등의 무장들이 고니시를 구하기 위해 나섰다. 그 병력은 배 5백여 척에 이르렀다. 일본의 구원군이 순천으로 향하자면 반드시 노량해협을 지나야만 했다. 이순신은 바로 이곳을 전투의 적지로 보았다. 조선수군은 남해

관음포에 주둔했고 명군은 곤양 죽도에 매복하여 전투에 대비했다. 조명 연합군은 어둠 속에서 작은 소리도 새어 나가지 않도록 입에는 나뭇가지를 물고 조용히 이동했다.

11월 19일 새벽 2시경, 양측 함대가 노량해구에서 만나면서 전투가 시작되었다. 이른 새벽인 데다 달빛도 없어 전투는 혼전의 양상을 보였다. 조선수군은 어둠 속에서 시야 확보를 위해 화포 사거리보다 더 가까이 적군에게 접근할 수밖에 없었다. 조선수군은 화포를 쏘고 불붙은 섶을 마구 적선에 던져가며 맹공을 가했다. 바람도 조명 연합수군에 유리한 북서풍으로 불어서 이 화공은 더욱 효과적이었다. 고니시의 목숨을 구하러 왔다가 자신의 목숨을 부지하기도 어렵게 된 일본수군은 형세를 지탱할 수가 없는 와중에 조명 연합수군의 포위망 너머로 넓은 바다를 발견하고 그 방향으로 필사적으로 탈출했다. 그러나 그것은 구원의 길이 아니라 지옥이었다. 일본수군은 넓은 바다가 아닌 남해도 관음포 안으로 들어간 것이었다. 관음포는 지금은 간척사업의 영향으로 바다가 깊지 않으나 과거에는 포구 입구에서 안쪽까지 거리가 멀어서 잘못 보면 수평선과 지평선을 혼동할 정도였다. 일본군은 어둠 속에서 이를 혼동하고 스스로 포구 안에 갇히고 만 것이었다. 뒤늦게야 자신들이 지옥으로 들어왔음을 안 일본군의 일부는 남해도로 상륙하여 도주했지만 나머지 병력들은 목숨을 걸고 싸워야 했다. 어둠 속에서 벌어지는 필사적인 싸움으로 인해 전투는 이전의 해전에서 보기 어려운 혼전으로 전개되었다.

그러던 중 진린의 배가 포위당하고 일본군이 배 위에까지 올라와 진린을 노렸지만, 아들 진구경이 몸으로 막고 대신 부상을 당했다. 당장의 위기는 면했으나 진린의 배는 여전히 위험했다. 진린의 부장 등자룡이 탄 배는 일본의 공격에 의하여 전소되었고 등자룡은 사망했다. 이전에 육지 가까이 접근한 판옥선에 일본군이 불을 던진 적은 있었지만 이순신이 참전한 해전에서 적군의 공격으로 판옥선이 완전히 불타버린 것은 처음 있는 일이었다. 포위된 진린의 배를 구하러 나선 이순신은 적선 중에 붉은 천을 달고 금 갑옷을 입은 무장이 전투를 감독하는 유달리 높은 배를 발견하고 그 배를 공격하여, 장대 위에 있던 적 장수 세 명 중 한 명을 쓰러뜨렸다. 그러자 진린의 배를 포위한 적선들이 포위를 풀고 이순신이 공격하는 배를 구원하러 나서니, 덕분에 진린은 무사할 수 있었다.

전투가 계속되는 중에 서서히 날이 밝았다. 이순신은 조선수군의 최고위 장수임에도 직접 북채를 들고 독려하며, 화살과 총알이 빗발치는 선두에서 전투를 지휘했다. 당연히 이순신의 좌선도 위험에 노출될 수밖에 없었다. 배 위로 탄환이 날아오면서 군관 송희립이 이에 맞아 부상을 당하고 쓰러졌다. 탄환이 노린 건 송희립만이 아니었다. 경황없는 전투의 와중에 적 조총수가 쏜 탄환이 이순신의 가슴께를 관통했다. 부하들이 부랴부랴 장막 안으로 옮겨 눕히자, 이순신은 그 와중에도 침착함을 잃지 않고 부하들에게 말했다.

"지금은 싸움이 매우 급한 때다. 그러니 절대로 내가 죽었다는 것을 밝히지 마라!"

이순신은 이 말을 마치고 이내 숨을 거두고 말았다. 이 유언을 끝으로 위대한 영웅은 눈을 감는다. 이순신의 유언을 받은 큰 아들 이회와 조카 이완은 이순신의 죽음을 숨긴 채, 삼도수군통제사의 명령이라며 계속해서 군사들을 독려하고 지휘했다. 쓰러졌던 송희립이 부상에도 불구하고 다시 일어나서 전투에 임했다. 전투는 치열하게 전개되었고, 이순신의 죽음은 한동안 알려지지 않았다.

그러나 이 유언의 사실 여부는 명확하지 않다. 이 유언은《행록》초판에는 없다가 30년이 지나서야 실렸다. 또한 유형 등의 부하 장수들이 이순신의 전사를 알고 분기탱천하여 싸웠다는 기록이 있는 것을 보면 전투 종료 전에 이순신의 전사가 알려졌을 가능성도 있다. 확실한 것은 승리를 눈앞에 두고 그 승리를 이끈 영웅이 눈을 감았다는 사실이다.

결국 11월 19일 정오경, 간신히 살아남은 일본 군선들이 물러나고 전투는 조명 연합함대의 대승으로 끝났다. 순천 예교성의 고니시는 자신을 구하러 온 구원군이 몰살당하는 중에 묘도 서쪽 수로를 통과하여 남해도 남쪽으로 우회해서 부산으로 탈출했다. 고니시를 구하러 온 시마즈 요시히로와 소 요시토시 등은 수많은 부하와 배를 잃고 간신히 달아났다. 이순신이 금 갑옷을 입은 적장이 있는 큰 배를 공격하려 했다는 점을 보면 시마즈 요시히로나 적어도 그에 버금가는 무장이 이순신에 의해 죽음의 위기에 처했을 것이다.

일본의 피해 정도는 기록에 따라 다소 차이가 있다.《선조실록》에 실린 좌의정 이덕형의 보고에서는 적선 2백 척 격침에 전사자 수천 명이라고 했다. 명나라 군문이 통보한 내용에 따르면 적선 1백 척 포획에 2백 척 분멸, 수급 5백여 급 참수에 물에 빠져 죽은 자는 수를 알 수 없다고

했다. 이를 종합해보면 확인된 전과가 적선 2백 척 격침이고 피해 없이 온전히 살아 돌아간 배가 50척이라고 추정할 수 있다.

조명 연합군의 피해는 다음과 같다. 등자룡 등 세 명의 명나라 장수가 전사했고, 이외에 등자룡과 동승한 군사들도 전사했을 가능성이 높다. 조선군은 30여 명이 전사했는데 그중 10여 명이 가리포첨사 이영남, 낙안군수 방덕룡 등 장수급 인물이었으며 좌선에 동승한 송희립이나 탄환을 여섯 발이나 맞고도 분전한 유형 등 군관 중에서도 부상자가 있었다. 배의 피해는 등자룡의 판옥선 소실을 제외하고는 거의 없었다. 그러나 무엇보다도 가장 큰 손실은 통제사 이순신의 전사였다.

전투가 끝난 후 진린은 이순신이 구해준 것에 대해 인편으로 사례를 하려 했으나, 돌아오는 대답은 영웅의 전사 소식이었다. 그제야 이순신의 죽음을 알게 된 진린은 의자에 앉았다가 바닥으로 몸을 던지며 가슴을 쳤다. 진린은 세 번이나 쓰러지며 계속 가슴을 치고 통곡했다.

"나는 공(이순신)께서 직접 오셔서 구해주신 줄로 알았는데 이게 도대체 무슨 일이란 말이오!"

군사들도 바다가 떠나가도록 통곡했다. 오래지 않아 남도가 떠나가도록 통곡 소리가 울렸다. 백성들은 이순신의 전사 소식에 노인에서 어린아이에 이르기까지 골목을 메우고 울었다. 기록에 따르면 마치 부모의 상을 당한 때와 같았다고 한다. 시장에 나간 자들은 이순신을 기리기 위해 술자리를 피했으며, 명나라군사들도 고기를 물리고 먹지 않았다. 이순신의 상여가 들어오자 호남의 선비들은 글을 지어 제사를 지냈다. 또 상여가 지나가는 곳마다 제전을 차린 백성들이 상여를 잡고는 놓지 못하며 통곡했다.

"공께서 우리를 살려놓으시고 정작 공께서는 우리를 버리시고 어디로 가시는 것입니까?"

백성들이 몰려와 길을 막으니 상여는 움직일 수조차 없었다. 조정은 이순신을 의정부 우의정으로 추증했다. 명나라 군문인 형개는 '바닷가에 사당을 세워 그의 충혼을 제사하며 기리는 것이 마땅하다'고 했으나 그 일은 이루어지지 않았다. 그러자 바닷가의 백성들이 한마음으로 모여 스스로 사당을 짓고 사철 제사를 올렸다. 어부의 배와 상인들도 그곳을 지날 때는 반드시 제사를 올렸다. 이것이 현재 전라남도 여수에 있는 충민사이다.

이순신은 혹자의 주장처럼 '지배층의 정치적 필요에 따라 위에서 만들어진 영웅'이 결코 아니었다. 백성들은 그의 죽음에 통곡하고 스스로 모금하여 사당을 지었다. 선비들은 기꺼이 글을 지어 그를 기렸으며, 상국의 위치를 이용하여 행패를 부리던 명군까지도 그를 추모했다. 명량대첩 이후로는 서인이나 북인들도 이순신을 비난하는 일이 없었다. 이처럼 그는 지배층과 피지배층 그리고 내국인과 외국인 모두가 인정하고 존경한 진정한 영웅이었다.

노량해전 종료 후 경상우수사 무의공 이순신이 임시로 함대를 지휘하여 귀환했고, 충청병사로 있던 이시언이 통제사로 임명되었다. 아직 경상도 해안에는 수많은 적이 남아 있었지만, 이순신이 없는 이상 남해도에서 잔적을 소탕하는 정도의 전투가 있었을 뿐 더 이상의 전투는 이어지지 않았다. 결국 일본이 모두 자국으로 철수하면서 7년간의 전란은 막을 내렸다.

종전 후 선조가 명군의 도움 덕에 위기를 넘겼다며 고마움을 표하자 유정을 비롯한 명나라 장수들이 오히려 스스로를 낮추고 이순신을 칭송했다. 공에 대한 욕심만 부리고 별 도움도 되지 않았던 이들이었지만, 이순신이 이룬 업적이 무엇인지는 분명히 알고 있었던 것이다. 그러나 선조는 이런 명나라 장수들의 치하에도 이순신을 인정하는 말은 하지 않고 적당히 둘러대며 화제를 돌리기 일쑤였다.

노량해전에서 이순신이 공을 세우기 위해 도망가는 적을 무리하게 쫓다가 사망했다고 폄하하는 이들도 있는데, 이순신은 단순히 전공을 위해 진격한 것이 아니었다. 이순신이 일본을 끝까지 위협한 것은 일본군의 재침에 대비하여 조금이라도 적의 전력을 감소시키려는 의도에서 나온 행동이었다. 당시 일본의 재침 가능성은 무시할 수 없는 위협이었으며, 그 점을 우려하여 전후에도 몇 년간 명군이 조선에 주둔했다. 강항 같은 귀환 포로들의 보고를 보아도 일본 내에서 다시 전쟁을 일으키자고 주장하는 무리가 있었음을 알 수 있다. 도요토미 히데요시 사후 내분을 겪게 된 일본의 정세로 인해 그 주장은 받아들여지지 않았지만, 종전 직전의 상황에서는 혹시라도 일어날 수 있는 재침에 대비하는 것이 당연한 일이었다. 이처럼 철저한 태도로 전쟁에 임했던 이순신과 조선수군은 최후의 전투에서 승리를 거둠으로써 마지막까지 일본의 악몽으로 남았다.

이순신은 자살하지도 은둔하지도 않았다

이순신의 죽음에 대해서는 다른 가설도 존재한다. 이순신이 전사하지 않고 스스로 죽었다는 자살설과 노량해전에서 죽은 게 아니라 전사를 위장하고 어디론가 숨었다는 은둔설이 전해지고 있다. 어느 드라마는 자살설을 반영한 듯한 결말을 보여주기도 했고, 어느 소설에서는 은둔설을 바탕으로 내용을 전개하기도 했다. 자살설과 은둔설에서 가설의 근거로 드는 내용는 동일하다. 전쟁이 끝나면 영웅으로 대우받기는커녕 선조에 의해 역적으로 처형당했을 가능성이 높으므로 이순신이 명예를 지키기 위해 혹은 생명을 보존하기 위해 자살 또는 은둔을 선택했다는 것이다. 선조가 끊임없이 이순신을 미워하고 시기했다는 점을 바탕으로 이러한 가설이 나온 것이다.

이순신 자살설이나 은둔설에서 자주 언급되는 인물이 의병장 김덕령이다. 김덕령은 1594년 1월 담양에서 의병 3천 명을 거느리고 봉기하여 영남까지 진출했으며, 곽재우와 함께 장문포해전에도 참전했던 인물이다. 당시에는 일본의 소극적 대응 덕분에 별 성과는 거두지 못했지만, 선조는 한때 김덕령에게 각도 의병을 이끌게 할 정도로 그를 신임했다. 하지만 뜻밖의 비극이 찾아왔다. 충청도에서 반란을 일으킨 이몽학이 김덕룡, 권율, 이덕형과 내통하고 있다고 거짓 선전을 했던 것이다. 반란 진압을 위해 출동한 김덕령은 중도에 진압 소식을 듣고 돌아왔는데, 그 후 이몽학의 난에 연루되었다는 죄목으로 체포당하여 모진 고문 끝에 서른 살이라는 나이로 세상을 떠나고 말았다. 선조의 신임을 받았던 김덕령도 이처럼 억울하게 죽었는데 이순신이 무사할 리가 없다는 것이다. 이미 정유년에 있지도 않은 죄를 뒤집어쓰고 죽을 고비를 넘겼던 이순신이니, 전쟁 후에도 누명을 쓰고 죽을 가능성이 있다는 것이 자살설과 은둔설의 공통적인 설명이다. 그러나 이는 어디까지나 추측일 뿐, 이순신이 자살 또는 은둔했다는 실질적인 증거는 될 수 없다.

먼저 자살설을 살펴보자. 자살설에서는 이순신이 전투 중 갑옷을 벗어 일부러 저격에 노출되었다고 주장하는데 이를 최초로 제기한 인물은 숙종 대의 문인 이민서였다. 이민서는 김덕령의 전기에서 그의 사망에 대해 기록하면서 이순신이 전투 중에 갑옷을 벗고 일부러 적의 탄환에 맞아 죽었다고 적고 있다. 자살설은 현대에 이르러 더욱 널리 퍼져서 노량해전 당일 유성룡이 실각한 점과 노량해전 직전 이순신이 '오직 한 번 죽는 일만 남았다'라고 이야기한 점을 근거로 제시한다.

하지만 이 근거들은 타당성이 부족하다. 먼저 자살을 하기 위해 적의 총탄을 맞는다는 것은 자살치고는 너무 소극적인 방법이다. 적병이 이순신을 반드시 맞춘다는 보장도 없고, 맞아도 반드시 죽는다는 보장도 없다. 실제로 이순신은 사천해전에서 조총에 맞았으나 부상으로 그쳤고 노량해전에서 유형은 탄환을 여섯 발 맞고도 분전했을 정도이므로, 이는 결코 확실한 자살 방법이 될 수 없다. 명예를 지키려고 죽겠다는 사람이 이렇게 불확실한 방법을 선택할 리가 없다. 더군다나 '이순신이 갑옷을 벗고 싸웠다'는 말은 중국 진나라 장수 선진의 고사 중 '투구를 벗고 오랑캐의 군사 속으로 쳐들어가 전사했다免胄入狄師死焉'는 내용에서 유래된 것으로, 그만큼 용감히 싸운다는 은유적 표현이지 문자 그대로 해석할 말이 아니다. 노량해전 전에 '오직 한 번 죽는 일만 남았다'라는 말을 했다 하더라도 이것이 자살설의 근거가 될 수는 없다. 무인으로서 전투에 임하면서 그런 말을 한다는 것은 역시 목숨을 바쳐 싸우겠다는 의미이지 자살하겠다는 다짐을 나타내지는 않는다. '이 한목숨 바쳐 조국을 수호하겠습니다'라는 의미라고 볼 수 있다. 이렇듯 자살설은 지나친 억측일 뿐, 직접적인 증거를 바탕으로 하는 가설이 아니다.

은둔설은 이분의 《행록》에 나오는 이순신의 전사 광경을 근거로 삼고 있다. 이순신 전사 당시 주위에 있던 사람은 아들 이회와 조카 이완뿐이었고 송희립 등은 이 사실을 몰랐다고 기록되었는데, 20대 초반이라 실전 경험도 부족한 이회와 이완이 전투를 지휘하는 것은 합리적이지 않으므로 이는 이순신의 은둔을 감추려는 장치라는 것이다. 그러나 이는 일부 사료만을 보고 속단한 결과이다. 《행록》이 이순신을 연구하기 위해 참고할 만한 사료이기는 하나, 이 역시 행장류에 속하는 기록이므로 한 가족인 이회와 이완을 추켜세웠을 가능성이 있다. 따라서 다른 사료와의 비교가 필요하다.

도원수 권율은 보고서에 이덕형의 연락관을 맡아 좌선에 탑승한 손문욱이 지휘권을 인수했다고 기록했다. 그러나 이듬해 초 형조정랑 윤양이 보고한 바에 따르면, 이순신이 탄환을 맞았으나 군관 송희립 등 30여 인이 이순신의 죽음을 숨겨 승세를 이루었는데 손문욱이 우연히 배에 탔다가 공을 가로챘다고 한다. 이 보고에서는 분명 송희립 등의 다른 인물들이 이순신의 전사를 알고 있었다고 나온다. 다른 기록에도 이순신 전사 후 송희립이 지휘를 했다고 적혀 있다. 결국 이순신의 전사 당시 그 광경을 목격한 것은 이회와 이완이지만, 실질적인 임무 대행은 이순신을 오랫동안 보좌하여 해전 경험이 풍부한 송희립이 수행했다고 본다면 훨씬 합리적이다. 따라서 이완과 이회만이 이순신의 죽음을 알았다는 《행록》의 기록 자체가 잘못된 것이니 이를 근거로 은둔설을 주장하는 것은 무리이다.

《이순신은 전사하지 않았다》《이순신 자서전》 등의 저자 남천우는 은둔설을 주장하면서 노량해전이 야간전인 것도 은둔을 위해서였다고 하는데, 노량해전은 순천에 고립된 고니시를 구원하려는 병력을 막기 위하여 급작스레 이루어진 전투였기에 어쩔 수 없이 야간전이 된 것이지 이순신이 의도한 바는 아니었다는 점에서 타당성이 없다.

은둔설에서는 이순신의 장례가 이순신 사후 80일 만에 치러진 것은 은둔을 위한 시간 벌기이며, 15년 후 이순신의 무덤을 이장한 시기가 이순신의 진짜 사망 시기라고 주장한다. 장례를 그렇게 미룰 이유도 없고, 국가가 지원하여 성대히 장례를 치렀는데 굳이 이장할 필요도 없다는 것이다. 하지만 이 역시 증거가 되지는 못한다.

과거의 장례 기간은 황제가 7개월, 제후가 5개월, 사대부는 3개월이었다. 여기에 덧붙여 국가가 지원한 장례와 관련된 기록을 한번 보자. 《선조실록》 선조 31년(1598) 12월 11일의 기사를 보면 예조가 선조에게 '이순신의 상구가 전사한 장소에서 출발하여 곧 아산의 장지에 도착할 예정이니 차례에 구애받지 말고 이순신을 먼저 치제하는 것이 어떻겠습니까'라고 고하자, 선조는 '명나라 장수를 먼저 제사한 후에 우리나라 장수를 제사하는 것이 예의에 어긋나지 않는 일이니 등 총병(등자룡)을 먼저 치제하라'라고 명한다.

노량해전이 벌어진 날은 11월 19일, 이순신의 상구가 아산에 도착할 예정이라는 보고를 올린 날은 12월 11일이다. 20여 일 정도의 시간이 흐른 뒤다. 전령이 남해안과 한양 사이를 이동하는 시간을 감안하면 이순신의 상구가 아산을 향해 떠난 것은 12월 11일로부터 적어도 4~5일 전일 것이다. 더구나 관을 이동시키는 것이니 속도가 빠를 수 없고, 이순신의 관을 실은 수레를 백성들이 붙잡고 울부짖었다는 기록을 감안하면 이동 속도는 더 느려졌을 것으로 보인다. 상구를 옮기고도 장례를 늦게 치렀으니 그 사이의 시간을 이용해 은둔한 것이라고 주장할 수도 있겠지만, 장례가 늦어진 이유는 선조의 전교 때문이었다. '등자룡부터 제사 지낸 후에 이순신의 제사를 지내라'는 선조의 전교에 따른 결과인 것이다. 위에 제시한 사대부의 제사 기간과 비교하면 그렇게 많이 늦어진 것도 아니었다.

이순신의 무덤을 이장한 것도 딱히 이상한 일이 아니다. 조선 전기에는 이장이 흔하지 않았지만, 임진왜란 이후로는 일본군에 의한 도굴 사건과 풍수지리 사상의 영향으로 이장에 대한 인식이 많이 바뀌었다. 이순신의 무덤 역시 풍수지리나 여타의 다른 이유로 이장할 수도 있는 것이다. 은둔설을 주장하는 이들은 이순신의 이장이 덕수 이씨 족보에 기록되지 않은 점을 근거로 드는데, 이순신이 정말 이장 당시에 죽었다면 그것이야말로 족보에 기록되어야 마땅한 일이다.

노량해전 직후 명나라수군 지휘관 진린 등이 이순신의 시체를 보았고, 서로군에 있던 이덕형 역시 시체를 확인했을 가능성이 높다. 의심

많은 선조가 이순신의 시체를 확인하지 않았을 리도 없다. 칠천량해전 후 그 누구도 원균의 시체를 보지 못했기에 살아 있다고 판단하고 그 처벌까지 논의를 한 적이 있으니, 이순신의 시체를 확인하지 않고 그의 사망을 인정했으리라고 생각하기는 어렵다. 원균의 생존에 대해서는 그 목격담이 정사인 《선조실록》에 전하지만, 이순신의 경우 실록은 물론 야사에도 목격담이 없고 그저 몇 가지 추측만이 있다는 점에서 그 근거가 부족하다.

자살설과 은둔설은 공통적으로 이순신이 노량해전을 마지막 전투라고 생각했다고 주장한다. 결과적으로 노량해전은 마지막 전투가 맞다. 하지만 전투가 벌어지기 전까지 고니시는 순천에 머물러 있었고, 일본 수군은 경상도 해안에 몰려 있었다. 그렇게 순천의 고니시군을 잘 봉쇄하고 있던 중에 고니시가 진린에게 뇌물을 주고 보낸 구원 요청으로 인해 적의 함대가 접근하니, 어쩔 수 없이 봉쇄를 풀고 전투를 시작하게 되었던 것이다. 따라서 이순신은 애초부터 노량해전이 마지막이라고 생각하고 전투를 벌인 것이 아니다. 만일 이순신이 살아 있었다면 복수를 위해서도, 재침 방지를 위해서도 이들을 그냥 돌려보내지 않았을 것이다. 하지만 이순신이 노량해전에서 전사함으로써 일본군은 무사히 고국으로 돌아갔다. 결국 이순신이 죽었기에 노량해전이 마지막 전투가 된 것이니, 미리 노량해전을 마지막 전투라고 정해놓고 자살하거나 은둔할 계획을 세웠다는 주장은 잘못된 단정일 수밖에 없다.

이순신이 정말로 자살했거나 죽음을 위장했다면, 이는 곧 이순신이 수군 함대를 자살이나 은둔을 위한 도구로 사용했다는 뜻이다. 자신의 개인적 목적을 위해 수군을 위험에 노출시킨 무책임한 지휘관이 되는 것이다. 그러나 이순신은 전쟁 기간 내내 자신이 위험을 무릅쓰는 일은 있어도 자신의 목적을 위해 부하들을 희생시키는 일은 없었다. 그런 이순신이 자살이나 은둔을 하기 위해 수군을 이용했다는 것은 억측에 지나지 않는다. 결국 자살설과 은둔설은 별다른 근거도 없이 이순신을 폄하하는 가설일 뿐이다.

| 제 10 장 |

성웅이 떠난 후

원균, 선무일등공신이 되다

한국 역사상 손꼽힐 만한 졸장 원균을 무려 '맹장'으로 재평가하려는 사람들이 드는 근거 중 하나가 바로 그가 임진왜란 종전 이후 선무일등공신으로 책봉되었다는 점이다. 일등공신이 될 정도이니 당연히 그만한 공이 있는 게 아니냐는 논리이다. 그러나 정말 이것이 원균이 맹장이라는 근거가 될 수 있을까?

임진왜란에 대한 공신 책봉을 본격적으로 논의하면서 대상에 따라 정왜공신, 호종공신, 청난공신으로 구분했다. 정왜공신은 무인에게, 호종공신은 문인에게 내린 훈호이고, 청난공신은 이몽학의 난을 진압하는 데 기여한 자에게 내린 훈호이다. 이 중 정왜공신과 호종공신은 그 명칭이 각각 선무공신과 호성공신으로 바뀌게 된다. 여러 차례 논의를 거쳐 가며 후보자를 선정한 끝에 마침내 공신들이 책봉된다. 1604년의 일이다.

먼저 선무공신은 일등에 이순신 · 권율 · 원균을 책봉했다. 이등은 신점 · 권응수 · 김시민 · 이정암 · 이억기이며, 삼등은 정기원 · 권협 · 유사원 · 고언백 · 이광악 · 조경 · 권준 · 이순신 · 기효근 · 이운룡으로, 도합 18명이었다. 호성공신은 일등에 이항복 · 정곤수를 책봉했고 이등공신과 삼등공신까지 합하면 모두 86명이었다. 이항복이나 이원익, 유성룡 같은 이들은 공신이 될 자격이 충분하다. 원균을 두둔하고 이순신을 핍박하는 등 편파적인 모습을 보였던 윤두수도 전시 행정에는 결코 무능하지 않았다. 적어도 원균보다는 공이 크다고 할 수 있다.

하지만 호성공신과 선무공신의 수를 비교해보면, 현장에서 싸운 무인보다 왕을 따라 도망간 문신들이 더 많이 공신으로 책봉되었음을 알 수 있다. 임진왜란 당시 어린 나이로 아버지 선조를 따라 피난길에 올랐다가 일찍 사망한 신성군은 이등공신에 올랐다. 게다가 내시들이 무려 24명이나 공신에 책봉되었다. 내시들도 피난 중에 갖은 고생을 하기야 했겠으나, 그 고생이 전장에서 적과 싸우는 무장에 비할 바는 아니다. 그런데도 공신이 된 내시들이 무신들보다 더 많다는 것은 공신 책봉이 선조의 주관적 판단에 따라 결정되었음을 보여준다.

선무공신의 명단에는 공을 세운 의병장들이 한 명도 포함되지 않았다. 서산대사나 사명대사 같은 승병장들은 숭유억불 정책 때문에 포함되기 어렵다고 하더라도, 홍의장군 곽재우나 금산전투에서 죽음으로 적군을 막은 조헌이나 함경도에서 반란을 일으킨 국경인 일당을 죽이고 가토군을 함경도에서 몰아내다시피 한 정문부 등이 포함되지 않은 것은 지나친 처사이다. 이순신의 휘하에서 녹도만호로 싸우다가 부산포해전에서 전사한 정운도 후보 명단에는 올랐으나 결국에는 공신으로 책봉되지 못했다. 이들의 공이 그저 선조를 따라갔을 뿐인 신성군이나 내시들만 못할 리는 없다. 책봉된 선무공신 중에서도 신점은 사실 명나라에 원병을 청한 공으로 책봉된 것이었으니, 실상 순수 무신으로 공신이 된 이들은 그리 많지 않다.

조정에서는 일본을 물리친 공이 조선군에게 있는 것이 아니라 도와주러 온 명군에 있다고 판단했기에 이와 같은 공식 책봉을 시행한 것이다. 명군이 제대로 싸운 건 평양성 탈환전과 1차 울산성전투 정도였지만, 선조나 다른 사대부에게는 그런 사실은 중요하지 않았다. 여기에 전쟁 영웅에 대한 선조의 견제까지 덧붙여지면서, 선조를 따라 피난한 사람은 공신이 되어도 전장에서 장렬히 전사한 사람은 오히려 공신이 되지 못하는 불공평한 결과가 나왔다.

호성공신 중 이항복이나 이덕형처럼 당연히 공신이 되어야 할 사람들은 오히려 자격이 없으니 자신을 공신으로 책봉치 말아달라고 했으나, 정작 세운 공이 변변치 않은 자들은 당연하다는 듯 공신 책봉을 받아들였다. 선무일등공신인 이순신, 권율, 원균은 모두 공식적으로 죽은 인물들이니 조정이 얼마나 전쟁 영웅을 치하하는 데 인색했는지 알 수 있다. 공신 책봉의 기준이 이처럼 주관적이니, 원균의 공신 책봉이 맹장의 증거라고 단정지을 수는 없다.

과연 임진왜란 중에 원균이 세운 공이 무엇인가? 원균은 개전 초기에 경상우수영을 사실상 해산시킴으로써 막대한 전력 손실을 가져왔다. 전투를 회피하고 도망간 원균 때문에 경상우수영 본영도 도망가면서 무고한 백성들이 죽은 일도 있었다. 원균 옹호론자들이 주장하는 원균의 적선 10척 분멸설의 근거는 오직 원균의 말뿐이며, 선조가 원균을 두둔하면서도 10척 분멸을 언급하지 않는 걸 보면 이는 거짓임이 분명하다. 이순신과 연합함대를 구성한 후에도 원균은 전투에 힘을 쏟기보다는 물에 빠진 시체의 머리를 베어 수급을 챙기기에 바빴다. 심지어 부하들을 보내서 조선 어부들의 목을 베고 적군의 목인 양 위장하여 공을 차지하려다가 이순신의 전라좌수영에 들켜서 실패한 일도 있었다. 백성을 지키기 위해 전공을 세워야 하는 것인데, 원균은 전공을 세우기 위해 백성을 죽이려 했으니 후안무치함을 이루 말할 수 없다. 그러니 이영남, 우치적 등 경상우수영 장수들이 이순신을 찾아와 원균에 대한 불만을 토로한 것이다. 나중에는 이순신을 모함하고 통제사 자리를 차지했다가 전투에 패하여 조선수군을 해산시키기에 이르렀으니, 이 때문에 하마터면 나라가 망할 뻔했다. 이런 원균이 어떻게 일등공신이 될 수 있었던 것일까?

이는 순전히 선조 때문이다. 이순신은 죽었지만, 선조로서는 이순신이 높이 평가되는 건 여전히 두려운 일이었다. 하지만 이순신의 공을 깎는다는 건 불가능한 일이었다. 이순신은 조 · 명 · 일 삼국 모두가 인정하는 명장이었으며 선조 자신도 이를 잘 알았다. 결국 선조가 대안으로 선택한 방법은 원균을 높여 조금이라도 이순신을 견제하는 것이었다. 거기에 원균을 높여줌으로써 원균을 통제사로 임명했던 자신의 책임을 벗어버리고자 하는 속셈도 있었다. 애당초 원균은 이등공신 명단에 이름을 올리고 있었다. 그러나 선조는 원균이 이등이라는 데에 만족하지 못하고 등급을 높일 것을 요구했다.

> "원균을 이등에 올려놓았는데, 전투가 발생했던 초기에 원균이 이순신에게 도와달라고 요청한 것이지 이순신이 스스로 간 것이 아니었다. 왜적과 맞서 싸울 때 원균이 죽음을 불사하고 매번 앞장서서 용맹을 떨쳤다. 전투에서 승리하고 노획한 공이 이순신과 마찬가지였으나, 전과를 도리어 이순신에게 빼앗긴 것이다. 이순신 대신 통제사가 되어서는 원균이 몇 번이고 장계를 올려 부산 앞바다에 들어가 적을 물리칠 수 없는 상황임을 보고하였으나, 비변사와 원수의 독촉에 패전할 것을 알면서도 공격에 나서 순국하고 말았다. 원균은 용기만이 아니라 지혜도 또한 삼국에서 가장 뛰어났다. …… 오늘날 공적을 의논하는 자리에서 겨우 이등에 올렸으니 어찌 억울하지 않겠는가. 원균은 죽어서도 편히 눈을 감지 못할 것이다."
>
> – 《선조실록》 선조 36년(1603) 6월 26일

그러나 원균을 일등공신으로 올리기 위한 선조의 발언은 그 근거가 전무하다.

먼저 원균이 이순신에게 구원을 요청한 공이 크다 하였는데, 이순신이 독단적으로 관할 구역을 벗어나는 것은 쉬운 일이 아니다. 게다가 원균이 병력을 제대로 유지했다면 절박하게 구원을 요청할 일도 없었을 것이다. 그런데도 구원을 요청한 것이 그렇게 큰 공이라 할 수 있을까?

이는 곧 자신이 명나라에 도움을 청한 공을 은근슬쩍 내세우려는 의도로 보인다. 또한 원균은 이미 죽은 적의 머리를 베는 데는 선봉으로 나섰지만, 전투의 선봉은 맡지 않았다. 선봉에 나서기는커녕 오히려 아군인 전라좌수영 배에 화살을 쏘기까지 했다. 선조는 이순신이 원균의 공을 빼앗았다고 주장했지만, 사실 이순신이 빼앗을 만한 전공도 세운 적이 없는 원균이었다. 또한 선조는 원균의 지혜를 치켜세웠으나, 칠천량 해전을 전후해서 그만한 병력도 안 되는 육군을 30만이나 동원해달라고 우긴 것은 지혜 있는 행동과는 거리가 멀다. 원균은 통제사가 되면 부산으로 가서 싸우겠다고 장담했음에도 정작 통제사가 돼서는 몸을 사렸다. 이런 자에게 용기가 뛰어나다는 칭찬이 가당키나 할까?

기실 원균은 일등공신은커녕 이등공신에 이름이 오를 만한 공도 세우지 못했다. 그런데도 이등공신 명단에 들어갔던 것 역시 오로지 선조 때문이다. 공신 책봉 몇 해 전인 1600년, 비변사에서 호종한 신하들과 전투에서 싸운 장수들에 대한 녹훈에 대하여 선조에게 아뢰자 선조는 다음과 같이 말했다.

"허락한다. 이번에 왜적을 물리친 것은 오로지 명군 덕이었고, 우리나라 장수들은 명군의 뒤를 따르거나 혹은 우연히 적의 수급을 얻었을 뿐으로 본래 자기 힘으로는 적병을 죽이지도, 적진을 함락하지도 못했다. 그나마 이순신과 원균 두 장수는 바다에서 적군을 무찔렀고, 권율은 행주에서 승전하였으니 다소 나은 편이다.

명군이 구원하러 오게 된 이유로 말하자면 여러 신하들이 위험을 무릅쓰고 나를 따라 의주까지 가서 명에 부탁하였기 때문이며, 그로 인해 왜적을 토벌하고 우리 땅을 되찾게 된 것이다."

–《선조실록》 선조 34년(1601) 3월 14일

선조의 말은 '일본을 물리친 것은 순전히 명나라 덕분이고, 명군에 지원을 요청한 것은 나를 따라 도망간 신하들의 공이다'로 요약되니, 이는 이후의 공신 책봉에 그대로 반영되어 있다. 즉 선조가 제시한 공신 책봉 기준인 셈인데, 여기서 딱 세 명만을 언급하면서 원균을 이순신과 동급의 인물인 양 이야기했다. 아무리 신권이 왕권보다 강한 조선이라 해도 왕은 왕이다. 더구나 선조 대에는 당파를 교묘히 이용한 덕분에 왕권이 그다지 약하지 않았다. 그런 왕이 언급한 세 명 중 한 명이라도 제한다면 임금의 체면을 손상시키는 일이 된다. 그러니 신하들이 원균을 무시할 수는 없는 상황이었다. 어쩔 수 없이 원균을 이등공신 명단에 올려서 체면을 세워주려고 했더니 다시금 억지를 부려서 기어코 일등공신으로 올린 것이다. 원균이 선무일등공신으로 올라간 일을 사초에 적던 사관은 다음과 같은 평을 실록에 남긴다.

〈**사론**史論〉 …… 원균은 전선을 침몰시키고 군사를 해산시켰으니 그 죄가 매우 컸다.

–《선조실록》 선조 36년(1603) 6월 26일

그렇게 죄가 큰 자가 임금 덕에 일등공신이 되고 그로 인해 오늘날에도 맹장 소리를 듣게 되었으니, 선조가 얼마나 편파적인 태도를 취했는지 알 만하다.

《선조수정실록》은 원균을 왜곡하였는가?

원균 옹호론자들이 종종 하는 주장이 있다. 본래 《선조실록》에는 원균이 뛰어난 맹장으로 기록되어 있었는데, 인조반정 이후 이순신과 같은 가문인 택당 이식에 의하여 《선조수정실록》이 편찬된 후부터 비겁자라고 왜곡되면서 오늘날의 원균의 이미지가 만들어졌다는 것이다. 그렇다면 원균이 정말 《선조수정실록》에 의하여 왜곡되었는가를 살펴보자.

먼저 실록의 개정에 대해 알아보자. 조선 후기에 실록이 수정된 사례가 몇 번 있는데, 비록 실록을 고치더라도 수정 이전의 실록도 함께 남겨두어 서로 비교할 수 있게 했다. 이런 원칙으로 고친 실록은 《선조수정실록》《현종개수실록》《숙종실록 보궐정오》《경종수정실록》이다. 실록을 고칠 때는 실록을 고친 범위와 정도에 따라 '수정' '개수' '보궐정오'라는 식으로 조금씩 다른 용어를 사용한다. '수정'은 수정자의 관점에서 사실의 착오를 바로잡거나 누락된 내용을 덧붙이는 정도라서 고친 부분이 많지 않았다. 그러나 '개수'는 처음의 실록을 완전히 부정하고 새로 편찬하는 경우였다. 따라서 원래의 실록과 동일한 일자의 기사도 다시 쓰고 사론도 새로 쓰는 일이 많았다. '보궐정오'란 잘못된 문자나 기사를 발견하여 빠진 건 보충하고 잘못된 건 다시 쓴다는 의미로, 개정된 부분을 따로 편찬하지 않고 본래 실록의 권말에 부기하여 합본한 일종의 부록이었다. 즉 책을 쓴 후 나중에 그 책의 틀린 부분만 좀 고친다면 '수정', 처음부터 다시 쓰면 '개수', 잘못된 부분을 고친 내용을 부록으로 덧붙이면 '보궐정오'이다. 따라서 《현종개수실록》은 분량이 23권 23책인 《현종실록》보다 더 많아져서 29권 29책으로 늘어났다. 하지만 수정실록은 일부 내용만 고치는 정도이다 보니 그 분량은 본래 실록보다 더 적어서 《선조실록》은 221권 116책이지만 《선조수정실록》은 42권 8책이고, 《경종실록》은 15권 15책이지만 《경종수정실록》은 5권 5책이다.

여기서부터 원균 옹호론의 허점이 나온다. 《선조수정실록》은 그 성격이 《선조실록》의 보충자료 정도이다. 당연히 사학자들은 연구를 할 때 《선조수정실록》보다는 《선조실록》 쪽을 더 많이 볼 수밖에 없다. 그러니 《선조실록》을 무시한 채 《선조수정실록》의 내용만으로 원균에 대하여 오해할 리는 없다. 임진왜란을 연구하는 자라면 당연히 《선조실록》을 읽는다. 그런 사실을 무시한 채, 실록을 접할 일이 적은 일반인들을 상대로 《선조수정실록》 때문에 원균이 왜곡되었다는 주장을 펼치는 것이다.

이 주장의 논리적 허점을 더 명확하게 파악하기 위해 먼저 《선조수정실록》의 편찬 과정을 살펴보겠다.

조선 후기의 실록 개정은 대개 당쟁의 산물이었다. 기존의 집권당을 몰아내고 다른 당파가 집권을 하면서, 새로운 집권당이 본래의 실록에 불만을 가지고 실록 개정을 주도하는 것이다. 그 첫 사례인 《선조수정실록》 역시 예외는 아니다. 《선조실록》은 1609년(광해군 1)부터 편찬하기 시작하여 이듬해에 완성되었다. 처음에는 서인인 이항복이 총재관이 되었으나, 그 뒤 북인인 이이첨과 기자헌을 중심으로 편찬이 이루어졌다. 그러나 1623년에 서인이 주도하고 남인이 동조한 인조반정으로 대북파 정권이 붕괴하고 남인 원로 이원익이 영의정이 되어 외형상으로는 서남인 연립정권, 실질적으로는 서인 정권이 수립되었다. 서인 입장에서는 서인 이이, 성혼, 정철 등에 대한 비방 기록이 있는 《선조실록》이 마땅치 않았다. 또한 북인 이산해, 이이첨에 대한 기록도 불만스러웠다.

1623년(인조 1) 8월 18일의 경연 자리에서 이 문제가 처음으로 논의되었다. 이 자리에서 이수광이 선조조의 실록에 잘못된 점이 많으니 고쳐서 찬술해야 한다고 주장하자 이정구도 그 주장을 지지했다. 인조가 무엇을 근거로 개정할 것인지를 묻자 이정구는 《승정원일기》와 임진왜란 이전의 조보 등을 제시했다. 이에 인조는 '중요한 일은 속히 해야만 한다'며 개정에 대해 긍정적인 태도를 보였다. 이어 이틀 후에도 다시 《선조실록》의 문제점에 대한 지적이 나왔다.

그러나 인조가 말한 '속히 해야만 하는 중요한 일'은 속히 진행되지 않았다. 이듬해 일어난 이괄의 난과 그 후 이어진 정묘호란으로 《광해군일기》조차 겨우 편찬하는 형편이라 《선조실록》을 고칠 여유가 없었다. 《광해군일기》를 편찬한 후에는 병자호란이 일어났다. 그렇게 내란과 전쟁을 겪은 후, 1641년(인조 19) 2월에야 대제학 이식이 상소를 올리면서 《선조실록》 개정은 다시 현안으로 떠오른다.

사기란 한 시대의 장전이며 만세의 모범입니다. 이는 하늘에서 정해준 질서가 깃든 것이니 나라에 사기가 없다면 나라라 할 수 없고 사기가 공정하지 못하면 사기라 할 수 없습니다. …… 그러나 불행히도 광해군 대에 간신이 정권을 제멋대로 장악한 이후, 기자헌이 총재관이 되고 이이첨 · 박건 등이 저술과 편집을 맡아서 옛 기록을 남몰래 없애고 왜곡된 내용을 가하였기에 옳고 그름과 사실 관계가 모두 거꾸로 되었습니다. 이첨이 좋아하던 5~6인에 대해서는 거짓으로 미화하여 성현인 것처럼 칭송한 반면, 그가 평소 미워하거나 마음에 들지 않은 사람에 대해서는 함부로 매도하며 역사를 왜곡하였다는 죄를 뒤집어씌웠습니다. …… 전조前朝의 잘못된 사기가 대의에 어긋나는 이상, 그냥 여상히 여겨 망극한 치욕이 있게 할 수는 없기에 신이 나서서 감히 품은 정성을 진달하는 것입니다.

– 《인조실록》인조 19년(1641년) 2월 12일

이 기사를 기록한 사관도 '본래 《선조실록》이 기자헌과 이이첨의 손에서 만들어져 한결같이 사사로운 감정에 따라 함부로 평하였다. 선정 유현인 이이, 성혼 같은 분과 당대의 명신인 박순, 정철, 유성룡 같은 인사들에 대해 거짓으로 날조하여 극구 모함했고 그 외에 조금이라도 이름 있는 사람들은 모두 비방과 배척을 당하였다. 그러나 그들과 같은 당파인 이산해 같은 무리들은 내용을 꾸며 극구 추켜세웠다'라고 덧붙이며 《선조실록》 개정의 정당성을 주장했다.

사실 《선조실록》은 정치적인 문제 외에도 임진왜란으로 사초가 불타서 다른 실록에 비해 기록이 굉장히 부실하다는 단점도 있었다. 《조선왕조실록》이 워낙에 방대한 기록이다 보니, 보통은 실록에 왜곡되어 기록된 인물이나 사건이라도 같은 실록의 다른 기사를 교차 검증하여 진실을 추적하는 것이 가능하다. 심지어 반정을 정당화하는 《단종실록》이나 《세조실록》에도 그 이면을 파악할 수 있는 기록이 존재한다. 하지만 《선조실록》 중 특히나 임진왜란 이전의 기록에서는 한 달 분량의 기사가 다른 실록의 하루 분량에도 못 미치는 경우까지 있다 보니 교차 검증이 쉽지 않았다.

이 문제에 대해 대신들이 대부분 찬성하는 입장을 보인 가운데 최명길은 이 일을 이식에게 전담시키자고 주장했다. 처음에는 이 주장이 받아들여졌지만, 이식은 '혼자 감당하기 힘든 일일 뿐더러 국가의 사서를 사가에 함부로 보관할 수도 없다'는 이유를 들어 반대하며 빈 관사라도 지원해줄 것을 요청했다. 최명길은 '사국史局을 설치하여 찬집한다면 핑계를 대고 질질 끌면서 경비만 허비할까 염려도 되는 동시에 시끄러운 사단이 야기될 수 있어 걱정'이라며 이식의 전담을 계속 주장했지만, 이 주장은 결국 철회되었다. 춘추관이 이식의 주장을 지지하자 인조도 그에 동의하고 각 도의 감사들에게 일찍이 사관을 지낸 사람들의 집에 소장되어 있는 사초와 야사를 수집하여 올려 보내라고 지시했다.

그 후에도 《선조실록》 개정은 여전히 착수되지 않은 채로 있다가, 이듬해 이조 판서 이경증이 다시 문제를 제기하면서 진행되기 시작했다. 당시 적상산 사고로 포쇄(책 · 곡식 · 의복 등을 햇빛에 말리거나 바람을 쐬어서 습기를 제거하는 것)를 하러 가는 심세정을 이식과 함께 보내 《선조실록》을 살펴보게 하고 사국 설치를 건의했다. 인조 재위 초기부터 제기된 《선조실록》 개정은 이런 과정을 거치며 겨우 본격화될 수 있었다.

하지만 그마저 순조로운 것은 아니었다. 《선조수정실록》의 총책임을 맡은 이식은 그 일에만 전념한 것이 아니라 이조판서 등 다른 업무도 겸해야 했다. 그래서 겸직을 그만둘 것을 청하는 상소도 종종 올렸지만 인조는 윤허하지 않았다. 그 와중에도 실록 수정 작업을 진행하고는 있었지만, 중간에 차질을 빚는 일이 생겼다. 광해군 때 죽은 능창대군의 첩의 딸과 결혼한 허서라는 자가 있었다. 당시 이조판서였던 이식의 아내는 인조의 외가 쪽 친척이었고 이조참판 한흥일은 인열왕후의 종형이었는데, 능원대군과 인평대군이 이식과 한흥일에게 허서를 수령직에 앉히도록 청탁한 일이 있었다. 이식은 이를 바로 거절하지도 못하고 선뜻 승낙하지도 못해 내심 난처한 처지가 되었다. 그러다 부여에 빈자리가 나자 다른 사람이 한흥일에게 청탁을 했지만, 그는 대군의 청탁을 들어 거절하고 허서를 그 자리에 앉혔다. 결국 이 인사 청탁이 드러나면서 이식은 고신삼등을 박탈당했다. 얼마 후에는 복직했지만 《선조수정실록》 편찬 작업은 차질을 빚을 수밖에 없었다.

1647년, 이식이 사망하면서 《선조수정실록》 편찬도 중단되었다. 이어 인조가 죽고 효종이 즉위하자 1649년 10월 사헌부가 《선조실록》 개정의 재개를 주장했지만, 《인조실록》 을 편찬하느라 이 작업은 제대로 이어지지 못했다.

그러다가 1657년(효종 8) 1월, 대제학 채유후 주관, 영돈녕부사 김육 감수로 개정 작업을 하라는 어명이 내려졌다. 김육은 이 일을 사양했지만 효종에 의하여 반려되었고, 실록수정청을 설치하면서 작업은 본격화되어 그해에 《선조수정실록》을 완성할 수 있었다. 《선조수정실록》은 총

42권 8책으로 30권은 이식이, 나머지 12권은 김육과 채유후 등이 편찬했다.

임진왜란 이전의《선조실록》은 일별 기사가 없고 월별 기사, 혹은 연별 기사만 있는 것도 많았다.《선조수정실록》에서는 날짜를 상고할 수 있는 부분은 복원했고, 완전히 복원할 수 없는 부분에 대해서는 월별 기사로 기록하거나 그해 기사 말미에 덧붙였다. 실록의 기초 자료인 사초가 부족한 관계로 문집이나 개인 기록 및 야사 등에서도 자료를 많이 수집했는데, 먼저 강령에 실린 것을 기록한 다음 잡기와 비지, 행장 순으로 기록했다. 야사에 대해서는 유명한 사람이 적은 것이라도 사실이 아니면 취하지 않고 무명인이 적은 것이라도 사실이면 취한다는 원칙을 세우고 집필했다. 물론 야사는 과장되거나 조잡한 내용이나 전후 사정이 밝혀지지 않은 기록도 많아 본문 그대로 인용할 수는 없었으며 종종 부득이하게 글을 윤색해야 했다. 같은 사건에 대한 복수의 기록에 차이가 있는 경우에는 내용을 합쳐 간략하게 줄여 썼다.《선조실록》에 기록된 것 중에서 일의 전말이 자세히 기록된 것은《선조수정실록》에는 싣지 않고 그것을 대략적으로만 기록하여 사건의 개요를 알게 했다.《선조실록》에서 잘못된 부분은 그에 대해 언급하면서 사론을 지어 말미에 붙였다.

《선조수정실록》은 야사류가 자료로 많이 이용된 까닭에, 일방적인 인물 찬양은 되도록 제외했음에도 불구하고 인물의 평가에 긍정적인 부분이 많고 부정적인 부분이 적어 완전치 못한 면이 있다. 편찬자들도 부록에서 그 점을 인정했다. 또한 '대북 편향' 인《선조실록》을 정정하기 위해 만들어지다 보니 '서인 편향'이라는 당파성을 벗어나기 어려웠다.

원균 옹호론자들의 주장을 보자면 이식이 원균을 왜곡하려고 실록을 수정한 것 같지만, 실제로는 위에서 살펴본 바와 같이 서인의 당파적 이익을 위하여 수정한 것이다. 이식이 수정 작업을 주도했다고는 하나 그의 개인적인 입장에 따른 것이 아니다. 더군다나 이식이 특별히 원균을 깎아 내리고 이순신을 칭송할 이유는 없다. 이식과 이순신은 같은 덕수 이씨이기는 하나, 그들의 조상은 4대손 때부터 갈렸기에 현대의 개정 민법 기준으로는 두 집안의 남녀가 결혼을 하더라도 법적 문제가 없을 만큼 먼 친척 관계였다. 본관만 같을 뿐인 먼 친척을 위해 국가 공식 기록인 실록에 손을 댄다는 것은 상식적으로 납득하기 어렵다. 게다가 서인의 당파적 이익에 따라 만든 수정실록인데 서인에 가까운 원균을 일부러 왜곡할 이유도 없다.

무엇보다도 과연 《선조실록》의 내용이 수정실록과는 달리 원균에게 호의적인 것인지를 다시 따져보아야 할 필요가 있다. 물론 원균에게 유리한 내용이 없지는 않다. 그러나 그것은 거의 대부분 원균을 띄워서 이순신을 견제하려는 선조의 말과 임금의 비위를 맞추기 위해서 원균을 추켜세우는 대신들의 말을 기록한 것이다. 혹은 원균 본인의 주장이나 떠도는 소문만을 듣고 보고한 내용이다. 구체적으로 원균이 어떻게 용감히 싸웠는지에 대한 기록은 없다. 하지만 원균이 인사고과 문제로 탄핵당했던 일이나 뇌물을 받았던 일, 충청병사 시절 산성을 부실 공사했던 일, 칠천량해전에서 패배하고 수군을 해산시킨 이후 잠적한 일 등 원균에 대한 부정적인 내용은 《선조실록》에 자세히 기록되어 있다.

《선조실록》의 사론 중에 간단하게나마 원균을 이순신과 함께 힘껏 싸운 인물로 평가한 경우도 있긴 하다. 그러나 그런 사관의 사론은 전쟁의 승리는 명나라 덕분이라는 선조의 논리를 그대로 답습하고 있을 뿐이다. 원균을 비판하는 사론은 그보다 훨씬 많다.

살펴본 바와 같이 《선조실록》에 원균에게 유리한 기록만 실렸던 것은 아니다. 따라서 《선조실록》에 뛰어난 맹장으로 기록되어 있었던 원균의 이미지가 《선조수정실록》의 편찬 이후 왜곡되었다는 원균옹호론자들의 주장은 납득하기 어렵다.

이순신과 원균에 대한 평가: 임란 직후

《선조수정실록》이 편찬되기 전부터 이미 원균에 대한 평가가 좋지 않았다는 사실은 임진왜란 직후의 사료들을 보면 확실히 알 수 있다.

원균 옹호론자들이 종종 인용하는 《난중잡록》의 저자 조경남은 '원균은 비록 패하기는 했으나 불충불의한 자는 아니건만 후에 그를 비난하는 이가 많았으며 달천達川의 기록에도 그의 이름을 넣지 않았다. 당시의 장수 중에 그보다 뛰어난 자는 몇 되지 않건만 참으로 불공정한 일이다'라고 적었을 정도로 원균에게 호의적이었으나, 그조차도 다음과 같은 기록을 함께 남겼다.

경상도 바다에 있던 왜적이 거제도로 향하자 원균은 우후에게 군영을 지키게 하고는 백천사로 달려갔는데, 우리나라 어선을 보고는 적선이라고 착각하여 급히 노량으로 달아났다.

그 전에 경상우수사 원균은 왜적들이 여러 성을 잇달아 함락했다는 소식에 수군 함대를 이끌고 가덕도로 향했는데, 적선이 바다를 가득 메운 것을 보자 물러나 돌아왔고 다른 여러 장수들도 뿔뿔이 흩어져 가버렸다. 원균은 아군의 배를 다 침몰시키고는 왜적을 피해 육지로 올라가려 하였으나 옥포만호 이운룡이 반대하여 계획을 중지하였다.

우수사 원균이 본진을 버린 후에는 전선 네 채만이 남았는데, 전라좌우도의 수군에게 구원을 요청해서 세 번 해전을 벌여 대승하였다.

–《난중잡록》

위의 기록들은 조경남이 《경상순영록》에서 인용한 원균의 임란 초기 수군 해산에 대한 내용이다. 다른 기록에서 인용했다지만 원균에게 호의적인 이조차 그대로 적어넣을 정도로 의심할 여지가 없는 사실이었던 것이다. 조경남이 언급한 '달천의 기록'은 윤계선이 1600년에 쓴 몽유계 소설 《달천몽유록》으로, 《난중잡록》에도 수록되어 전해진다.

그 내용은 호서 지방을 암행하라는 어명을 받고 내려간 윤계선이 충주에 닿았을 때 꾼 꿈에 대한 이야기이다. 꿈속에서 윤계선은 임진왜란 때 목숨을 잃은 여러 영혼들이 이야기하며 노래하는 모습을 엿보다가 그 자리에 동석한다. 꿈에서는 임진왜란에서 전사한 여러 장군들이 나오는데, 그중 제일 상석을 차지한 사람은 바로 이순신이었다.

윤계선이 자리를 끝내고 내려가니 시냇가에서 여러 귀신들이 박수치며 웃고 있었다. 그 까닭을 물으니 대답하기를 원균을 조롱하고 있다는 것이었다. 원균은 배는 불룩하게 나오고, 입은 삐뚤어지고, 얼굴빛은 흙빛이 된 채 기어왔으나 결국 자리에 참석하지도 못했다.

조헌이나 송상현처럼 분전 끝에 전사한 이들은 물론이고, 우리가 흔히 작전 실패로 인해 패배했다고 여기는 충주전투의 신립도 낀 자리에 원균은 합석하지 못하고 귀신들의 놀림감이나 된 것이다. 소설이기는 하지만 그 당시 이순신과 원균의 이미지가 어떠했는지를 엿볼 수 있다.

귀환 포로 역시 원균에게는 호의적이지 않았다. 강항의 《간양록》에서는 이순신과 원균에 대해 이렇게 적었다.

이순신은 수군의 장성입니다. 죄가 드러나지도 않았는데 투옥하고 원균으로 하여금 그 임무를 대신하게 했으니, 이는 타당치 않은 일입니다. (중략) 원균의 작전이 형편없었던 점과 이순신이 적은 수를 가지고 많은 왜적을 물리친 것을 비교해보면 알 수 있습니다. -《간양록》

정희득의 《해상록》에도 비슷한 기술이 나온다.

임진년에 포로가 되어 적에게 끌려간 자들이 모두 말하기를 '정유년(1597) 7월 15일에 왜장이 날쌘 군졸들을 이끌고 우리 진영의 동정을 살피러 다녔다. 우리 병선의 군사들은 깊은 잠에 빠져 코까지 골고 있었다.

이 모습을 본 왜적은 화포 두 발을 쏘았고, 우리 군사들이 당황해하자 우리 진영으로 일시에 진격하여 한산도를 무너뜨렸다'고 했습니다. 원균이 패전한 죄는 목을 베고도 남습니다. 적군이 승리한 기세를 몰아 바다를 따라 서쪽으로 올라왔는데, 이순신이 10여 척 전선만으로 백만 왜적을 물리쳤습니다. 몇몇 적장이 사망하였고, 바다에 떨어져 가까스로 살아남은 자도 두려워하며 물러가서 꼼짝도 못했으니, 이순신같이 충성스럽고 수전에 능한 이가 당세에 또 있겠습니까? -《해상록》

전사자와 부상자 다음으로 큰 피해자라고 할 수 있는 포로들이 보기에 원균은 목을 베어 마땅한 죄를 지은 인물이었다. 이처럼 임진왜란 직후 원균에 대한 사람들의 인식은 비겁하고 형편없는 졸장이라는 것이었다.

이순신과 원균에 대한 평가: 조선 후기

임진왜란이 끝난 지 수십 년 이상이 지난 조선 후기에도 상황은 크게 다르지 않았다. 선조는 이순신을 시기했지만 이후의 왕들은 그렇지 않았다. 오히려 이순신을 크게 높이는 왕들도 있었으니, 그 대표적인 경우가 효종이다. 《효종실록》에는 효종이 다음과 같이 말한 내용이 전해진다.

오전에 이순신의 비문을 보았는데, 힘껏 싸우다가 순절한 부분에 이르러서는 나도 모르게 눈물이 줄줄 흘러내렸다. 하늘이 우리나라를 중흥시키기 위하여 이런 훌륭한 장수를 보내준 것이다. 이순신의 재능은 악비와 견줄 만한데, 더 작은 병력으로 큰 병력을 공격하는 데 능하였다. 그 당시 가토 기요마사의 간사한 모략에 빠지는 바람에 잘못되어 처벌을 받기에 이르렀고 결국 원균이 패배하였다. 그러나 그 뒤 순신이 몇 척의 거북선을 가지고 대적을 격파하였으니, 참으로 쉽게 얻을 수 없는 인재이다.

– 《효종실록》 효종 10년(1659) 윤3월 30일

효종은 이순신을 제대로 평가했다. 효종이 언급한 악비는 남송의 명장으로, 금나라에 맞서 싸우려 하였으나 아군인 대신들 때문에 죽고 말았다. 일본에 용감히 맞서 싸웠으나 자국의 임금 때문에 죽을 뻔한 이순신과 비슷한 면이 많다. 그런 상황에서도 13척으로 수백 척의 적선을 격퇴했으니 '쉽게 얻을 수 없는 인재'라 평하는 것도 당연하다.

현종에 이르러서는 조정에서 이순신의 사당 설립을 지원하기도 했다. 그 기록이 《현종실록》에 실려 있다.

예조가 아뢰기를 "교리 민유중이 경연에서 '남해 노량은 고통제사 이순신이 순절한 장소입니다. 그런데 옛날에 지었던 사당이 좁고 낡아져서 정익이 통제사로 있을 때 개축하였습니다. 따라서 특별히 묘액墓額을 내려 후인에게 절의를 권장하는 바탕으로 삼는 것이 타당할 듯합니다'라고 고하자, 상께서 이미 해조로 하여금 거행하도록 명하셨습니다. 예문관으로 하여금 액호와 교서를 속히 지어 올리도록 하십시오." 하니, 그대로 따랐다. —《현종실록》 현종 3년(1662) 2월 2일

유중이 아뢰기를 "남해의 노량은 이순신이 순절한 지역으로, 그곳의 사당에는 이미 '충렬'이라고 편액을 내렸습니다. 그런데 지금 듣자하니 통영 또한 이순신이 처음 개설한 장소이므로 장사들이 일찍이 사당를 건립하여 존경을 표하고 있다 합니다. 그러니 거듭 사액함을 꺼리지 마시고 노량의 예에 따라 '충렬'의 호를 내려주시는 것이 좋겠습니다." 하니, 임금이 허락하였다. —《현종실록》 현종 4년(1663) 10월 5일

현종은 효종의 아들이니 아버지의 뜻을 이었다 치더라도, 인현왕후의 아버지인 민유중은 대표적인 서인 가문에 속하는 여흥 민씨이다. 그런 가문인 민유중이 남인 영수 유성룡과 절친했던 이순신의 사당을 지원하자고 주장했다는 사실은 이순신이 당파를 초월하여 인정받고 존경받는 인물이었음을 증명한다.

무를 숭상했던 정조는 이순신과 임경업을 매우 높이 평가하여 이순신을 영의정으로 추증하고 치제문도 내렸다. 그리고 정조의 지시로 국가적인 이순신 기념사업이 전개되니, 바로 《충무공이순신전서》의 편찬이었다. 1795년(정조 19)에 정조의 어명에 따라 《발해고》로 유명한 유득공이 감독하여 편찬했는데, 책머리에 정조의 윤음을 비롯하여 교유 · 사제문 · 도설 · 세보 · 연표를 싣고, 권1에 시와 잡저, 권2~4에 장계, 권5~8에 《난중일기》, 권9~14에 부록을 수록했다. 정조는 《충무공이순신

전서》가 편찬되자 국왕의 사재인 내탕금을 들여 인쇄 비용을 보조할 정도로 적극적으로 지원했다. 이런 영향으로 이순신의 후손들도 우대를 받아 자주 벼슬을 지냈으며, 덕수 이씨는 조선 후기의 대표적인 무반 명문가로 부상했다.

그럼 원균은 어떠했는가? 인조 이후의 실록에서 원균과 관련된 기록을 살펴보자.

민정중이 말하였다.

"원균이 대부분의 전선을 바다에 침몰시키고 도망쳤으나, 이순신이 10여 척으로 적을 무찔렀습니다." —《숙종실록》 숙종 7년(1681) 5월 3일

호조 판서 박문수가 다음과 같이 상서하였다.

"같은 통영인데도 원균이 지휘하니 군대 전체가 패망하고, 이순신이 지휘하니 가는 곳마다 적수가 없었습니다."

—《영조실록》 영조 26년(1750) 7월 3일

박문수가 말하였다.

"원균이 장수일 때는 패전하였고 이순신이 장수일 때는 승전했으니, 장수의 능력에 달려 있는 것이지 어찌 배의 낙인 여부에 달려 있는 것이겠습니까?" —《영조실록》 영조 29년(1753) 2월 22일

대부분 원균은 패배한 장군이라는 내용으로, 긍정적인 평가는 하나도 없다. 그러나 원균이 패장이라는 이유만으로 이러한 평가를 받은

것은 아니다. 임진왜란 초기 동래성에서 패한 송상현은 공신에 오르지는 못했지만, 용감히 싸웠기에 높은 평가를 받았다. 그런데 명색이 선무일등공신인 원균은 무능력했기에 송상현보다도 못한 대접을 받은 것이다.

민간 기록에서도 원균은 평이 좋지 않다. 윤휴의 《백호전서》에는 이순신과 원균의 관계에 대한 내용이 나온다.

> 이순신이 정운과 송희립, 정사립을 심복으로 두었기에 원균이 항상 순신에게 분개하면서도 정운을 두려워하여 감히 화풀이를 할 수 없었는데, 정운이 죽게 되자 바로 이순신을 헐뜯기 시작하였다. 이에 이순신은 '정운이 먼저 죽은 것이 어찌 독이 아니겠는가'라고 한탄하곤 했다. 영암 사람들이 사당을 지어 정운의 제사를 지내고 있다.
>
> 이순신이 통제사가 되자 선배인 원균은 이순신의 지휘를 받는 것을 부끄럽게 여기므로, 이순신이 매번 후하게 대해주었다. 그러나 원균은 계속해서 이순신을 원망하여, 사람들을 만날 때마다 '나와 이순신이 공은 같은데 순신이 나를 밀쳐내서 윗자리에 올랐다'고 하소연하였다. 혹은 전투에 나가서도 이순신의 지휘를 따르지 않을 때도 있었다.
>
> – 《백호전서》

윤휴가 보기에 원균은 비겁하게 이순신을 모함하는 불한당이었고, 이순신은 그런 원균까지도 포용해주는 인격자였다. 다른 기록도 이와 비슷하다. 정약용 역시 《경세유표》에서 이순신의 덕행을 칭송했다.

내가 일찍이 이순신의 《난중일기》를 읽어보니, 어머니를 그리워하고 애통해하는 마음이 절절하여 사람을 감동시킬 만하며, 문충공 유성룡은 '이순신이 김귀영의 사위가 되는 것을 사양했으니 그 절개가 훌륭했다'고 칭찬하였다. 이처럼 무신도 반드시 덕행을 보아야 이순신 같은 사람이 나올 것이다.

– 《경세유표》

이순신은 승전하는 무장, 충성스러운 신하일 뿐 아니라 열악한 조건에서도 보급 등의 실무적인 문제를 해결하는 유능한 인물로 평가된다. 때문에 보급이나 세수 문제로 불만을 표하는 신하들은 종종 이순신과 비교당하며 비난의 대상이 되곤 했다. 명신으로 평가받는 박문수도 그와 같은 일이 있었다.

황해수사 박문수가 '중국 어선이 매해 여름 고기를 잡으러 오는데, 멋대로 연해의 백성들과 교역하는 등 법을 무시하는 일이 비일비재합니다. 그들을 잡기 위해 온갖 방책을 써보았지만 통하지 않았습니다. 비선飛船을 많이 건조해서 종일 바다 위에 띄워놓고 중국 어선이 고기잡이로 얻는 이익을 빼앗는 것이 최상의 계책이므로 먼저 비선 20척을 만들려 하고 있습니다만 본영의 재력이 부족합니다. 조정에서 이를 지원해준다면 적시에 배를 만들어 쓸 수 있겠습니다'라고 아뢰자, 좌의정 송인명이 그 말에 동의하였다. 그러나 임금은 이와 같이 대답하였다.

"충무공 이순신은 아무런 지원이 없는 상황에서도 능히 전선을 만들었는데, 옹진의 상황이 아무리 어렵다고 한들 돈 4백 냥을 마련하지 못해 이런 청을 한단 말인가? 스스로 자금을 마련하여 배를 만들게 하라."

-《영조실록》 영조 20년(1744) 2월 27일

위에서 본 바와 같이, 이순신은 조정에서나 민간에서나 귀감으로 삼을 만큼 존경받는 인물이었다. 반면에 원균은 서인이 집권한 상황에서도 좋은 평가를 받지 못했다. 결국 원균은 같은 당파에게서도 인정받지 못할 만큼 무능한 인물이었다는 뜻이다.

이순신과 원균에 대한 평가: 근현대

대한제국이 망하기 직전인 1909년, 황제 순종은 다음과 같은 명령을 내렸다.

> 아! 우리 선조 임금이 나라를 다시 일으켜 세울 때에 충성을 다하여 큰 공훈을 세웠으니 천 년이 지나도 어떻게 잊을 수 있겠는가? 행차가 호서를 지나는 중에 큰 나무를 바라보니 깊은 감회를 금할 수 없다. 고故 충무공 이순신의 무덤에 지방 관리를 보내어 치제하게 하라.

그러나 순종은 선조처럼 나라를 다시 일으켜 세우지는 못했다. 외세의 간섭 속에 즉위했던 터라 제대로 할 수 있는 일도 없었다. 이처럼 나라가 망해가는 상황이니 과거에 나라를 구했던 영웅이 추앙받는 것은 당연한 일이었다.

민족사학자 박은식은 1907년부터 1908년까지 서우학회의 《월보》에 이순신에 대해 썼고, 망국 이후에 망명지인 상해에서 그 내용을 묶어 《이순신전》이라는 제목의 단행본으로 발간했다. 단재 신채호 역시 1908년에 〈대한매일신보〉에 《이순신전》을 연재했다. 나라가 망한 지 3년 만인 1913년에는 수교사에서 자신이 편집한 《이순신전》을 출판했다.

외국인들에게도 이순신은 대단한 존재로 인식되었다.

러일전쟁에서 러시아 해군을 대파한 일본의 도고 헤이하치로 제독이 '나는 이순신 장군에 비하면 하사관 정도밖에 안 되는 인물이다. 왜냐하면 나는 일본의 모든 지원을 충실히 받았으나, 그분께는 아무것도 없었기 때문이다'라고 한 말은 유명하다. 다만 그 출처가 명확치 않아, 도고가 실제로 이렇게 말을 했는지는 불확실하다. 도고를 제외하고도 일본에서 이순신을 높게 평가한 경우가 많았는데, 이는 《징비록》이 일본에 전해진 후 이순신에 대한 내용이 알려졌기 때문이기도 하다. 일본 학자 야마지 아이잔은 전기 《도요토미 히데요시》에서도 《징비록》을 인용하면서, 일본이 해전에서 패배하면서 파죽지세로 진격하던 일본군도 해로가 막혀 고니시가 평양에서 오도가도 못하고 좌절을 맞이했다고 적고 있다. 다만 《그들이 본 임진왜란》의 저자 김시덕은 일본에서 이순신을 좋게 평가한 데에는 '그 대단한 인물을 이긴 일본 장수는 더 대단하다'는 의미가 내포되어 있다고 주장한다.

1921년 영국의 해군 제독 조지 알렉산더 발라드는 자신의 저서 《The Influence of the Sea on The Political History of Japan》에서 한산도

대첩을 소개하며, 이순신을 영국의 해군 영웅 넬슨과 비교할 정도였다. 빌라드 제독의 해당 부분 저술에 오류가 있긴 하지만, 그 시대에 아무 오류 없이 식민지에 불과한 나라의 영웅을 정확히 기술한다는 것은 무리일 것이다. 식민지라는 여건에도 불구하고 빌라드 제독이 굳이 이순신을 언급하고 칭송한 것을 보면 충무공이 어떤 평가를 받았는지 알 수 있다.

일제강점기의 이순신 관련서 중에서는 〈동아일보〉에 연재되었던 춘원 이광수의 《이순신》이 가장 유명하다. 해방 직후부터 6 · 25전쟁까지의 시기에도 이순신에 대한 소설이나 희곡 등의 저작물이 계속해서 나왔다. 당시 월북작가 박태원도 《이순신 장군》을 출간했다.

통영군 통영읍은 1955년에 시로 승격되면서 충무시라고 명명되었다. 1995년 충무시와 통영군을 통영시로 통합하여 오늘에 이르고 있는데, 한산도 제승당 등의 이순신 관련 문화재나 유적은 여전히 통영시의 주요 관광자원 중 하나이다.

박정희 집권기에는 다양한 이순신 추모 사업이 다양하게 열렸는데, 대표적으로는 세종로의 이순신 동상 건립이 있다. 이런 이유로 박정희가 이순신을 성웅화하기 위해 원균을 폄하했다는 주장을 하기도 한다. 하지만 임란 직후부터 조선 후기를 거쳐 근현대에 이르기까지를 보면 이순신은 본래부터 성웅으로 존경 받는 인물이었다. 박정희 정권은 그 이미지를 활용하기 위해 관련 사업을 벌였을 뿐, 직접 역사를 왜곡하면서까지 이미지를 만들어낸 것은 아니었다. 따라서 박정희 정권이 이순신을 정치적으로 이용하려 한 점을 비판할 수는 있어도, 이순신과 원균에 대한 역사적 사실을 왜곡했다고 비난할 수는 없다.

원균 옹호론의 등장

10 · 26사태로 박정희 정권이 막을 내린 1980년대 초반, 원균 옹호론이 고개를 들기 시작한다. 시작은 울산대 교수인 이정일이었다. 이정일은 《역사학보》에 〈원균론〉을 발표하면서 원균이 선무일등공신이라는 점, 《선조실록》에서 선조와 일부 대신들이 원균을 옹호했던 점 등을 근거로 원균의 모습이 왜곡되었다고 주장했다.

임진왜란에 대한 자료를 제대로 접한 학자들의 입장에서는 말도 안 되는 주장이었다. 그러나 일반인의 입장은 달랐다. 인터넷을 통한 국역본 열람이 가능한 지금도 실록을 일부러 찾아보는 일반인은 드물 것인데, 실록에 대한 접근성이 좋지 않았던 80년대에는 말할 것도 없다. 그러니 대중들이 생각하기에는 조선의 공식 기록을 바탕으로 전개한 이정일의 주장은 충분히 일리가 있는 내용이었다. 또한 독재자 박정희가 자신의 정치적 목적을 위해 이순신을 이용하였기에, 반독재 성향의 사람들은 그에 대한 반작용으로 원균 옹호론을 진실인 양 받아들였다. 국민을 핍박한 독재자에 대한 분노가 엉뚱하게도 자신의 공을 위해 백성을 해하기도 했던 원균에게 유리하게 작용한 것이다.

80년대 중반에는 이재범 교수가 《원균정론》을 출간했다. 이 책은 《원균을 위한 변명》이라는 책으로 재출간되었는데, 주된 내용은 원균이 억울하게 왜곡당했다는 것이었다. 1994년에는 고정욱이 소설 《원균 그리고 원균》을 출간했다. 이 소설 역시 역사의 진실을 알린다는 목적을 내세우며 원균을 미화하고 이순신을 폄하했다. 이 소설은 드라마 〈불멸의 이순신〉 방영을 앞두고 《원균》이라는 제목으로 복간된 바 있으며, 원균 옹호론의 확산에 큰 영향을 주었다.

이렇게 원균 옹호론이 확산되면서 이순신의 죽음에 대한 자살설과 은둔설도 새로운 주장인 양 퍼져갔다. 이런 시각은 방송계에서도 나타난다. MBC의 유명 사극 시리즈 〈조선왕조 500년〉 중 '임진왜란' 부분에서 등장한 원균은 비겁자의 이미지를 다소나마 벗었다. 작가 신봉승에 의해 출간된 소설판에서는 원균 옹호론의 시각을 그대로 반영하여 원균을 이순신에 버금가는 또 하나의 맹장으로 묘사했다. KBS의 역사다큐드라마 〈역사의 라이벌〉에서는 '이순신과 원균'을 주제로 하여 첫 회를 방영하면서 역시 원균을 미화했다. 그 후속 프로인 〈역사추리〉에서는 이순신 자살설을 다룬 바 있고, 같은 방송국의 〈역사스페셜〉에서는 명량대첩에서의 철쇄 사용설이 사실인 것처럼 방영했다.

1998년에는 김탁환의 《불멸》이 출간되었다. 《불멸》의 내용 중 사실관계가 잘못된 부분은 다음과 같다.

1. 이순신과 유성룡, 원균은 모두 어릴 때부터 아는 사이였는데, 이 시절 전쟁놀이에서 원균에게 당한 앙금 때문에 유성룡이 원균을 시기했다
2. 녹둔도전투 후 처형당할 뻔한 이순신을 원균이 구했음에도 이순신은 원균을 괴롭혔다

3. 정운의 전사는 이순신의 음모에 의한 것이다

4. 칠천량해전의 패배는 이순신 부하들의 비협조와 권율 때문이다

5. 명량대첩의 승리는 '원균처럼 싸우라'는 꿈의 계시 덕분이다

《불멸》은 KBS 드라마의 원작이 되면서 다시 주목을 받았는데, 이때 소설가 송우혜 등이 그 내용에 대해 강력하게 비판했다. 《불멸》은 드라마 방영을 앞두고 《불멸의 이순신》이라는 제목으로 재출간되었는데, 역사 왜곡에 대한 비판을 의식한 결과인지 이순신과 원균이 어린 시절 원수였다는 내용에서 죽마고우였다는 내용으로 바뀌고 이순신에 대한 폄하와 원균에 대한 옹호의 정도가 다소 줄어들었다. 그러나 이순신과 원균이 어릴 때부터 아는 사이라는 것 자체가 거짓이다. 또한 이순신이 역적의 후손이라는 내용과 녹둔도 패전에 대한 내용은 수정하지 않고 그대로 남겨두었다. 심지어 명량대첩 부분에서는 《난중일기》에 기록된 '마다시'를 구루지마의 부하인 '마타하치'라는 무장으로 재창조하기도 했다.

참여정부 시절에는 김훈의 《칼의 노래》가 인기를 끌면서 이순신에 대한 관심이 더 많아지기도 했다. 《칼의 노래》는 이순신의 내면을 다루고 있는 소설로, 특히 고 노무현 대통령이 감명 깊게 읽은 책으로 알려지면서 더욱 관심을 받았다. 《칼의 노래》 역시 몇 가지 오류가 있지만, 이순신의 내면 묘사가 중심인 데다 소설의 내용이 실제 역사와는 다를 수도 있다는 점을 명시했기에 그 정도가 심각하지는 않다. 다만 면사첩이 이순신을 사면한 문서로 잘못 알려지는 데에는 다소 일조했다.

KBS에서 《불멸》과 《칼의 노래》를 공동 원작으로 한 대하드라마 〈불멸의 이순신〉을 제작하면서, 이순신과 원균에 대한 왜곡된 시각이 한층 확산되었다. 이순신이 역적의 후손으로 묘사되었을 뿐 아니라, 명량대첩 부분에서는 철쇄를 사용하는 장면과 아낙들을 동원하여 강강술래를 시키는 장면을 집어넣었고 전투 초반에 전선 한 척으로 적들을 상대하는 모습은 오히려 생략했다. 원균이 어릴 적부터 이순신, 유성룡과 친했던 것으로 나오고, 우치적이 원균 모르게 뇌물을 전달한 것으로 묘사하는 등 원균을 미화하는 설정이 많이 들어갔다. 다만 드라마 중반 이후에는 역사를 왜곡했다는 비판을 인식하여 원균 옹호론의 영향은 대폭 줄어들었다. 어릴 때 친했다는 설정은 사실상 사라졌고, 원균의 캐릭터는 생각 없이 저돌적으로 나서기만 하는 모습으로 조정되는 등 잘못된 내용을 정정하려는 노력을 보여주었다. 드라마가 해외로 수출되면서 이순신을 좀 더 널리 알리는 긍정적인 효과도 있었다.

드라마 〈불멸의 이순신〉의 영향으로 이순신에 대한 관심은 증대되어 다양한 관련 서적이 출간되었지만, 그중 일부는 사실에 어긋나는 내용을 담고 있다.

2009년 출간된 백지원의 《왕을 참하라》와 《조일전쟁》에도 왜곡된 내용이 있다. 이순신의 연전연승은 과장된 것이고 엄청난 수적 열세를 극복한 명량대첩에서 승전한 것 외에는 대단할 것 없는 승리라고 폄하한다. 더 적은 수의 적선을 상대로 싸웠으니 조선수군의 전력상 이기는 것은 당연하다는 것이다. 게다가 이순신도 패배를 한 적이 있다며 웅포해전, 장문포해전, 순천 예교성전투를 증거로 든다. 이 중 웅포해전에 대해 기술한 부분에서는 앞서 설명했듯이 원균이 부산포진격과 관련하여 올린 장계를 인용하는 오류를 범했다. 장문포해전과 순천 왜교성전투에서는 이순신이 최고 지휘관이 아니었던 데다가, 적을 함락시키지 못한 원인은 수군이 아닌 육군의 활동이 미비했던 점에 있었다. 그리고 적군보다 유리한 상황에서 싸우는 경우가 한두 번이라면 우연에 지나지 않겠지만, 매번 그런 상황을 만드는 것이라면 그건 실력이라 할 수 있다. 적보다 유리한 상황을 만들어 손실을 최소화하며 승리할 수 있는 여건을 만들려면 정보 수집과 분석 능력이 뛰어나야 한다. 주변 지형과 자연환경, 아군과 적군의 능력 및 상황 등을 모두 파악하고 있어야만 가능한 일이다. 이런 점을 간과하고 이순신의 능력을 깎아내리는 반면, 원균에 대해서는 호의적이다. 원균은 용감히 싸웠고 임진왜란 해전에서 첫 승리를 거두었으나, 《선조수정실록》으로 왜곡되었다는 주장을 펼치는 것이다. 그러나 원균이 정말로 임진왜란 해전 첫 승리를 거두었다면, 옥포해전 때 적들은 잔뜩 긴장한 태세로 전투에 임했을 것이다. 적의 습격이 있을 거라고는 예상하지도 못한 채 노략질에 여념없었던 적의 상황을 볼 때 원균이 옥포해전 이전에 이미 승전했다는 것은 납득하기 힘든 주장이다.

2010년에는 경기도 평택문화원에서 평택시에 연고가 있는 인물들을 뽑아 달력을 만들었는데, 그중 1월의 인물이 바로 원균이었다. 이 달력을 만든 목적이 '시민들로 하여금 우리 지역에서 배출한 훌륭한 인물들에 대해 알게 함으로써 자긍심과 애향심을 고양한다'는 것이니, 여기에 원균을 포함하여 순국한 영웅으로 포장한 것은 지역 출신이라는 이유로 무조건 미화한 결과가 아닐 수 없다.

2011년에는 충무공 탄신일인 4월 28일자 〈국방일보〉에 원균을 미화하는 외부 기고 칼럼이 실렸다. 이순신을 기념해야 할 옥포대첩기념사업회의 회장도 언론 인터뷰에서 '이순신은 옥포대첩에 지원군으로 참여했고, 실제로 전투를 이끈 장수는 원균이다. 원균이 칠천량해전에서 패전하기는 했으나 권율, 이순신 장군과 함께 임진왜란의 일등공신으로 책봉되었다. 이순신 장군이 민족의 영웅이라는 것은 틀림없지만, 같은 선무일등공신인 원균을 역적으로 지목하는 역사적 오류를 범해서는 안 된다'라는 말을 했다. 이순신을 그 누구보다 기억하고 기념해야 할 곳에서까지 원균을 미화하니 답답한 노릇이다.

그러나 원균 옹호론은 80년대부터 지금까지 발전이 없다. 이제는《조선왕조실록》의 국역본을 인터넷으로 열람할 수 있을 정도로 역사적 자료를 접하기 쉬운 시대이다. 그런데도 원균 옹호론자들의 주장은 전혀 변함이 없다. 원균 옹호론자들이 자주 언급하는 '이순신의 네 가지 죄'는 한문 해석의 오류로 네 가지 항목이 된 것일 뿐, 실은 '세 가지 죄'라는 사실이 이미 밝혀졌다. 이는 실록에서도 확인 가능한 내용이지만 원균 옹호론자들은 여전히 '네 가지 죄'라고 주장하니, 새로이 자료를 찾아보고 분석하려는 열의도 부족해 보인다.

이처럼 원균 옹호론은 학술적으로 근거가 부족한 주장임에도 이런 주장은 끊이지 않고 있다. 특히 같은 가문이나 지역의 인물이라는 이유로 치부를 무조건 가리기 위해 왜곡을 하는 경우도 많다. 그러나 가문이나 지역에 역사적으로 유명한 악인이나 간신이 있다 해도 사실 대수롭지 않은 일이다. 사람들은 한국사에서 손꼽히는 폭군인 연산군과 같은 핏줄이라고 해서 조선의 모든 왕을 비난하지 않으며, 성군으로 꼽히는 세종대왕과 같은 핏줄이라고 해서 무조건 칭송하지 않는다. 역사에 선인으로 남느냐 악인으로 남느냐는 그 개개인의 성품에 달린 것이지, 그 사람의 가문이나 지역과는 무관한 일이다. 진짜 부끄러운 것은 사실을 억지로 덮고 미화하여 역사를 왜곡하는 행동이다.

나라와 백성을 구하는 데 몸 바친 이순신이 이런 이들에 의하여 폄하되니 실로 안타까운 일이 아닐 수 없다. 역사적 오류를 담은 주장들로 인해 세간에 퍼진 오해를 하루빨리 바로잡아서 왜곡된 역사를 후손에게 물려주는 일이 없도록 해야 할 것이다.

21세기 이순신을 꿈꾸는가?

가끔 임진왜란을 돌아보며 상상을 해본다. 이순신이 임진왜란 개전 당시 경상우수사로 있었다면? 아니면 정유재란 때 옥사하여 삼도통제사로 재임명될 수 없었다면? 역사에 가정은 없다지만, 그래도 그렇게 가정해보면 그 결과는 우리가 아는 역사와는 많이 달라졌을 것이란 생각이 든다. 만일 이순신이 옥사하여 이후의 해전에 참전할 수 없었다면 경술국치 이전에 한반도의 일부나 전체가 일본 땅이 되어버렸을지도 모른다.

그런 위기에서 나라를 구했기에 이순신은 전쟁이 끝난 이후 조선에서 영웅으로 추앙받았다. 백성에서부터 선조 이후의 왕들에 이르기까지 두루 존경받는 영웅이었고, 광복 이후의 대한민국에서도 마찬가지였다. 정치인들이 정치적인 목적으로 이용하려 했을 수는 있지만, 그건 이미 존재하는 영웅을 이용하는 것일 뿐 조작하여 영웅을 만들어낸 것은 결코 아니었다.

사실상 혼자 모든 책임을 떠안은 것이나 다름없는 이순신을 추앙하는 것은 당연한 일이며, 그의 일생은 존경할 만한 것임은 틀림없다. 하지만 오늘날 또 다른 이순신이 나오기를 바라지는 않는다.

혁혁한 공을 세우고도 시기를 받아 죽을 위기를 넘겼고, 나라를 다시 구했음에도 끝까지 왕의 견제를 받았으며, 사후에는 역사를 왜곡하며 깎아내리는 자들이 등장했다. 이순신은 위대했지만 그가 걸어간 길은 험난하기 짝이 없었다.

게다가 조선과 달리 대한민국은 문자 그대로 국민이 나라의 주인인 민주주의 국가다. 민주주의 국가에서 누군가 혼자 힘으로 나라를 구해야만 하는 상황에 직면한다면, 그건 실패한 나라라는 반증이다. 한 사람의 영웅에게만 의존해야 하는 국가라면 영웅이 없을 때는 어떻게 파고를 넘길 수 있겠는가?

이순신을 본받는 것은 좋은 일이다. 그러나 이순신이 처했던 상황은 반복되지 않아야 한다. 유능하고 청렴한 사람이 시기로 인해 모함 받지도 않고, 앞에서 사람들을 이끌지언정 혼자 모든 것을 책임지지 않아도 되는 사회가 홀로 모든 책임을 짊어져야 하는 사회보다는 바람직하지 않을까?

이순신을 기억하고 남긴 뜻을 되새기되 누군가가 모든 짐을 짊어지게 되는 상황을 되풀이하지는 말자. 그것이 이순신의 정신을 진정으로 되살리고 구현하는 방법일 것이다.

사료

《조선왕조실록》 《승정원일기》 《경국대전》 《만기요람》

《충무공이순신전서》 《난중일기》 《임진장초》 《이충무공 행록》

《징비록》 《난중잡록》 《간양록》 《해상록》

《연려실기술》 《재조번방지》 《은봉전서》 《정만록》

《백호전서》 《쇄미록》 《해소실기》 《삼국지 위지 동이전》

저서

김시덕, 《그들이 본 임진왜란》, 2012

김태훈, 《이순신의 두 얼굴》, 2004

도현신, 《원균과 이순신》, 2008

백지원, 《조일전쟁》, 2009

이민웅, 《임진왜란 해전사》, 2004

이성무, 《조선왕조실록 어떤 책인가》, 1999

이순신역사연구회, 《이순신과 임진왜란 1》, 2005

이순신역사연구회, 《이순신과 임진왜란 2》, 2005

이순신역사연구회, 《이순신과 임진왜란 3》, 2006

이순신역사연구회, 《이순신과 임진왜란 4》, 2006

이은식, 《원균 그리고 이순신》, 2009

이재범, 《원균을 위한 변명》, 2004

정두희, 《조선시대 인물의 재발견》, 1997

정두희, 《임진왜란 동아시아 삼국전쟁》, 2007

최두환, 《충무공 이순신 전집》(1~6), 1999

카타노 쯔기요, 윤봉석 옮김, 《이순신과 히데요시》, 1997

황원갑, 《부활하는 이순신》, 2006